全国联编

21世纪新概念教材 · 高职高专物流管理专业教材新系

Shangpin Caigou Guanli

商品采购管理

【第五版】

陆其伟 主编

东北财经大学出版社
Dongbei University of Finance & Economics Press
大连

图书在版编目（CIP）数据

商品采购管理 / 陆其伟主编. —5版. —大连：东北财经大学出版社，2020.1

（21世纪新概念教材·高职高专物流管理专业教材新系）

ISBN 978-7-5654-3625-3

Ⅰ. 商… Ⅱ. 陆… Ⅲ. 采购管理-高等职业教育-教材 Ⅳ. F253.2

中国版本图书馆CIP数据核字（2019）第157531号

东北财经大学出版社出版

（大连市黑石礁尖山街217号 邮政编码 116025）

网 址：http://www.dufep.cn

读者信箱：dufep@dufe.edu.cn

大连日升彩色印刷有限公司印刷 东北财经大学出版社发行

幅面尺寸：185mm×260mm 字数：366千字 印张：15.75 插页：1

2020年1月第5版 2020年1月第11次印刷

责任编辑：郭海雷 赵 楠 责任校对：贺 力

封面设计：冀贵收 版式设计：钟福建

定价：36.00元

教学支持 售后服务 联系电话：（0411）84710309

如有印装质量问题，请联系营销部：（0411）84710711

第五版前言

随着大数据、云计算、物联网与人工智能构成的现代社会新基础设施的不断完善，以及企业电子商务应用深入发展，企业采购也开始转向全流程数字化采购模式。具体表现为：由最初的面向企业消费的通用型物资的采购，向专业化、定制化产品及生产资料领域扩展；由最初的以产品采购为主，向企业服务采购领域扩展。未来5~10年，随着技术和商业模式的进一步发展，企业电商化采购将由当前的“全流程线上化”阶段，向“全面数字化”和“智能化”方向演进，为我国“采购与贸易”“生产与服务”带来更加深刻的变革。

本书此次修订坚持以就业为导向，以能力为本体，以服务学生职业生涯发展为目标的指导思想，依据物流管理专业人才培养需要，以培养职业岗位能力为着眼点，与时俱进，整合课程教学内容，将企业通用现行标准中要求的知识、技能和能力融入书中。

通过本次修订，本书内容架构更加清晰，在已有的“学习目标”“案例导入”栏目基础上，新增和整合了“互动课堂”“本章实训”栏目，突出互动性和实用性。修订之后，本书由商品采购概述、商品采购计划与预算、商品采购的实施、采购商品的质量管理、供应商管理、商品招标采购、商品采购合同、商品采购绩效评估、商品采购监督与控制、商品采购项目管理和商品采购发展趋势共11章构成。

本书第五版由陆其伟任主编。修订人员分工如下：第1章和第3章由陆其伟、宋文修订，第2章和第4章由黄任宏修订，第5章由陆其伟、肖绍萍修订，第6章和第7章由陆其伟修订，第8—11章由梁玥悦修订，由陆其伟总纂定稿。

为方便教学，本书配有电子课件、习题答案和两套期末试卷及答案等教学资料，请授课教师登录东北财经大学出版社网站：www.dufep.cn免费下载。

编　者

2019年6月

目　录

第1章 商品采购概述

学习目标

知识目标：
- ➢ 了解商品采购的含义、作用和任务；
- ➢ 掌握商品采购的任务；
- ➢ 掌握商品采购部门的建立方式；
- ➢ 掌握商品采购部门的职责；
- ➢ 熟悉商品采购制度；
- ➢ 熟悉商品采购人力资源管理。

能力目标：
- ➢ 能正确区分有形采购和无形采购；
- ➢ 能比较采购部门组织方式的优劣；
- ➢ 能明确商品采购部门的各项职责。

【案例导入】

中国第一汽车集团公司采购部是集团公司的采购管理职能部门，负责集团公司采购政策、采购标准的制定及监督，以及集团公司采购系统的系统管理，同时负责集团公司成本中心的零部件、原材料、设备、设备备件的采购工作。一汽采购部目前有1 200多人，从事资源管理的技术干部有100多人，负责一汽中、轻、轿三个平台和解放、红旗两个品牌的采购管理工作。由于采购人员多，负责采购的物品多，管理工作十分复杂，也存在不少问题，主要体现在：①采购资源分散，采购管理分散，采购政策和标准不统一，采购行为不规范；②没有统一的计算机辅助采购监控管理系统，无法实现高层次的集中采购；③计算机网络硬件落后，满足不了物资采购系统集中管理发展的需求。

资料来源：佚名．一汽集团的采购战略［EB/OL］．［2018-09-15］．http：//gc.100xuexi.com/view/examdata/20090915/2666EA05-E407-4D95-B86E-FC4F525EBE44.html.

请思考：一汽集团的采购部门应如何进行有效的采购工作？

在商品经济中，采购是十分常见的现象，大到企业组织、政府机关采购，小到个人购买产品和服务，都属于采购的范畴。日常生活中，人们几乎每天都要进行采购活动，以满足基本的生活和消费需求。而对于企业来说，采购也是一项重要的管理职能，是企业管理中必不可少的一个环节。企业开展经营活动需要获得各种商品、信息、技术和服务，这些都需要通过采购来实现，所以，一个企业采购管理水平的高低，对企业的竞争力的强弱和经营成败会产生决定性的影响。采购在现代社会的重要性，一步步为人们所发现、所认可、所重视的。那么，什么是商品采购？其任务有哪些？商品采购部门如何建立、职责怎样？商品采购制度是怎样的？这些都会在本章中有所体现。

1.1 商品采购的含义、分类和作用

1.1.1 商品采购的含义

商品采购是指单位或个人基于生产、销售、消费等目的，购买商品或劳务的交易行为。根据人们取得商品的方式途径不同，商品采购可以从狭义和广义两方面来理解。

狭义的商品采购，是指企业根据需求提出采购计划、审核计划，选好供应商，经过商务谈判确定价格、交货时间及相关条件，最终签订合同并按要求收货付款的全过程。这种以货币换取物品的方式，就是“购买”，这可以说是最普通的采购途径。无论个人、企业机构，为了满足消费或者生产的需求，大多是以“购买”的方式来进行采购。

广义的商品采购，是指除了以购买的方式获取物品之外，还可以通过其他途径取得物品的使用权，以达到满足需求的目的。广义的商品采购除了购买以外还包括以下几种途径：

（1）租赁。租赁指一方以支付租金的方式取得他人物品的使用权。

（2）借贷。借贷指一方以无须支付任何代价的方式取得他人物品的使用权，使用完毕，仅返还原物品。这种无偿借用他人物品的方式，通常是基于借贷双方的情谊与密切关系，特别是借方的信用。

（3）交换。所谓交换，就是通过以物易物的方式取得物品的所有权及使用权，但是并

没有直接支付物品的全部价款。换言之，当双方交换价值相等时，不需要以金钱补偿对方；当交换价值不等时，仅由一方补贴差额给对方。

综上所述，我们可以知道，商品采购就是单位或个人为了满足某种特定的需求，以购买、租赁、借贷、交换等各种不同的途径，取得商品及劳务的使用权或所有权的活动过程。在日常经营活动中，我们所讲的商品采购主要是以购买方式为主的商品采购活动。

1.1.2　商品采购的分类

1.工业采购和消费采购

商品采购按其用途不同分为工业采购和消费采购。工业采购通常是指企业为了经营或生产所需产品和服务而按一定代价同外部进行的交易活动。消费采购是个人为了消费的目的而以一定的代价获得物品的所有权或使用权的行为。消费采购与工业采购有很大不同，消费采购活动是个人行为，而工业采购通常是通过机关、企业等进行交易的集体行为。

工业采购和消费采购相比较，无论采购的目的、动机，还是在采购决策和特点方面都有着明显的差别。工业采购往往通过一次采购以后便同供应商建立起长期合作关系；而消费采购的随意性比较大，主要为满足个人消费需求，采购动机带有个人喜好，采购量也比较小。工业采购的动机是理性的，一般是多人参与，是一个程序化的过程，采购数量通常比较大，价格也比较稳定。

2.有形采购和无形采购

商品采购按其输出形态的不同分为有形采购和无形采购。

（1）有形采购。有形采购是指采购输出的结果是有形的物品，如一瓶胶水、一台电脑、一块电路板等。有形采购主要采购具有实物形态的物品，如原料、副料、机具及设备、事务用品等。

①原料。这主要是指直接用于生产的原材料，也是构成产品的最主要成分。在产品的制造过程中，即使原材料的形体发生物理或化学变化，它依然存在于产品里面，不会消失。通常，原材料是产品制造成本中占比重最高的项目。在有形采购中，仅用于生产的采购称为物料采购，如为电视生产采购显像管、电阻等原材料，为织布采购棉纱，为生产水泥采购石灰石等。

②副料。在产品制造过程中，除了原材料之外所耗费的材料均属于副料。有些副料与产品的制造有直接关系，但是产品制成时，副料本身已经消失，如化学制品所需的催化剂，其虽然还附着在产品上，但由于其价值不高，仍然只是副料，还有成衣上的纽扣或拉链、机械制品上的螺丝等。另外，有些副料与产品制造并无直接关系，只是消耗性的材料或工具，如铁刀、钢刷，产生能量所耗用的燃料，如汽油、煤炭等。此外，包装材料也属于副料，如纸箱、塑料袋、包装纸、打包带等。

③机具及设备。其主要是指制造产品的主要工具或提供生产环境所不可缺少的设施。前者如人造纤维的聚合设备、生产活塞的万能研磨机、生产钢铁制品的炼钢电炉设备及连续铸造机等，后者如生产集成电路的无尘室和生产各种疫苗的无菌室等。这类机具设备对产品的产量及品质会产生直接影响。而空调设备、电力设备及储运设备等，仅提供生产上

所必需的温度、动力及仓储运输效能。

④事务用品。事务用品主要是指办公室、生产线人员在文书作业上所需的设施及文具、纸张，以及其他杂项购置。前者如桌椅板凳、圆珠笔、钢笔、账册、计算机、电脑、信封和信纸、打字机等；后者如茶壶、扫把、衣架等。

（2）无形采购。无形采购是相对于有形采购而言的，其采购输出结果是不具有实物形态的技术和服务等。一项服务、一个软件、一项技术、保险及工程发包等一般约定为无形采购。无形采购主要是咨询服务采购和技术采购，或是采购设备时附带的服务。下面我们对无形采购中的技术、服务和工程发包进行一下简单介绍。

①技术。这是指取得能够正确操作或使用机器、设备、原料等的专业知识。只有取得技术才能使机器或设备发挥效能，提高产品的产出率或确保优良的品质，降低材料损耗率，减少机器或设备的故障率，这样才能达到减少投入增加产出的目的。

②服务。在无形采购中，为了用于服务、维护、保养等目的的采购统称为服务采购，具体包括安装服务、培训服务、维修服务、咨询服务等。

③工程发包。工程发包是指按照规定的招投标程序，将厂房、办公室等建筑物的建造与修缮承包给专业施工单位，完成工程项目的建造与修缮。工程发包有时要求承包商包工带料，以争取完工的时效；有时自行备料，以包工不包料的方式支付费用，如此可控制和节省工程发包的成本。规模比较大的企业，一般本身具有一定的制造、安装及维修能力，也可以购入材料自行施工。

1.1.3 商品采购的作用

在现代企业的经营管理中，采购已显得越来越重要。一般情况下，企业产品成本中外购部分占了比较大的比例（一般为60%~70%）。因此，零部件及原材料的采购成功与否在一定程度上影响着企业的竞争力，采购与采购管理往往是竞争优势的来源之一。

1.商品采购在成本控制中的作用

有资料表明，在企业的产品成本构成中，采购的原材料及零部件成本占企业总成本的比重随行业的不同而不同，一般为30%~90%，平均水平在60%以上。从世界范围来看，一个典型的企业，其采购成本（包括原材料、零部件）一般要占60%，工资和福利要占20%，管理费用占15%，利润占5%。根据这些比例，我们可以清楚地看出采购成本是企业成本控制中的主体和核心部分，采购成本控制是企业成本控制中最有价值的部分。中国物流与采购联合会发布的《2016中国（企业）采购调查报告》显示，中国企业中多达95.3%的企业认为采购的首要职责是降成本，而北美的数据显示出仅45.2%的企业选择成本降低是采购职能的首要任务。而除了成本以外，企业选择的采购管理的其他重要目标依次为：供应商管理、交付期、质量控制以及寻源，分别占比：54.4%、51.7%、50.0%、41.9%。

2.商品采购在供应中的作用

从商品生产和交换的整体供应链中，我们可以看出每个企业都既是顾客又是供应商。然而顾客的需求越来越高，企业要按库存生产随时满足顾客需求，但是库存增加会使企业的费用也相应增加，因此，激烈的市场竞争又要求企业按订单进行生产。这样一来就产生了一对矛盾。为了解决这对矛盾，企业只有将供应商纳入自身的生产经营过程中，将采购及供应商的活动看成自身供应链的一个有机组成部分，这样才能加快物料及信息在整体供应链中的流动，从而可以将顾客所希望的库存成品向前推移为半成品，进一步推移为原材料，这样既可减少整个供应链的物料及资金负担（降低成本、加快资金周转等），又可以及时将原材料、半成品转化成最终产品以满足客户的需要。在整体的供应链管理过程中，“即时生产”是既能缩短产品生产周期、降低成本和库存，又能以最快的速度交货满足顾客需求的有效做法，而供应商的“即时供应”则是开展“即时生产”的主要内容。因此，采购从供应的角度来说，是整体供应链管理中“上游控制”的主导力量。

3.商品采购在企业经营中的作用

随着现代经济的发展，许多企业都将供应商看成自身企业产品开发与生产的延伸，从而与供应商建立合作伙伴关系，在自己不用直接进行投资的前提下，充分利用供应商的能力为自己开发生产产品，这样一方面可以节省资金、降低投资风险，另一方面又可以利用供应商的专业技术优势和现有的规模生产能力以最快的速度形成生产能力、扩大产品生产规模。现在很多企业对供应商的利用范围逐渐扩大，从原来的局限于原材料和零部件扩展到半成品甚至是成品。

经过以上分析我们可以了解到，采购对于一个企业来讲不仅仅是买东西，而且是企业经营的核心环节，是企业获取利润的主要方式，采购对企业的产品开发、质量保证、整体供应链以及经营管理都起着极为重要的作用。因此我们要从传统采购的误区中走出来，正确认识采购的地位。这既是现代企业在全球化、信息化市场经济激烈竞争中赖以生存的基本保障，也是现代企业不断发展壮大的必然要求。

4.商品采购在项目管理中的作用

许多项目的执行都离不开采购活动，例如，农业项目需要采购农用机械、农用工具、种子、农药、化肥；水利项目需要采购钢筋、水泥、水泵和其他排灌设备；土建工程项目需要选定承包商来提供施工服务；技术援助项目需要聘请咨询专家。通过以上举例可以看出，采购工作是项目实施中的重要环节，而且也关系到项目建设的成败。如果采购工作做得不好或者采购方式不当、管理不得力，所采购的货物、土建工程和咨询服务就达不到项目要求，这样不仅会影响项目的顺利实施，而且会影响项目的预计效益，甚至会导致项目失败。

1.1.4　商品采购的任务

商品采购的任务主要包含以下几点：

1.提高质量

通过不断改进采购过程以及加强对供应商的管理，可以提高采购的原材料的质量。

2.控制成本

采购成本的高低是衡量采购是否成功的重要指标。因此，在采购过程中必须控制和减少包括以直接采购成本和间接采购成本为主的采购相关成本。直接采购成本的减少是指原材料、零部件等的采购价格的降低。直接采购成本的降低可以通过提高采购工作效率、定期谈判、优化供应商、实施本地化、与供应商共同开展改进项目等途径来实现。间接采购成本则可以通过包括缩短供应周期、增加送货频次、减少原材料库存、实施来料免检、循环使用原材料包装、合理利用相关的政策、避免汇率风险、供应商参与产品开发和过程开发等在内的方法来降低。

3.建立供应配套体系

企业的采购任务还包括建立可靠、最优的供应配套体系。一方面要减少供应商的数量，使采购活动尽量集中，降低采购成本；另一方面又要避免依赖独家供应商，防止供应商借助垄断提高价格。

4.与供应商建立合作关系

企业的采购还有一个重要任务就是充分利用供应商的专业优势，让其积极参与产品开发或过程开发，将供应商纳入企业自身的整体经营中。

5.树立企业形象

企业还需通过采购工作建立和维护本企业的良好形象。因为采购是企业的对外工作，同销售工作一样，采购在很大程度上对外代表着企业的形象。因此，采购部门必须以公正良好的态度建立企业同供应商的关系，树立企业的良好形象。

6.信息管理

企业采购还有管理、控制与采购相关的文件和信息的任务。从采购管理的角度来讲，其职责是制定并实施采购的方针、策略、目标以及改进计划并进行采购及供应商绩效衡量，建立供应商审核及认可、考核及评估体系，开展采购体系的自我评估，同其他单位的采购水平进行比较以不断提高整体采购水平，建立、培养有创造性的专业采购队伍，与其他单位共享采购资源和信息等。

1.2 商品采购部门的建立

1.2.1 采购部门的建立方式

采购部门的建立，亦称采购内部组织的部门化，也就是将采购部门应负责的各项功能整合起来，并以分工方式建立不同的部门来加以执行。一般来讲，在规模较大的采购组织中是按照职能来建立部门的。

采购科执行购买的功能，并与供应商议价；稽催科负责使供应商如期交货并确保品质；管理科负责采购文件和报告的准备工作以及电脑系统的作业；研究科负责搜集、分类及分析采购决策的资料。

不过，在一般的中小型规模的采购组织中，通常缺乏稽查、管理、研究的功能，或因这三种功能并不明显就没有分别设置部门，至多将其部分功能合并入管理科或采购科里。

某金属制造企业组织图如图1–1所示。

1.按物品类别设立

图1–1中的采购科，按物品类别分别设立原料、燃料、设备、办公用品、维修五组，而原料可以再细分为铅、铜、化学品、电器及机械，交由不同的采购人员来承办。

此种采购部门的建立方式，可使采购人员对其经办的项目非常了解，能够产生“熟能生巧”以及“触类旁通”的效果，这也是最常使用的采购部门的建立方式，对于物品种类繁多的企业与机构最为适合。

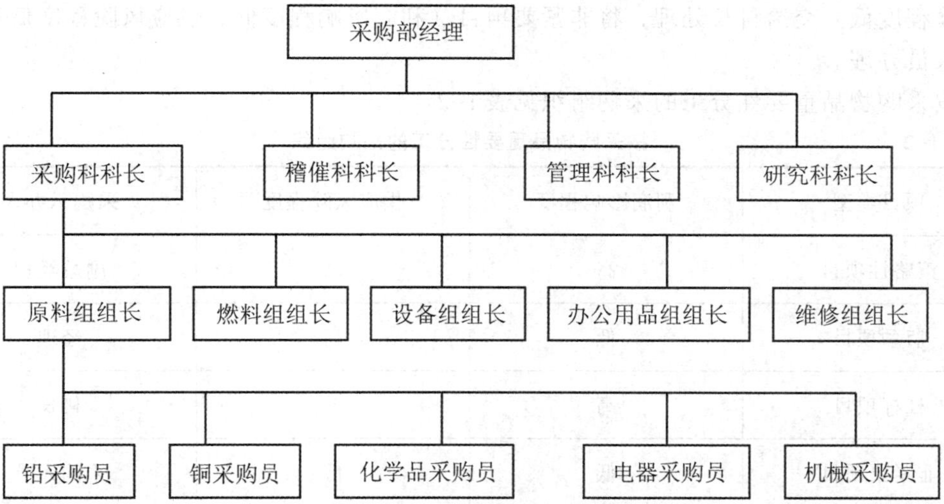

图1-1　某金属制造企业组织图

2.按采购地区设立

这种方式是依照物品的采购来源，分别设立部门。其基于国内、国外采购的方式及交易对象有显著的差异，因而对于采购人员的工作条件亦有不同的要求。

由于国内、国外采购方式的不同，企业可以分别设立采购部门以利于管理。不过，上级主管必须就所购买的物品比较国内、国外采购的优劣，判定采购事务应交给哪一部门承办，这样才能事半功倍。如果国外采购归业务处管辖，国内采购归工厂管辖，彼此“井水不犯河水”，国内、国外采购就无法比较成本、品质，也就无法获得国际供应的好处。

3.按采购价值或重要性设立

这种方式是把采购次数少、价值高的物品交给采购部门主管处理，或者将采购次数频繁、价值不高的物品交给基层采购人员办理。

按照采购价值建立部门的方式，主要是保障主管对重大的采购项目能够集中精力加以处理，达到降低成本以及确保来源的目的。此外，这种方式可以让主管有更多的时间对采购部门员工的工作绩效加以管理。

按物品价值分工的采购组织见表1-1。

表1-1　按物品价值分工的采购组织

物品	价值占比（%）	次数占比（%）	承办人（%）
A	70	10	经理
B	20	20	科长
C	10	70	科员

另外，可以依据产品对企业的重要性，将策略性项目（利润影响程度高，供应风险程度高）的决定权交给高级主管（如主管采购的副总经理），将瓶颈项目（利润影响程度低，供应风险程度高）交给基层主管（如经理）办理，将杠杆项目（利润影响程度高，供

应风险程度低）交给科长处理，将非紧要项目（利润影响程度低，供应风险程度低）交给采购人员办理。

按采购物品重要性分工的采购组织见表1-2。

表1-2 **按采购物品重要性分工的采购组织**

项目类型	利润影响程度	供应风险程度	采购承办人
策略性项目	高	高	副总经理
瓶颈项目	低	高	经理
杠杆项目	高	低	科长
非紧要项目	低	低	采购人员

4.按采购过程设立

这是指依照采购过程，把询价、比价、议价、决定等工作分别交由不同的人员办理，产生内部牵制作用。

内购科分别设置访价组负责招标，议价组负责订约，结报组负责付款；外购科的访价与议价功能委托驻外采购单位负责，故其只负责签约、履约及综合业务（包括外购规范的修订，申诉处理、进度管制等）。

某单位采购组织图如图1-2所示。

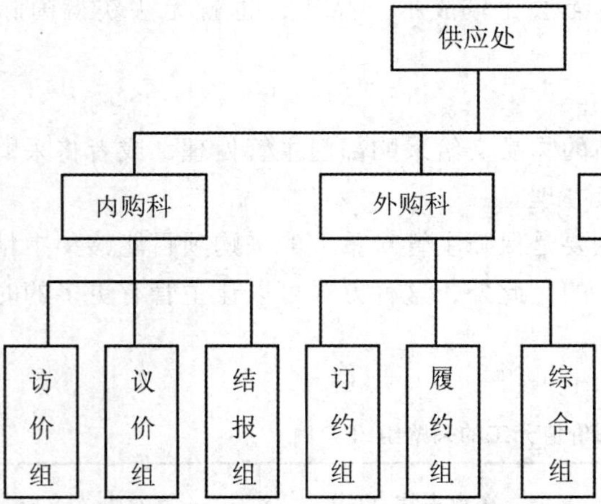

图1-2 某单位采购组织图

这种以采购过程进行分工并建立部门的方式，比较适用于采购数额巨大、事务浩繁，而且作业过程复杂、交货期较长并且采购人员众多的企业与机构。

5.混合式的设立

在许多稍具规模的企业或机构中，通常会兼有以采购物品、地区、价值等为基础来建立采购部门的内部组织。其先以地区划分为外购科及内购科，分设科长掌管，然后再按物品类别，交由不同的采购人员承办。同时，也以价值为基础，设立原料科，由副总经理兼任科长来掌管，其中主要原料采购额约占整个部门采购金额的70%，一般由采购经理直接洽谈决定，交由原料科人员办理有关交易的手续。

某人造纤维企业采购组织图如图1-3所示。

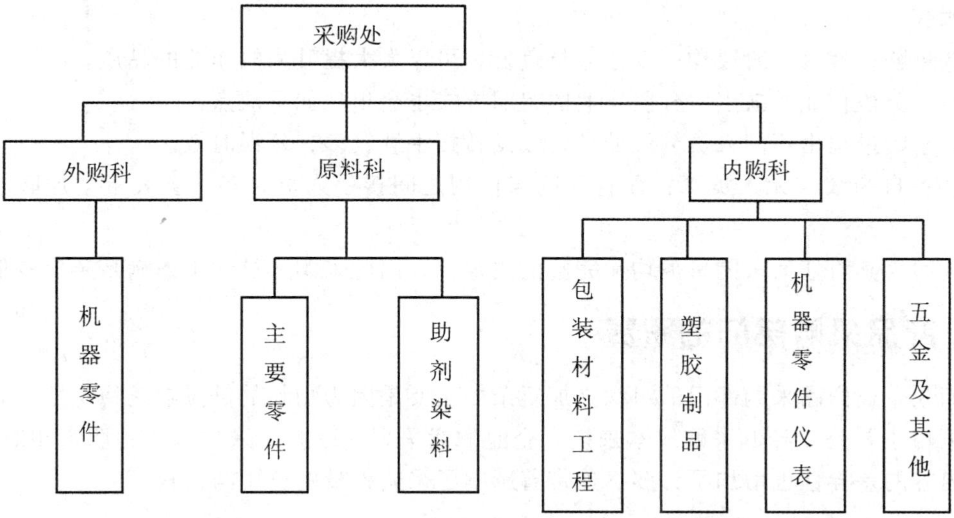

图1-3　某人造纤维企业采购组织图

1.2.2　采购部门组织方式优劣的比较

以上采购部门内部组织的方式中，第四种方式外的几种方式分别按物品、地区、价值为基础来建立部门，采购人员担任一个采购事务的全部过程与有关作业，包括开发来源、询价、订购、付款等环节，并承担一切成败责任，这就是一贯作业的组织方式。第四种方式是以采购过程为基础，以功能编组的方式来建立部门，采用分段作业的组织方式，每位采购人员只承担一项采购事务的部分过程，并承担局部的责任。

1.一贯作业

（1）一贯作业的优点。一贯作业的组织方式有下列优点：

①一位采购人员可以综合管理全部采购过程，权责比较分明。

②符合规模经济的原则。

③与供应商的关系良好。

④由于对供应商有取舍的权力，因此可以增强及时交货及改善品质的管理效能。

（2）一贯作业的缺点。一贯作业的组织方式也有如下缺点：

①一位采购人员负责全部过程的各项作业，工作相当复杂，无法做到非常专业精通。

②采购事务从头到尾，由一个采购人员全权负责，使得采购人员的权力过大，容易产生徇私舞弊、贪污受贿的事件。

③采购人员常常因为某一采购事务的羁绊，而无法进行其他的采购事务，致使采购工作效率低下。

2.分段作业

（1）分段作业的优点。分段作业的组织方式具有下列优点：

①每位采购人员只负责采购过程中的一部分，因此能够做到熟能生巧，减少错误的发

生，提高办事效率。

②一方面是分工合作，另一方面则是内部牵制，除非全体人员沆瀣一气，否则不容易串通舞弊。

③采购过程每一阶段均由专业人员负责，可以大大提升采购作业的品质。

（2）分段作业的缺点。分段作业的组织方式也会出现如下缺点：

①采购过程由不同人员分段处理，收发转接手续较多，延误时效。

②各自为政，无人负责；而且采购与使用之间接手人员太多，会大量增加联系上的难度。

③因为其对任何采购事务均无完整的决定权，因此采购人员的工作满足感比较低。

1.3 商品采购部门的职责

如今企业商品采购部门的组织更加复杂，主要是因为物料的供应缺乏稳定性，并且企业的策略主要是以降低采购成本来提升企业的竞争力。因此，采购部门的职责相对扩大，工作内容的差异性也增加了许多，连带着影响了采购人员的选用与授权。

1.3.1 就整体企业而言

就全面质量管理的观念而言，采购部门的职责开始于获得请购单之前并延续至填发订购单之后，包括一切与采购工作直接或间接相关的活动。因此，以整体企业的立场来看，采购工作的优劣牵扯到其他部门是否能够相互配合和协调。下面我们就对相关部门的职责分述如下：

1.请购单位

（1）非存量管制物料的申请。

（2）拟定请购料的规格及其他需求条件，包括数量、用途及交货日期等。

（3）采购物料规格的确认与验收。

（4）重大请购物料预算的编订或估价。

2.物料管理单位

（1）根据生产计划拟订物料需求计划。

（2）确定企业主要物料存量管制水平。

（3）物料交货进度的管制。

（4）缺料的稽催。

3.仓储单位

（1）请购单的处理（收件、登记、转送等）。

（2）确料的验收、存储与发放。

（3）废料的处理。

（4）存量管制物料的申请。

4.采购单位

（1）审查请购单的内容，包括是否有采购的必要以及请购单的规格与数量等是否恰当。

（2）与技术、质量管理等部门人员共同参与对合格供应厂商的甄选。

（3）交货的稽催与协调。

（4）物料的退货与索赔。

（5）物料来源的开发与价格调查。

（6）采购计划与预算的编制。

（7）国外采购的进口许可申请、结汇、公证、保险、运输及报关等事务的处理。

（8）供应商的管理。

（9）采购制度、流程、表单等的设计与改善。

5.财务单位

（1）物料采购预算的审核。

（2）各处物料与劳务付款方式的规定。

（3）物料付款凭证的审查与支付。

（4）供应商违约赔偿、扣款等的执行。

1.3.2　就采购部门内部而言

采购部门及其相关单位的职责划分已经在前面叙述过了，在这里，仅就作业层面及管理层面的职责进行详细阐述。

1.作业层面

（1）质量。①能够明确说明规格；②提供客观的验收标准给供应商；③参与质量问题的解决；④协助供应商建立质量管理制度；⑤尊重供应商的专业技术。

（2）交货。①给供应商正确而且能够达到的交货期；②提供长期的需求计划给供应商；③使供应商同意包装及运输方式；④协助供应商处理交货问题。

（3）价格。①给供应商公平的价格；②让供应商分享共同推行价值分析的成果；③尽快付款。

（4）其他。①对供应商的问题及抱怨尽快回应；②提供技术及测试仪器，使供应商生产更佳的产品；③使供应商尽早参与产品的设计。

2.管理阶层

（1）采购经理。①拟定采购部门的工作方针与目标；②负责主要原料与物料的采购；③编制年度采购计划与预算；④签订审核订购单与合约；⑤采购制度的建立与完善；⑥撰写部门周报与月报；⑦主持采购人员的教育训练；⑧与供应商建立良好的伙伴关系；⑨主持或参与与采购相关的业务会议，并做好部门间的协调工作。

（2）采购科长。①分派采购人员及助理的日常工作；②负责次要原料或物料的采购；③协助采购人员与供应商谈判价格、付款方式、交货日期等；④采购进度的跟踪；⑤保险、公证、索赔的督导；⑥审核一般物料采购事宜；⑦市场调查；⑧供应商的考核。

（3）采购员。①经办一般性物料的采购；②查访厂商；③与供应商谈判价格、付款方式、交货日期等；④要求供应商执行价值工程的工作；⑤确认交货日期；⑥一般索赔案件的处理；⑦处理退货；⑧搜集价格情报及替代品资料。

（4）助理。①请购单、验收单的登记；②交货记录及跟催；③访客的安排与接待；④采购费用的申请与报支；⑤进出口文件及手续的申请；⑥电脑作业与档案管理；⑦承办保险、公证事宜。

总之，采购部门的职责已经逐渐从传统的作业性工作，提升为策略性工作，显示出采购部门已参与企业长期发展的决策，这也证明了采购部门在企业中的地位正逐步提高。

1.3.3 就工作时间分配而言

传统上采购部门的工作内容以其所占的工作时间来看，最主要的是花费在文书处理上，比例占50%；其次是跟踪催货占20%，推销员访谈及质量问题的处理占10%，电话联络及开会则各占5%，见表1-3。由表1-3可以看出，传统采购部门工作绩效（成果）的提升受到限制。

表1-3 **作业性时间分配**

采购部门的工作内容	所占用的时间比例（%）
文书处理	50
跟踪催货	20
推销员访谈	10
质量问题的处理	10
电话联络	5
开会	5

今后，对于具有领导地位的采购人员，应将他们的时间重新规划及支配，让其投入到策略性的工作方面，见表1-4，谈判（议价）占20%，价值分析占15%，选择供应商占15%，品质改进占15%，寻求替代来源占15%，推销员访谈占10%，文书处理占5%，电话联络占5%。

表1-4 **策略性时间分配**

采购部门的工作内容	所占用的时间比例（%）
谈判（议价）	20
价值分析	15
选择供应商	15
品质改进	15
寻求替代来源	15
推销员访谈	10
文书处理	5
电话联络	5

1.4 商品采购制度

采购制度是指企业对采购工作的管理，究竟采取中央集权方式的“集中制”、地方分权式的“分散制”，还是兼用分权与集权的混合方式的“混合制”是企业需要面对的问题。当然，此种管理方式的决策与企业的规模、地理条件、产品种类等皆有密切关系。换句话说，企业规模越小，分支机构分布越邻近，产品种类越相似，采用集中制的机会越大；反之，则应采取分散制或混合制。

1.4.1 集中制采购制度

这是将采购工作集中于一个部门办理，一般情况下，总企业各部门、分企业及各工厂均无采购权责。下面分别介绍集中制采购制度的优缺点及适用情况。

1. 集中制采购制度的优点

（1）价格优惠。集中采购可以使采购数量增加，增强与卖方的谈判能力，比较容易获得价格折让和良好的服务。

（2）管理统一。只有一个部门开展采购，因此采购方针与作业规划比较容易统一。

（3）节约成本。采购功能集中，可以精简人力，便于人才培养与训练。推行专业分工，使采购作业成本降低，效率提升。建立各部门共同物料标准规模，除可简化种类、互通有无外，也可减少检验工作。

（4）统筹规划。可以统筹规划供需数量，避免各自为政，产生过多的存货，并且各部门的过剩物资也可以相互转用。

2. 集中制采购制度的缺点

（1）采购流程过长，延误实效；零星采购、地域性采购及紧急采购状况难以适应。

（2）非共同性物料集中采购，并无数量折扣利益。

（3）采购与使用单位分离，采购绩效比较差。例如，规格确认、物品转运等费事耗时。

3. 集中制采购制度的适用条件

（1）企业产销规模不大，采购量比较小，企业只要一个采购单位来办理即可充分满足各部门对物品或劳务的需求。

（2）企业各部门及工厂集中在一个地方，采购工作并无因地制宜的必要或采购部门与需求单位虽然不在同一个地方，但是因为距离并不遥远，通信工具相当便捷，采购工作集中由一个单位办理，尚不至于影响需求实效。

（3）企业虽然有多个生产机构，但是产品种类大同小异，集中采购可以达到“以量限价”的效果。

图1-4是采用集中采购制度的典型企业组织系统。

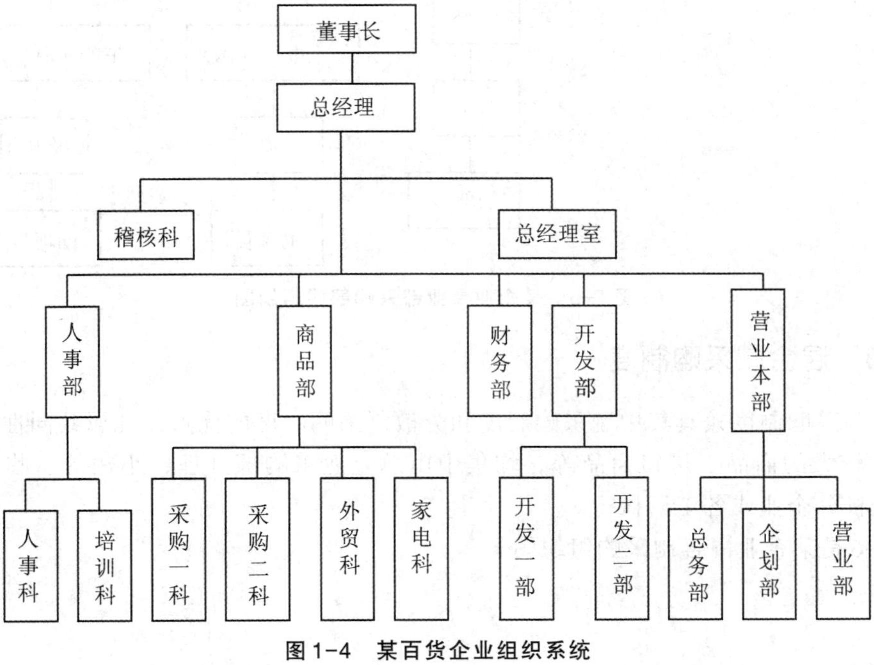

图1-4　某百货企业组织系统

1.4.2 分散制采购制度

这种制度是将采购工作分散给各需求部门自行办理，通常适用于企业规模比较大，工厂比较分散的企业。企业如果采用集中制，则容易产生迟延问题，且不易应付紧急需要，并且联系采购部门相当困难，采购作业与单据流程显得漫长复杂。

除了前述地理因素外，若散布各地的工厂在生产设备、贮藏设施、社区的经济责任等方面具有独特的差异性时，采用分散制也较为适宜。

图 1-5 为某企业事业部的采购部门组织图，其采购工作是分散制，分设 A 区采购处及 B 区采购处，各自办理所需产品的采购事宜。

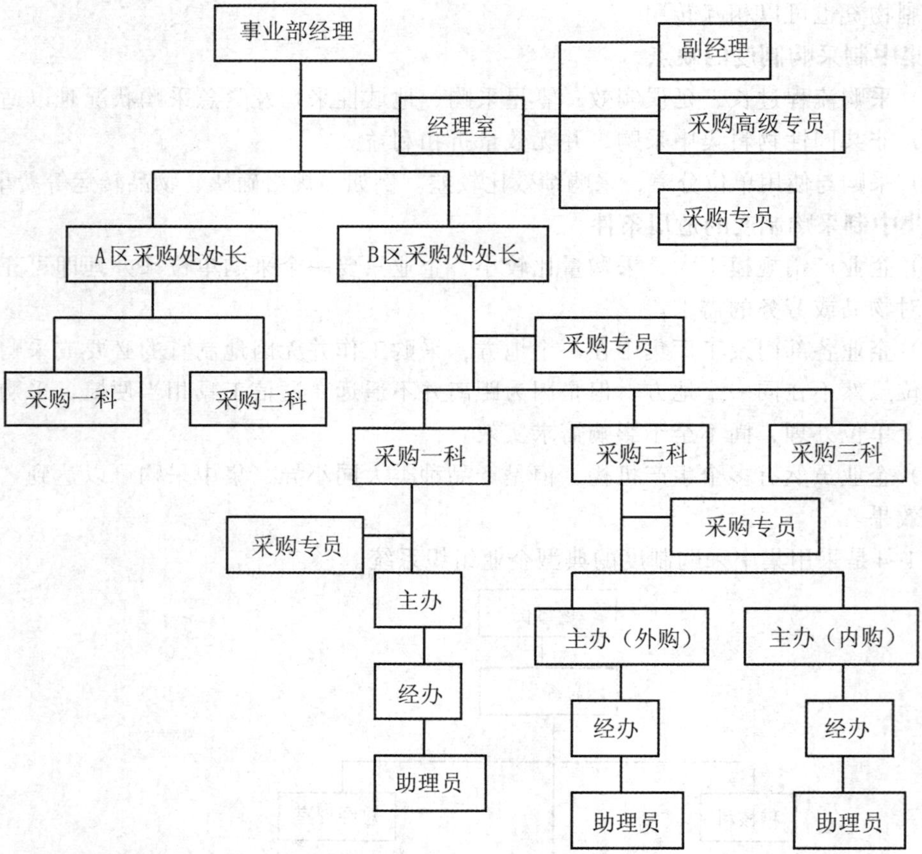

图 1-5 某企业事业部采购部门组织图

1.4.3 混合制采购制度

混合制采购制度兼具集中制采购制度和分散制采购制度的优点，凡属共同性物料、采购金额比较大的商品、进口商品等，均集中由总企业采购部办理；小额的、临时性的采购，则授权分企业或各工厂执行。

图 1-6 是某企业混合制采购组织图。

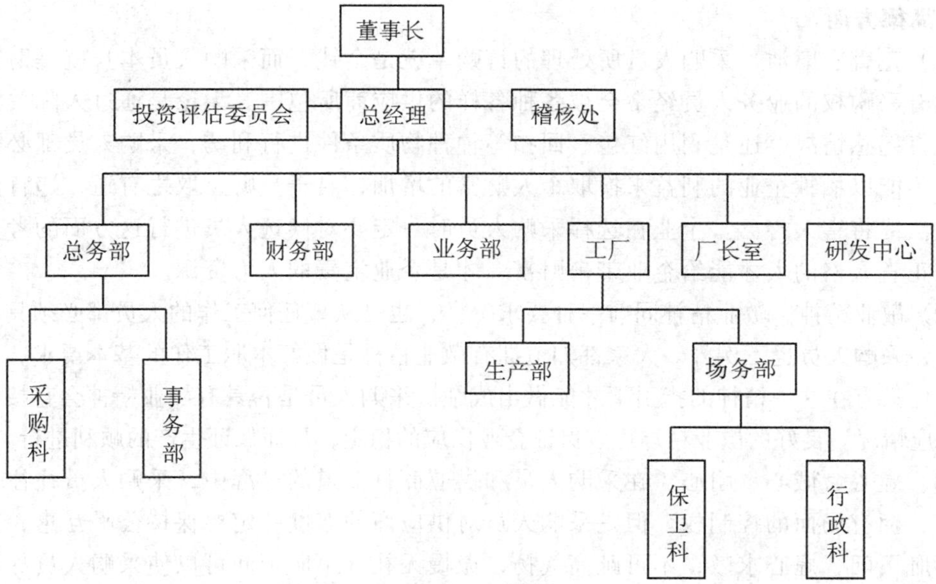

图 1-6　某企业混合制采购组织图

1.5　商品采购人力资源管理

1.5.1　采购人员素质要求

采购人员必须具备与工作复杂性相适应的素质和能力，要通过专业化的工作和能力培训达到甚至超过与企业和市场要求的水平。采购人员培训内容包括个人素质与技巧、相关专业知识及采购专业知识等方面，其中谈判技巧是采购人员需要通过培训和实践而掌握的一项基本技能。采购人员的管理与发展作为企业或企业人力资源管理与发展的一个重要组成部分，是保障采购能力形成与培养采购队伍建设与发展的基本内容，因此采购人员的选用对于企业的发展是非常重要的。作为现代企业来讲，选择好的采购人员应主要考虑以下几个方面：品德方面、知识方面与能力方面。表1-5列出了对采购人员这三方面的素质要求。

表 1-5　　采购人员的素质要求

品德方面	知识方面	能力方面
1.正直、廉洁 2.敬业精神 3.虚心、诚心、耐心	1.采购管理专业知识 2.财务管理知识 3.相关法律 4.掌握特定语言 5.信息系统 6.采购物品相关知识	1.价值分析能力 2.逻辑思维能力 3.决策能力 4.预测能力 5.个人能力 6.灵活性、敏捷性 7.团队精神 8.沟通与交流技巧 9.市场把握能力 10.供应商关系处理

1.品德方面

（1）正直、廉洁。采购人员所处理的订购单就是金钱，而采购人员本身就是财富的代表。拥有采购权的业务人员经常会被各种各样的供应商所包围。无论是通过人际关系向采购人员打起感情战，还是利用红包、回扣等种种物质条件进行利诱，采购人员都必须保持廉洁，不能以牺牲企业的利益来换取个人财富的增加，君子爱财，取之有道，违背法律道德的做法终将害人害己。企业在选择采购人员时一定要对候选人员进行这方面的考察。只有拥有正直人格的人才能给企业带来财富，才是企业宝贵的人力资源。

（2）敬业精神。敬业精神同前一种要求一样，也是从事任何工作的人员都必须具备的优秀品质，采购人员也不例外。大家都知道拥有敬业精神是做好本职工作的基本要求，再有才华的人也只有在这一精神的指引下才能做出成绩。采购人员是否具有敬业精神会直接影响企业的供应情况。良好的敬业精神可以保证企业供应的稳定，从而保证生产的顺利进行。

（3）虚心、诚心、耐心。在采购人员和供应商打交道的过程中，采购人员往往占据主动地位，拥有局面的控制权。但是采购人员对供应商的态度一定要保持公平互惠，甚至要做到不耻下问，虚心求教，不可趾高气扬，傲慢无礼。不耻下问可以使采购人员尽可能多地掌握采购物品的相关知识，提高采购质量。诚心、耐心可以使采购人员与供应商建立良好的合作伙伴关系，为供应链的管理做好铺垫。与供应商的谈判过程充满了艰辛，这要求采购人员要有足够的耐心，有良好的涵养。只有虚心和耐心地与供应商谈判，才能取得谈判的成功。只有诚心诚意地与供应商交往，才会换来对方的合作，实现企业的目标。

2.知识与能力方面

知识与能力既是相辅相成又是相互独立的。知识是能力的强大后盾，能力是知识的反映。但是作为采购人员，只有专业知识是远远不够的，参加实践的能力才是为企业带来财富的根源。不同级别、不同岗位的采购人员对知识和能力的要求是不同的。

1.5.2 采购人员招聘

采购人员招聘原则同整个企业员工招聘原则大体相同。通常来说采购部门的招聘都是由企业的人力资源部门统一进行的，但是在一些企业中，总经理也授权企业的部门主管进行部门内部人员的招聘。

1.招聘的原则

由于员工招聘成功与否对企业生存和发展非常重要，所以在日常员工招聘过程中应该体现以下几个原则：

（1）高素质和多样性的原则。

（2）效率优先的原则。

（3）公平竞争、择优录用的原则。

（4）内部优先的原则。

典型采购人员的素质要求见表1-6。

2.招聘方法与渠道

为了避免招聘一个不合格的候选人的情况出现，企业必须寻找和利用各种应聘者来源。企业可以通过刊登广告或求助于职业介绍所，但要招聘到最优秀的人才，可能富有挑战性，必须更加别具匠心。企业有时为了招聘到优秀的人才，也要进行深层次的挖掘。

表1-6　　　　　　　　　　**典型采购人员的素质要求**

职位	素质要求	集团采购总经理	事业部采购经理	工厂采购经理	战略采购员	前期采购员	后期采购员	供应商品质工程师	电子专业采购员
知识要求	采购管理	高	高	高	高	高	低	高	高
	采购物品相关知识	低	高	高	高	高	低	高	高
	财务管理	高	高	高	一般	一般	低	低	一般
	相关法律	高	高	高	一般	一般	低	低	一般
	语言	专业	专业	专业	专业	专业	专业	专业	专业
	信息系统	一般	一般	一般	一般	一般	一般	一般	一般
能力要求	价值分析能力	高	高	高	一般	一般	低	高	一般
	逻辑思维能力	高	高	一般	一般	一般	低	高	一般
	决策能力	高	高	高	一般	一般	低	一般	低
	预测能力	高	高	高	一般	一般	低	一般	一般
	个人魅力	高	高	一般	一般	一般	一般	一般	低
	灵活与敏捷性	一般	一般	高	一般	一般	低	低	低
	团队精神	一般	一般	高	一般	一般	低	一般	低
	沟通交流技巧	高	高	一般	一般	一般	低	一般	一般
	市场能力	高	高	低	一般	一般	低	低	低
	供应商关系处理	高	高	一般	一般	一般	一般	高	低

企业通常可以利用的招聘渠道有：

（1）内部招聘。内部招聘是指吸引现在正在企业任职的员工，填补企业的空缺职位。它也是企业重要的招聘方法，特别是对于企业管理职位来说，其比较有效，如在美国有抽样调查资料显示，90%的管理职位是用内部招聘的方法来填补的。内部招聘这一方法的使用，是通过不同的渠道来完成的。

①内部提升。当企业中有些比较重要的职位需要招聘人员时，让企业内部符合条件的员工从一个较低级的职位晋升到一个较高级的职位的过程就是内部提升。

②职位转换。将员工从原有的职位调到同层次或下一层次的空缺职位上去的过程称为职位转换。

（2）外部招聘。外部招聘的方法多种多样，当企业需要大量员工时，外部招聘是必然的选择。其主要渠道有：①刊登广告；②员工推荐；③顾客推荐；④大学校园招聘；⑤在线招聘；⑥就业机构；⑦专职猎头机构。

（3）不同征召渠道的选择。选择什么样的招聘渠道与职位的类型、级别、企业的规模等都有很大的关系。技能及管理层次越高的职位，越需要在大范围内进行招聘。发达国家的一些研究表明，职位的类型是决定使用哪一种招聘来源的重要因素。调查显示，对管理职位来说，使用最多的是内部招聘、报纸广告，其次是私人就业机构；对于专业和技术职位来说，使用最多的是校园招聘，其次是报纸和专业杂志广告，最后是私人就业机构；对销售人员的招聘，企业使用最多的是报纸广告。

针对我国的情况，对于大多数企业来说，如果是集中招聘一批人员，通常采用广告、校园招聘、人才交流等渠道，而员工推荐则是补充渠道或补充特殊人才渠道。各种员工招聘的渠道比较见表1-7。

表1-7 **各种员工招聘的渠道比较**

来源	优点	缺点
内部招聘	花费少，有利于提高员工士气，申请者了解企业情况	供给有限
刊登广告	覆盖面广，有利于提高企业的知名度	会吸引很多不合格的申请者，对应聘者了解少，招聘压力大
员工推荐	对应聘者较了解，成功概率大，应聘者入职后稳定	容易掺杂人情关系，录用后难以辞退
顾客推荐	应聘者对工作了解，就职后比较稳定	覆盖面窄
大学校园招聘	针对性强，能够吸引大量的应聘者	应聘者缺乏实际操作能力，可能有比较高的流失率
就业机构	花费比较合理，有时还能免费	成功率低，难以招到优秀人才
猎头公司	对招聘高级和临时人才特别有效	费用高，容易上当受骗

3.甄选

企业要把合适的人选安排到工作的职务空缺中去，为此，不但要求招聘过程按照一定的程序进行，而且要求企业借助科学可行的选拔方法。现代企业员工甄选的方法非常多，有效的基本方法有以下几种：

（1）对申请者的背景调查。根据求职者的求职申请表对其首先进行必要的背景调查，这是企业了解申请者的教育经历、工作履历、个人品质、人际交往能力、工作能力以及申请者原来所在单位录用其理由的重要渠道。但是，一般来讲，背景调查均是通过官方材料和档案来进行的，只有原单位认真客观地记录和尽力配合才能获得真实的信息，背景调查才能在企业对申请人的初选中起到积极作用。

（2）心理测验。在甄选员工时，为了能够准确判断应聘者的气质、思维敏捷性、特殊才干等，要经常采用心理测验的方法。从内容上，心理测验可划分为智力测验、个性测验和能力倾向测验三种。能力倾向测验具体又包括特殊能力测验和心理运动机能测验两种类型。

（3）情景模拟。情景模拟是指根据被试者可能担任的职务，编制一套与该职务实际情况相似的测试题目，让被试者处理可能出现的各种问题，以此来测评应聘者的心理素质、潜在能力的一系列方法。情景模拟可以为企业选择到最佳人选，节省培训费用，也使被试者得到一次实际的锻炼。情景模拟的内容包括：公文处理、与人谈话、无领导小组讨论、角色扮演和即席发言等，有些可以量化的情景模拟内容，还可以通过计算机来进行，如模拟一个工厂的生产经营。情景模拟一般不可能大规模使用，如果使用也只是在高层次的管理人员和特殊的专门人员的甄选上，原因在于其成本高昂。

（4）笔试。笔试是指通过纸笔的形式了解被测试者的知识广度和知识深度。在我国企业的员工招聘中，笔试历来被广泛应用。笔试的优点是：公平、费用低、迅速、简便；不足是：过分强调记忆力，不能全面反映应试者的工作态度、品德修养、管理能力、口头表达与操作能力。因此，其往往在应聘者的初次甄选中使用，成绩合格者才能参加面试或下一轮测试。

（5）面谈。甄选进入到最后一轮都会有一次面谈，有时甚至随着主考官的不断变化安排好几次面谈。面谈可能通过交流和观察等来了解应聘者的个性特点、态度、随机应变能力、形象、气质等方面，从而挑选到合适的人员。有研究表明，面谈中从应试者面部表情上获得的信息量可以达到50%以上，但是面谈也存在一些不足，如甄选时间长、费用偏高、主观偏见难以避免等。

1.5.3　员工培训与开发

1.员工培训需求分析

员工培训需求分析，是有效实施培训的前提条件。如果培训需求分析正确，就能保证制订符合实际情况的培训方案，选择适当的培训方法，所以，这是企业进行员工培训必须首先做好的一项工作。企业员工培训需求分析应从三个方面进行，即企业、工作和个人。只要三者中的任何一个方面在需求上出现问题，就应提出培训要求。

（1）企业的培训需求分析。

①组织结构和组织行为等现状。其包括两个现状，一是维持当前生产经营活动的组织结构和组织行为等现状，维持当前生产经营活动所需要的人员数量、年龄及素质；二是企业当前的人力资源现状，包括数量、年龄结构、知识结构、出勤率、离职率等，找出企业人力资源现状与实现组织目标的差距。

②企业未来的状况预测。其包括企业在将来某一时期的发展目标，采用的生产技术手段，实现这些发展目标所需要的人力资源数量、类别和素质，以及未来企业将面临的外部环境，包括产品市场状况、劳动力市场状况等。通过这些分析，企业的人力资源部门便可以找出实现企业目标和企业人力资源现状两者之间的差距，进而确定哪些差距可以通过培训来解决，以及培训的项目和内容。

（2）工作任务的描述和需求分析。

这项描述和需求分析将说明每项工作的任务要求、能力要求和对员工素质的要求等。通过对工作任务描述和需求分析，使每个人都能够认识到接受一项工作的最低要求是什么，满足了这些要求的员工才能上岗，否则就要对其进行培训。因此，职位分析是确定培训内容的重要依据。表1-8是对采购员职位的描述。

表1-8 采购员职位的描述

职务名称	采购员
向谁负责	采购与供应经理
职位概述	负责准备和发出制定商品供应或服务的采购订单，追求最低采购总成本，在价值最大化的同时，识别和发展合格的供应商，如果发生供应中断要恰当地加以协调
本质和范围	管理全部产品和服务的采购，与2~50个供应商保持联系，处理各种不确定的任务，确保谈判成功
主要职责	执行指定职责，确保实现质量和成本目标，进行有效谈判，实现有效合同目标，实行增值性采购活动，实现成本的控制目标、管理，维持供应商关系，减少供应商数量
需要的知识和技能	工商管理专业大专以上学历，三年以上工作经验，良好的沟通技能、分析能力

（3）个人需求分析。这是分析员工从事现任职位的要求与实际工作能力之间的差距，通过分析可确定“谁需要接受培训？”“需要哪种培训？”，使存在差距的员工通过培训能力得以提高。

在分析时可通过下面的公式来进行：

培训需求=需要达到的工作绩效-实际工作绩效

需要达到的工作绩效可由企业提出的绩效标准来确定，个人的工作绩效可通过员工个人提供的实际工作绩效数据，以及对员工的考核评价来反映。需要指出的是，以上对培训需求分析应是一个连续的过程，要形成制度，定期进行。

2.确定员工培训计划

企业员工的培训对象可分为三类，即工人、工程技术和专业人员、管理人员。为了最大限度提高员工培训的投资效益，企业必须根据发展的需要和个人的具体情况，合理地确定培训对象。确定培训对象时要考虑这样几个原则：第一，急需原则，即企业迫切需要一部分员工改进目前的工作或掌握新的知识和技术，以利于尽快提高组织的效率，对这部分员工的培训应优先考虑。第二，关键性原则。企业对关键技术人员和管理人员应优先予以培训。第三，长远原则。根据企业中、长期人力资源的需求分析，对企业在未来发展中需要的合适人才，可先进行培训，以使他们掌握一些新技能和新知识。

（1）员工培训内容。企业员工培训的内容涉及面较广，应根据培训对象的不同确定培训内容。具体来说，员工培训内容可归纳为以下方面：①有关企业文化方面的内容；②企业、行业及有关岗位所需要的知识和技能方面的内容；③有关一般文化知识的普及和提高方面的内容；④有关协调人际关系方面的内容，如冲突的处理、团队工作关系等；⑤有关知识更新、本行业中最新科学技术方面的内容；⑥有关现代管理知识和技能方面的内容；⑦有关健康保健、休闲活动的内容。

（2）选择员工培训的类型与方式。员工培训视企业各类人员的不同而有所不同。一般说来，有以下类型：

①新员工入门培训+上岗前培训。这是对刚刚进入企业的新员工所进行的专门培训。新员工入门培训，主要是向新员工介绍企业的基本情况、企业的规章制度、企业文化、企

业的发展前景等，帮助新员工学会适应企业的需要。这种培训一般由人力资源部门统一安排，不需要采购部门单独进行。

②员工上岗后的适应性培训。适应性培训，是指在岗位的员工为不断适应工作要求而进行的培训，它是企业对所有员工进行的日常性培训，可以定期进行，也可以不定期进行。适应性培训的内容包括：一是根据工作分析和岗位职责的规定和要求，对任职者进行有关岗位知识、工作态度、职业道德等方面的培训。通过培训使员工提高素质，适应本职位的要求。二是对员工进行本岗位新知识、新技能、新方法和新观念，以及相关领域的辅助性知识和技能的培训。适应性培训的内容、时间和方法可以根据企业的具体要求灵活进行。

③专业技术人员培训。在企业中，各类专业技术人员通常都需要定期培训。这是因为，在科学技术飞速发展的时代，各类专业知识、技能不断更新，各种先进的技术手段层出不穷，如果忽视对专业技术人员的持续不断的培训，专业技术人员就不能很好地适应组织发展的需要。在专业技术人员的培训中，尤其要重视培养他们解决实际问题的能力和处理人际关系的能力，帮助专业技术人员将知识运用于生产与经营过程，并且善于在组织中与同事互相协作，多出成果。

④管理人员培训。管理人员培训，包括高层管理人员培训、中层管理人员培训、基层管理人员培训。高层管理人员培训主要由人力资源部门负责，采购部门中层和基层管理人员的培训则可由本部门单独负责。事实上，即使是那些由人力资源部门负责此类培训的企业也必须注重采购部门的参与。

以上这些培训可通过不同的方式进行。培训的方式主要有在职培训、岗位轮换与离职培训。所谓在职培训，是指员工不脱离岗位，利用业余时间和部分工作时间参加培训，如各种类型的短训班，一般不超过一个月，重点放在解决某一类问题上。这种短训班比较灵活，效果也好。在职培训的另一种方式就是利用晚上和周末的业余时间进行培训，时间也比较长。还有一种方式就是岗位轮换，岗位轮换可使员工了解企业的整体活动和各部门的关系，掌握相关的知识和技能。所谓离职培训，是指员工离开工作岗位，专门学习某些专业知识或技能。离职培训可采取到高校学习、到国外学习、到外单位培训或在本单位培训等方式。离职培训的时间一般从几个月到几年不等。离职培训的内容有：攻读学位、新技术培训、管理知识技能培训等。

不管采用哪种方式进行培训，企业都应当重视将技术培训与管理培训相结合；将工作技能培训与工作态度培训相结合；将当前工作需要与未来工作需要相结合；将企业目标与员工个人目标相结合。

（3）选择员工培训的方法。员工培训作为人力资本投资的一种方式，要投入一定的金钱、时间和精力。如果培训的方法不当，就很可能导致员工对培训的积极性不高。所以，企业必须努力探索出见效快、易掌握的培训方法。下面介绍一些常用的培训方法，供企业在不同的培训课程中灵活运用。

①讲授法。这种方法是通过教师的语言表达，系统地向学员传授知识。它是员工培训中应用最普遍的一种方法。

这种方法的优点：有利于系统地讲解知识；容易掌握和控制学习进度；培训费用相对较低；可同时对许多人进行培训。

这种方法的缺点：讲授内容具有强制性，学员无权选择学习内容，缺乏实际操作的机会。

②视听法。这种方法是利用幻灯片、电影、录像、录音等视听教材进行培训。

这种方法的优点：因为它是利用人体的某些感觉去体会一种培训，所以比单纯讲授给人的印象更深刻，更易于理解；此方法生动形象，给学员一种亲切感，容易引起学员的兴趣；视听教材可以反复使用，从而可以更好地适应学员的个别差异和不同水平的要求。

这种方法的缺点：视听设备和教材的购置要花费较多的费用和时间，不太容易选择合适的视听教材，学员要受视听教材和视听场所的限制。

③案例研究法。管理案例是对企业过去实际发生情况的描述。案例研究就是让学员对过去发生的情况进行诊断或解决问题。

这种方法的优点：它可以启发学员的思路，提高学员分析问题和解决问题的能力。

这种方法的缺点：要求学员要具有一定的知识储备，并能够运用已有的知识分析问题。

④讲座法。这种方法是通过学员之间的语言交流来解决问题，巩固和扩大所学的知识。

这种方法的优点：学员能主动提出问题，表达个人的感受，有助于激发他们的学习兴趣，在讨论中互相取长补短。

这种方法的缺点：不利于学员系统掌握知识；讨论问题选择的恰当与否，直接影响培训效果。

⑤角色扮演法。角色扮演法是借助角色的演练来理解角色内容，从而提高解决问题的能力。

这种方法的优点：有助于训练基本技能，培养工作中所需要的素质，培训费用较低。

这种方法的缺点：不适于对各类人员的培训。

⑥岗位轮换法。这种方法是使受训者在不同的职位上轮流工作，以使其全面了解整个组织的不同工作内容，得到各种不同的经验，为今后在较高层次上任职打好基础。

这种方法的优点：给受训者提供了一个全面锻炼的机会，增加了工作经验。

这种方法的缺点：由于受训者没有实际的权力，因此，不能像真正任职者那样负起责任；由于轮换的时间不够长，难以证明他们今后有工作成效；有时在轮换培训结束时，没有合适的职位可安排。

⑦设立助理职位法。这种方法是在一些管理职位上设立助理职务，让受训者与有经验的人一起工作，这样可以使受训者增加工作经验，促进助理的成长，直到能够独立承担全部职责。

此外，还有敏感性训练、商业游戏、计算机辅助指导等方法。企业可以根据参训人数和层次、培训项目和培训经费预算，以及本单位已有的培训资源，选择不同的培训方法。

通过上面的一系列工作，企业确定了具体的培训内容和方法，就可以制订合适的、有效的和可操作的培训计划，并付诸实施。

互动课堂

沃尔玛与家乐福两种采购模式各行其是

沃尔玛的直接利润百分之百来自于商品毛利，这决定了它对供应链的掌控要求极为严格。一直以来，沃尔玛固执地坚持“营采分离”。它的零售体系与采购体系是两个完全独立的体系。对规模经济和制度的依赖，一直是沃尔玛成本领先的一大法宝。沃尔玛不断加强直接采购，目的正是希望将规模经济的优势更好地发挥出来。

尽管通过收购好又多，沃尔玛在中国市场的门店数量有了一个飞跃，但它的采购规模经济的优势还是很难体现。除了双方在整合层面面临一些阻碍外，中国市场的地区差别巨大，消费者不成熟，物流信息系统不发达，都是造成沃尔玛庞大采购计划难以执行的原因。

而作为沃尔玛在中国市场的强劲对手，家乐福在中国建立了5个采购中心，对于区域差别不大的商品实施集中采购。同时对各个采购中心授予了一定的采购权限，可以根据地方文化特色进行自由组合，公司再通过严格的目标控制和绩效考核来约束采购人员。家乐福采取“营采合一”的经营方式，可以随时针对地区差异进行策略调整，被业内认为是其在中国市场取得巨大成功的一个重要因素。

请思考：沃尔玛和家乐福采购模式的利弊。

资料来源：孙铁玉. 新编采购管理［M］. 南京：南京大学出版社，2013.

本章实训

实训项目1：选择采购制度

◆实训目标

1.明确集中采购制和分散采购制的优缺点。

2.能根据企业经营现状选择合适的采购制度并予以推行。

◆实训重点

1.集中采购的特点。

2.集中采购的实施推广。

◆实训资料

北京东方俱乐部集中采购的实际困难与解决办法

1.企业概况

北京东方俱乐部是一家健身俱乐部，在北京共有19家连锁健身中心，总部设在海淀区。俱乐部为私人所有，已有15年历史。公司没有专门的采购部，只有一位专门负责采购事务的人员。该公司实施的是一套集中采购计划。

2.原来的分散采购模式

为了维持各健身中心的运作，东方俱乐部需要许多不同的物品，包括机器和设备的部件，例如自行车配件、磨砂灯泡等各种用品。每一家俱乐部各自负责自己的采购事项，绝大多数的健身中心不设自己的库存而是随需随买，例如需要办公用品时就随时到附近的商店购买。总部曾经有一位兼职人员负责采购和库存控制，不过他只负责总部而不负责其他健身中心的物品采购，对其他健身中心的物品采购只是做些采购记录而已。

3.现在的集中采购模式

经过调查分析，俱乐部采购管理人员认为，以前所使用的以各健身中心为主的随需随买的采购体系问题很大，应该采用效果最佳的集中采购体系。集中采购体系确实可以为俱乐部节省一大笔开支。例如，可找到一家供应商，俱乐部向其批量购买卫生用品，这家供应商可以把价格降低一半。于是，采购人员开始寻找更多的提供不同物品的供应商，并制定了集中采购体系的一系列细则。这套集中采购体系基本上把所有的采购都集中到公司总部，各连锁俱乐部的经理不能再像以前那样各自随意购买所需的物品。如果有需求，他们要填一份请购单，然后传真到总部。传真到总部的最后期限是每周五下午5点。在下周一，各健身中心所需采购的物品将由总部的相关部门及时派人送达。采购管理人员如发现各中心所申请的物品不合适，有权加以否定或减少其采购量。但是每一个健身中心都有1 000元的现金用于可能随时发生的紧急采购。

4. 集中采购遇到的困难

在集中采购体系实施一个月后，俱乐部受到了一些挫折。有几家健身中心的经理对集中采购有些抵制，最棘手的是朝阳区的3家健身中心的经理，曾联合起来拒绝接受集中采购，他们的理由是手续太烦琐。

◆实训任务

1. 分析朝阳区的3家健身中心经理联合拒绝新采购体系的主要原因。

2. 面对北京东方俱乐部集中采购遇到的实际困难提出合适的解决方案。

3. 撰写实训过程的心得体会。

实训项目2：提高采购人员的素质

◆实训目标

1. 明确采购人员的基本素质。

2. 能科学评价案例中采购人员的素质高低。

◆实训重点

1. 采购人员应具备哪些基本素质。

2. 采购过程中的不合法行为有哪些。

◆实训资料

采购员张三的困惑

张三是一名采购员，五年前加盟某科技公司，虽然其规模不大，但是包括研发、生产(部分发外加工)、销售、安装、售后服务，涉及设备包括电脑、音响、光纤传输及转换、监控、配电等，年营业额也有几千万元，采购部除了一个主管（副总经理）外，只有张三一个人。

由于公司产品带有工程，所以几乎每个项目都不可能一模一样，产品型号非常繁杂，所需电子器件（包括研发用料）、设备等材料不是用一个笼统的概念可以描述清楚的，采购的工作量相对来说会比较大，晚上经常要加班，而且没有加班费。虽然在公司同等级的职位中，采购的工资是最低的，但是张三依然以诚恳的态度来工作，认真做好每一件事，五年来一直是清清白白，他知道有一份工作、有一份收入毕竟是要有所付出的。

虽然张三一直任劳任怨地努力工作，但也希望公司能感受到自己的付出，让上司觉得自己的付出对公司很重要，适当给自己加一点儿工资，因为来公司五年了，公司的营业额一直在增加，自己的工资却从来没有涨过，一起出来工作的同学的工资都是自己的两倍了。

前不久，张三以最近公司订单多，自己太忙为由，想通过向上级提出增加人手的方式让公司给自己涨工资，老总竟然以采购不是公司的主要环节来推却，说采购部不是重要部门，不需要太多人，还说公司可以没有采购，照样也能做生意赚钱等。

采购员李四的苦恼

某公司品管部最近需要两台新设备，李四收到“设备需求单”后第一时间在媒体发布了求购信息，很快搜集了数家供应商报价，通过几番比价议价后，各供应商也及时提供了相关报告，接下来就是去供应商那里进行现场评估。

这天李四和品管部王经理带上“设备评估表”一大早就出发了，上午第一家参观的A供应商是一家民营企业，规模不算大，价格还不错，现场评估设备性能也都达标，彼此交谈都感觉比较愉快，李四感觉可以优先考虑。参观结束时该企业老板主动邀请其一起共进午餐，但李四拒绝了。

从第一家供应商出来后，李四和王经理随便吃了个快餐就直奔第二家B供应商，这是一家台资企业，实力很强，设备的材质都很好，通过现场评估性能全部达标。虽然价格贵了点儿，但是感觉物有所值，售后服务也信得过，可以算是理想的供应商。

从第二家供应商出来后，已经快下午四点了，虽然有点儿累，但采购就是跑腿的，工作得继续。他们很快就来到了王经理介绍的第三家C供应商，C供应商是某公司的代理商，价格比A供应商高不少但比B供应商便宜一点点，老板是年轻漂亮的李小姐。因为工厂不在当地，所以只能参观样机，供应商只是在现场演示了一下就说一起去吃饭吧。李四马上回答说：“不用了，我们回去吃就好了，而且很晚了，下次吧!”李小姐说：“没关系的，吃饭用不了多久，一会我叫车送你们回去就好了!”这时王经理也说：“没关系的，我跟李小姐很熟的，认识几年了，我以前的公司就用C供应商的产品!”

后来李四和王经理在李小姐的带领下一起去湘菜馆吃了一顿丰盛的晚餐，然后还去包厢唱卡拉OK到晚上十二点，回公司当然也是李小姐叫车送的，而且李小组说成交后会给李四和王经理一定的辛苦费，回去的路上王经理还一直替李小姐说好话，可李四自此事之后一直感到惴惴不安。

◆实训任务

1.讨论公司采购的重要性。

2.讨论如何解决采购中的拿回扣问题。

3.讨论一名优秀的采购员应具备的素质。

第2章 商品采购计划与预算

学习目标

知识目标：➢ 了解商品采购计划与预算的意义和作用；

➢ 掌握商品采购计划与预算的影响因素。

能力目标：➢ 掌握商品采购计划与预算的内容和编制方法；

➢ 掌握商品采购数量的确定和计算方法。

【案例导入】

某木业公司主营生产细木板，每一成品构成为：柳胺面板2张，杨木夹板4张，杨木0.0476立方米。2018年6月15日，销售部接到客户订单10 000张，交货时间为8月1日。该公司立即召开紧急生产会议，仓管部经过盘点发现，现有库存成品2 000张，原料：柳胺面板2 000张，杨木单板4 000张，杨木100立方米（考虑消耗初定为每1 000张需用50立方米）。该公司月生产能力为9 000张。

采购部经过联系发现广东番禺有3家公司经营柳胺面板，见表2-1。

表2-1　**柳胺面板**

公司名称	可供容量（张）	已承接订单量（张）	单价（元）
A公司	12 000	4 000	25
B公司	8 000	3 000	25
C公司	5 000	2 000	25

湖南沅江市有3家公司经营杨木单板，见表2-2。

表2-2　**杨木单板**

公司名称	可供容量（张）	已承接订单量（张）	单价（元）
甲公司	30 000	12 000	8
乙公司	16 000	10 000	8
丙公司	20 000	6 000	8

湖南澧县有2家公司经营杨木，见表2-3。

表2-3　**杨木**

公司名称	可供容量（立方米）	已承接订单量（立方米）	单价（元）
E公司	500	300	520
F公司	400	200	520

资料来源：谭新明. 物流采购管理［M］. 武汉：武汉大学出版社，2012.

请思考：假如木业公司生产能力能满足供货要求，请你为该公司拟订一份订单采购计划，进行采购预算。如果7月末还要有2 000张成品的安全库存量该如何处理呢？

采购计划与预算，是生产计划的一部分，也是企业年度计划与目标的一部分。计划是指我们对未来所要做的一些事情所进行的安排，在我们的现实工作中常常要制订各种各样的计划。而制订采购计划的目的就是要根据市场的需求、企业的生产能力和采购环境容量等制定采购清单和采购日程表。采购计划是采购管理的第一步，它包含两部分内容：一部分为采购计划的制订；另一部分则为采购订单计划的制订。这两部分必须做到充分的综合平衡，才能保证物料的正常供应，并同时降低库存及成本，避免应急单的出现，降低风险采购率。企业管理中的两个主要职能是计划和控制，上述两个职能的执行都无法离开预算。采购预算是采购部门为配合年度的销售预测或者生产数量，对所需的原料、物料、零件等的数量及成本进行翔实的计划，以利于整个企业目标的实现。

2.1 商品采购计划与采购预算概述

2.1.1 采购计划的影响因素

1.年度销售计划

年度销售计划是指企业在计划年度内销售产品的品种、质量、数量和交货期，以及销售收入、销售利润等。企业年度的经营计划多以销售计划为起点编制；而销售计划的拟订受到销售预测的影响。销售预测的决定因素包括外界的不可控制因素，如国内外经济发展情况（GDP、失业率、物价、利率等）、人口增长、政治体制、文化及社会环境、技术发展、竞争者状况等，以及内部的可控制因素，如财务状况、技术水准、厂房设备、原料零件供应情况、人力资源及企业声誉等。

2.年度生产计划

生产计划是规定企业在计划期内（年度）所生产产品的品种、质量、数量和生产进度以及生产能力的利用程度。生产计划以销售计划为依据，加上企业管理人员的定量分析和判断进行编制。生产计划确定企业在计划期内生产产品的实际数量及其具体分布情况（见表2-4）。生产计划依据销售数量加上预期的期末存货来拟订，公式为：

表2-4 某企业2018年度生产计划 单位：吨

项　目	第一季度	第二季度	第三季度	第四季度	全年合计
预计销售量	4 000	4 500	5 000	4 500	18 000
加：预计期末存货量	450	500	450	500	500
预计需要量	4 450	5 000	5 450	5 000	18 500
减：预计期初存货量	400	450	500	450	400
预计生产量	4 050	4 550	4 950	4 550	18 100

预计生产量=预计销售量+预计期末存货量-预计期初存货量

3.物料需用清单

生产计划只列出产品的数量，无法直接知道某一产品需要使用哪些物资，以及数量多少，因此必须借助物料需用清单。物料需用清单由研究发展部门或产品设计部门制成，根据此清单可以精确计算出制造某一产品的物料需求数量，物料需求数量所列的耗用量（即通称标准用量）与实际用量的相互比较可以作为用料管制的依据。物料需用清单见表2-5。

表2-5 物料需用清单

物资名称：电子挂钟

代码：100000　层次：0　计量单位：件

代码	物料名称	计量单位	每台数量	层次	类型	备注
11000	机芯	件	1	1	B	
12000	钟盘	件	1	1	M	
12100	长针	件	1	2	M	
12110	铝材	克	8	3	B	
12110	铝材	克	6	3	B	

续表

代码	物料名称	计量单位	每台数量	层次	类型	备注
12110	铝材	克	3	3	B	
12200	短针	件	1	2	M	
12300	钞针	件	1	2	M	
12400	盘面	件	1	2	M	
12410	盘体	件	1	3	M	
12411	白塑	克	200	4	B	白色塑料
12420	安膜	件	1	3	M	
12421	薄膜	克	0.5	4	B	
13000	钟框	件	1	1	M	
13100	彩塑	克	120	2	B	彩色塑料
14000	电池	件	1	1	B	5#

注：类型栏中“M”表示自制件，“B”表示外购件。

4.设备维修计划和技术改造计划

设备维修计划是规定企业在计划期内（年度）需要进行修理设备的数量、修理时间和进度等。技术改造计划是规定企业在计划期内（年度）要进行的各项技改项目的进度、预期的经济效果，以及实现技改所需要的人力、物资、费用和负责执行的单位。这两个计划提出的物料需求品种、规格、数量、时间，是编制物料采购计划的依据，采购计划要为这两个计划的实现提供物料保证。

5.基本建设计划和科研计划

基本建设计划是规定企业在计划期内（年度）的建设项目、投资额、实物工程量、竣工日期、建设进度以及采用的有关经济技术定额。其是编制采购计划的依据。科研计划规定企业在计划期内（年度）进行的科研项目。科研项目提出的各种物料需求是编制采购计划的依据。科研项目需要的物料具有“新”“少”“急”“难”的特点。

6.存量管制卡

由于应该采购数量必须扣除库存数量，因此，存量管制卡记载是否正确，是影响采购计划准确性的因素。这包括实际物料与账目是否一致，以及物料存量是否全为优良品。若账目上数量与仓库架台上的数量不符，或存量中并非全数为规格正确的物料，这将使仓储的数量低于实际上的可取用数量，采购计划中的应该采购数量将会偏低。

7.物料标准成本的设定

在编制采购预算时，因对将来拟采购物料的价格不容易预测，故多以标准成本替代。若此标准成本的设定缺乏过去的采购资料作为依据，也没有工程管理人员严密精确地计算其原料、人工及制造费用等组合或生产的总成本，则其正确性就不能保证。因此，标准成本与实际购入价格的差额就是采购预算正确性的评估指标。

8.生产效率

生产效率的高低将使预计的物料需求量与实际的耗用量产生误差。产品的生产效率降低，会导致原物料的单位耗用量提高，使采购计划中的数量不能满足生产所需。过低的产出率也会导致经常修改作业，从而使得零部件的损耗超出正常需用量。所以，当生产效率有降低趋势时，采购计划必须将额外的耗用率计算进去，这样才不会发生原物料的短缺现象。

9.价格预期

在编制采购预算时，企业常对物料价格涨跌幅度、市场景气之荣枯乃至汇率变动等多加预测，甚至列为调整预测因素。不过，因为个人主观判定与事实的演变常有差距，也可能会造成采购预算的偏差。

由于影响采购计划的因素很多，故采购计划拟订之后，必须与产销部门保持经常联系，并针对现实情况进行必要的调整与修订，这样才能实现保证正常产销活动的进行，并协助财务部门妥善规划资金来源。

2.1.2 预算概述

所谓预算就是一种用数量来表示的计划，是将企业未来一定期间经营决策的目标通过有关数据系统地反映出来，是经营决策的具体化、数量化。

传统上编制采购预算是将本期应购数量（订购数量）乘以各物料的购入单价，或者按照物料需求计划（MRP）的请购数量乘以标准成本。

为了使预算对实际的资金调度具有意义，采购预算应以现金基础编制，也就是说，采购预算应以付款的金额来编制，而不能以采购的金额来编制。预算的时间范围要与企业的计划期保持一致，不能过长或过短。长于计划期的预算没有实际意义，浪费人力、财力和物力，而过短的预算又不能保证计划的顺利执行。企业所能获得的可分配的资源和资金在一定程度上是有限的，受到客观条件的限制，企业的管理者必须通过有效分配有限的资源来提高效率以获得最大的收益。

下面举例说明预算是如何影响资源在组织内部分配的。

某企业的每个部门都提交了年度预算，涉及部门一年内所要开展的种种活动和所需资金、人员等情况，高层管理人员和会计部门会根据年度财务计划来核定业务费用，使人员、资金、设备等与预测的需求相匹配。

由于预算会影响资源的分配，事实上它正是一种在相互竞争的需求中分配资源的工具，因此，它常常使部门的预算失真。一方面，某些部门为了提高其在企业内的地位，获得更多的资源和人员，会夸大其词，将预算做大，从而掌控更多的人力、财力、物力，而这些在一定程度上也代表了权力和地位；另一方面，由于预算考虑的是不确定的未来，每一个部门主管都很明白那些不在其控制之内的外在因素，如环境变化、消费者偏好的改变等常常会影响甚至决定预算的最终成功与失败，而管理者很有可能会根据预算与实际数据的比较来评定部门或者是个人的业绩，在这种情况下，保守或悲观的部门主管很有可能会提交一个保守的、收缩了的预算报告，而不是一份充满挑战性又切实可行的预算报告，从而使预算做小，最终应该得到相应的人力、物力支持的部门反而没有取得与之相匹配的资源。

预算本来就是一个协调和综合的过程，它要求企业各个部门，各个层次的管理者根据自己的专业知识，以及以往的实践经验，由下到上、层层叠加，共同制定出一个总预算。管理者应当与部门主管就目标积极开展沟通，调查要求和期望，考虑假设条件和参数的变动，制订劳动力和资金需求计划并要求部门进行反馈。管理者应当引导部门主管将精力放到应付不确定的情况上，而不是开展什么“战备竞争”。

为了使预算更具灵活性和适应性以应对意料之外的可能发生的不可控事件，企业在预算编制过程中应当尽力做到以下几点：

（1）采取合理的预算形式。

（2）建立趋势模型。

（3）用滚动预算的方法，以减少预算的失误以及由此带来的损失。

2.2　商品采购计划的编制

2.2.1　编制采购数量计划的目的

一般而言，制造业的经营自购入原料、物料后，经过加工制造或组合装配成为产品，再通过销售过程获取利润，其中如何获取足够数量的原料、物料，是采购数量计划的重点所在。因此，数量计划是为维持正常的产销活动，在某一特定时期内，应在何时购入何种材料的估计作业。此项数量计划应该达到以下目的：

（1）预计材料需用时间与数量，防止供应中断，影响产销活动。

（2）避免材料储存过多，积压资金，以及占用堆积的空间。

（3）配合企业生产计划与资金调度。

（4）使采购部门做好事先准备，选择有利时机购入材料。

（5）确立材料耗用标准，以便管制材料采购数量及成本。

2.2.2　采购计划细分程序

采购计划的制订需要具有丰富的采购计划经验、采购经验、开发经验、生产经验的复合知识性人才，并且要和相关单位及部门协作进行。采购计划环节是整个采购运作的第一步，它包含两部分内容：采购认证计划的编制和采购订单计划的制订。目前公认的采购计划的主要环节有：准备认证计划、评估认证需求、计算认证容量、制订认证计划、准备订单计划、评估订单需求、计算订单容量、制订订单计划。下面我们将分别来详细阐述一下这八个环节。

1.准备认证计划

准备认证计划是采购计划的第一步，也是非常重要的一步。准备认证计划主要有四个方面的内容。

（1）接收开发批量需求。开发批量需求是能够启动整个供应程序流动的牵引项，企业要想制订比较准确的认证计划的话，首先要做的就是非常熟悉开发需求计划。目前开发批量物料需求通常有两种情形：一种是在以前或者是目前的采购环境中就能够发掘到的物料供应，例如以前接触的供应商的供应范围比较大，企业就可以从这些供应商的供应范围中找到企业需要的批量物料需求。另一种情形就是企业需要采购的是新物料，在原来形成的采购环境中不能提供，需要企业的采购部门寻找新物料的供应商。

（2）接收余量需求。随着企业规模的扩大，市场需求也会变得越来越大，旧的采购环境容量不足以支持企业的物料需求，或者是因为采购环境有了下降的趋势从而导致物料的采购环境容量逐渐缩小，这样就无法满足采购的需求。以上这两种情况就会产生余量需求，这就产生了对采购环境进行扩容的要求。采购环境容量的信息一般是由认证人员和订单人员来提供的。

（3）准备认证环境资料。通常来讲，采购环境的内容包括认证环境和订单环境两个部分。有些供应商的认证容量比较大，但是其订单容量比较小；有些供应商的情况恰恰相反，其认证容量比较小，但是订单容量比较大。产生这种情况的原因是认证过程本身是对供应商样件的小批量试制过程，这个过程需要强有力的技术力量支持，有时甚至需要与供应商一起开发；但是订单过程是供应商规模化的生产过程，其突出的表现就是自动化机器流水作业及稳定的生产，技术工艺已经固化在生产流程之中，所以订单容量的技术支持难度比起认证容量的技术支持难度要小得多。因此，我们可以看出认证容量和订单容量是两个完全不同的概念。企业对认证环境进行分析的时候一定要分清这两个概念。

（4）制定认证计划说明书。制定认证计划说明书也就是把认证计划所需要的材料准备好，主要内容包括：认证计划说明书（物料项目名称、需求数量、认证周期等），同时附有开发需求计划、余量需求计划、认证环境资料等。图 2-1 为准备认证计划过程。

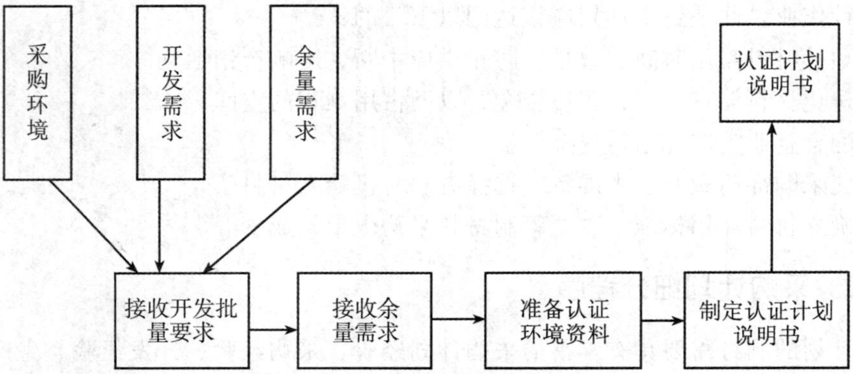

图 2-1 准备认证计划过程

2.评估认证需求

评估认证需求是采购计划的第二个步骤，其主要内容包括以下三方面：分析开发批量需求、分析余量需求、确定认证需求。

（1）分析开发批量需求。要做好开发批量需求的分析不仅需要分析量上的需求，而且要掌握物料的技术特征等信息。开发批量需求的样式是各种各样的，按照需求的环节可以分为研发物料开发认证需求和生产批量物料认证需求；按照采购环境可以分为环境内物料需求和环境外物料需求；按照供应情况可以分为可直接供应物料和需要定做物料；按照国界可分为国内供应物料和国外供应物料等。对于如此复杂的情况，计划人员应该对开发物料需求进行详细分析，必要时还应该与开发人员、认证人员一起研究开发物料的技术特征，按照已有的采购环境及认证计划经验进行分类。从以上可以看出，认证计划人员需要兼备计划知识、开发知识、认证知识等，具有从战略高度分析问题的能力。

（2）分析余量需求。首先对余量需求进行分类。我们已经说明了余量认证的产生来源：一种情况是市场销售需求的扩大，另一种情况是采购环境订单容量的萎缩。这两种情况都导致了目前采购环境的订单容量难以满足用户的需求，因此需要增加采购环境容量。

对于因市场需求原因造成的余量，可以通过市场及生产需求计划得到各种物料的需求量及时间；对于因供应商萎缩造成的余量，可以通过分析现实采购环境的总体订单容量与原订单容量之间的差别得到。这两种情况的余量相加即可得到总的需求余量。

（3）确定认证需求。认证需求可以根据开发批量需求及余量需求的分析结果来确定。认证需求是指通过认证手段，获得具有一定订单余量的采购环境。

3.计算认证容量

计算认证容量是采购计划的第三个步骤，它主要包括以下四方面的内容：分析项目认证资料、计算总体认证容量、计算承接认证量、确定剩余认证容量。

（1）分析项目认证资料。分析项目认证资料是计划人员的一项重要事务，不同的认证项目其过程及周期也是千差万别的。机械、电子、软件、设备、生活日用品等物料项目，它们的加工过程各种各样，非常复杂。作为从事某行业的实体来说，需要认证的物料项目可能是上千种物料中的某几种，熟练分析几种物料的认证资料是可能的，但是对于规模比较大的企业，分析上千种甚至上万种物料其难度则要大得多。

（2）计算总体认证容量。在采购环境中，供应商订单容量与认证容量是两个不同的概念，有时可以互相借用，但绝不是等同的。一般在认证供应商时，要求供应商提供一定的资源用于支持认证操作，或者一些供应商只做认证项目。

总之，在供应商认证合同中，应说明认证容量与订单容量的比例，防止供应商只做批量订单，不愿意做样件认证。计算采购环境的总体认证容量的方法是把采购环境中所有供应商的认证容量叠加，对有些供应商的认证容量需要附加适当系数。

（3）计算承接认证量。供应商的承接认证量等于当前供应商正在履行认证的合同量；一般认为认证容量的计算是一个相当复杂的过程，各种各样的物料项目的认证周期也是不一样的，一般是要求计算某一时间段的承接认证量。最恰当、最及时的处理方法是借助电子信息系统，模拟显示供应商已承接认证量，以便在进行认证决策时使用。

（4）确定剩余认证容量。某一物料所有供应商群体的剩余认证容量的总和就是该物料的“认证容量”。其可以用下面的公式简单进行说明：

物料认证容量=物料供应商群体总体认证容量-承接认证量

这种计算过程也可以被电子化，一般MRP系统不支持这种算法，所以要单独创建系统。认证容量是一个近似值，仅做参考，认证计划人员对此不可过高估计，但它能指导认证过程的操作。

采购环境中的认证容量不仅是采购环境的指标，而且也是企业不断创新、持续发展的动力。源源不断的新产品问世是基于认证容量价值的体现，也由此能生产出各种各样的产品新部件。

4.制订认证计划

制订认证计划是采购计划的第四个步骤，它的主要内容包括：对比需求与容量、综合平衡、确定余量认证计划、制订认证计划四个方面。

（1）对比需求与容量。认证需求与供应商对应的认证容量之间一般都会存在差异，如果认证需求小于认证容量，则没有必要进行综合平衡，可以直接按照认证需求制订认证计划；如果认证需求量大大超出供应商容量，就要进行认证综合平衡，对于剩余认证需求需要制订采购环境之外的认证计划。

（2）综合平衡。综合平衡就是指从全局出发，综合考虑生产、认证容量、物料生命周期等要素，判断认证需求的可行性，通过调节认证计划来尽可能满足认证需求，并计算认证容量不能满足的剩余认证需求，这部分剩余认证需求需要到企业采购环境之外的社会供应群体之中寻找容量。

（3）确定余量认证计划。确定余量认证计划是指对于采购环境不能满足的剩余认证需求，应提交采购认证人员分析并提出对策，相关人员一起确认采购环境之外的供应商认证计划。采购环境之外的社会供应群体如没有与企业签订合同，那么制订认证计划时要特别小心，并应该由具有丰富经验的认证计划人员和认证人员联合操作。

（4）制订认证计划。制订认证计划是认证计划的主要目的，是衔接认证计划和订单计划的桥梁。只有制订好认证计划，才能根据该认证计划做好订单计划。

认证物料数量以及开始认证时间的确定方法如下：

认证物料数量=开发样件需求数量+检验测试需求数量+样品数量+机动数量

开始认证时间=要求认证结束时间-认证周期-缓冲时间

5.准备订单计划

准备订单计划主要分为四个方面的内容：接收市场需求、接收生产需求、准备订单环境资料、制订订单计划说明书。

（1）接收市场需求。市场需求是启动生产供应程序的流动牵引项，要想制订比较准确的订单计划，首先必须熟知市场需求计划或者市场销售计划。市场需求进一步分解便得到生产需求计划。企业的年度销售计划一般在上一年的年末制订，并报送至各个相关部门，同时下发到销售部门、计划部门、采购部门，以便指导全年的供应链运转。企业根据年度计划制订季度、月度的市场销售需求计划。

（2）接收生产需求。生产需求对采购来说可以称之为生产物料需求。生产物料需求的时间是根据生产计划而产生的，通常生产物料需求计划是订单计划的主要来源。为了利于理解生产物料需求，采购计划人员需要熟知生产计划以及工艺常识。在MRP系统之中，物料需求计划是主生产计划的细化，它主要来源于主生产计划、独立需求的预测、物料清单文件、库存文件。编制物料需求计划的主要步骤包括：决定毛需求，决定净需求，对订单下达日期及订单数量进行计划。

（3）准备订单环境资料。准备订单环境资料是准备订单计划中一个非常重要的内容。订单环境是在订单物料的认证计划完毕之后形成的，订单环境的资料主要包括：

①订单物料的供应商消息。

②订单比例信息（对多家供应商的物料来说，每一个供应商分摊的下单比例称之为订单比例，该比例由认证人员生成并给予维护）。

③最小包装信息。

④订单周期是指从下单到交货的时间间隔，一般是以天为单位的。

订单环境一般使用信息系统管理。订单人员根据生产需求的物料项目，从信息系统中查询了解该物料的采购环境参数及描述。

（4）制定订单计划说明书。制定订单计划说明书也就是准备好订单计划所需要的资料，其主要内容包括：

①订单计划说明书（物料名称、需求数量、到货日期等）。

②附有市场需求计划、生产需求计划、订单环境资料等。

6.评估订单需求

评估订单需求是采购计划中非常重要的一个环节，只有准确地评估订单需求，才能为计算订单容量提供参考依据，以便制订出好的订单计划。它主要包括以下三个方面的内容：分析市场需求、分析生产需求、确定订单需求。

（1）分析市场需求。我们知道订单计划不仅仅来源于生产计划。一方面，订单计划首先要考虑的是企业的生产需求，生产需求的大小直接决定了订单需求的大小；另一方面，制订订单计划还得兼顾企业的市场战略以及潜在的市场需求等。此外，制订订单计划还需要企业去分析市场要货计划的可信度。因此，企业必须仔细分析市场签订合同的数量、没有签订合同的数量（包括没有及时交货的合同）等一系列数据，同时研究其变化趋势，全面考虑要货计划的规范性和严谨性，还要参照相关的历史要货数据，找出问题的所在。只有这样，企业才能对市场需求有一个全面的了解，才能制订出一个满足企业远期发展与近期实际需求相结合的订单计划。

（2）分析生产需求。分析生产需求是评估订单需求首先要做的工作。要分析生产需求，首先就需要研究生产需求的产生过程，其次再分析生产需求量和要货时间。这里通过一个企业的简单例子进行说明：

某企业根据生产计划大纲，对零部件的清单进行检查，得到相关毛需求量。在第一周，现有的库存量是80件，毛需求量是40件，那么剩下的现有库存量=现有库存量-毛需求量=80-40=40（件）。第三周预计入库120件，毛需求量70件，那么新的现有库存=原有库存量+入库量-毛需求量=40+120-70=90（件）。这样每周都有不同的毛需求量和入库量。这样就产生了不同的生产需求，对企业不同时期产生的不同生产需求进行分析是很有必要的。

（3）确定订单需求。根据对市场需求和生产需求的分析结果，企业就可以确定订单需求。通常来讲，订单需求的内容是指通过订单操作手段，在未来指定的时间内，将指定数量的合格物料采购入库。

7.计算订单容量

计算订单容量是采购计划中的重要组成部分。只有准确计算订单容量，才能对比需求和容量，并经过综合平衡，最后制订出正确的订单计划。计算订单容量主要有以下四个方面的内容：分析项目供应资料、计算总体订单容量、计算承接订单容量、确定剩余订单容量。

（1）分析项目供应资料。在采购过程中，企业都非常清楚地知道物料和项目是整个采购工作的操作对象。对于采购工作来讲，在目前的采购环境中，所要采购物料的供应商信息是非常重要的一项信息资料。如果没有供应商供应物料，那么无论是生产需求还是紧急的市场需求，一切都无从谈起。可见，有供应商的物料供应是满足生产需求和紧急市场需求的必要条件。从一个简单的例子来看，某企业需设计一个练歌房的隔音系统，隔音玻璃棉是完成该系统的关键材料，经过项目认证人员的考察，该种材料被垄断在少数供应商的手中。在这种情况下，企业的计划人员如果能够充分利用这些情报，在下达订单计划时就能有的放矢了。

（2）计算总体订单容量。总体订单容量是多方面内容的组合。一般包括两方面内容：

一方面是可供给的物料数量，另一方面是可供给物料的交货时间。举一个例子来说明这两方面的结合情况：供应商华泰公司在12月31日之前可供应5万个特种按钮（A型3万个，B型2万个），供应商鸿运公司在12月31日之前可供应8万个特种按钮（A型4万个，B型4万个），那么12月31日之前A型和B型两种按钮的总体订单容量为13万个，B型按钮的总体订单容量为6万个。

（3）计算承接订单容量。承接订单容量是指某供应商在指定的时间内已经签下的订单量。但是，承接订单容量的计算过程较为复杂，还是以一个例子来说明一下：供应商华泰公司在本月28日之前可以供给3万个特种按钮（A型1.5万个，B型1.5万个），若是已经承接A型特种按钮1.5万个，B型1万个，那么对A型和B型物料已承接的订单量就比较清楚了：1.5万个（A型）+1万个（B型）=2.5（万个）。如果供应商各种物料容量之间可以进行借用，并且存在多个供应商的情况下，其计算结果则比较稳定。

（4）确定剩余订单容量。剩余订单容量是指某物料所有供应商群体的剩余订单容量的总和。其公式表示如下：

物料剩余订单容量=物料供应商群体总体订单容量−已承接订单量

8.制订订单计划

制订订单计划是采购计划的最后一个环节，也是最重要的环节。它主要包括以下四个方面的内容：对比需求与容量、综合平衡、确定余量认证计划、制订订单计划。

（1）对比需求与容量。对比需求与容量是制订订单计划的首要环节，只有比较出需求与容量的关系才能有的放矢地制订订单计划。如果经过对比发现需求小于容量，即无论需求多大，容量总能满足需求，则企业要根据物料需求来制订订单计划；如果供应商的容量小于企业的物料需求，则要求企业根据容量制订合适的物料需求计划，这样就产生了剩余物料需求，需要对剩余物料需求重新制订认证计划。

（2）综合平衡。综合平衡是指综合考虑市场、生产、订单容量等要素，分析物料订单需求的可行性，必要时调整订单计划，计算容量不能满足的剩余订单需求。

（3）确定余量认证计划。在对比需求与容量的时候，如果容量小于需求就会产生剩余需求，对于剩余需求，要提交认证计划制订者处理，并确定能否按照物料需求规定的时间及数量交货。为了保证物料及时供应，此时可以简化认证程序，并由具有丰富经验的认证计划人员进行操作。

（4）制订订单计划。制订订单计划是采购计划的最后一个环节，订单计划做好之后就可以按照计划进行采购工作了。一份订单包含的内容有下单数量和下单时间两个方面。

下单数量=生产需求量−计划入库量−现有库存量+安全库存量

下单时间=要求到货时间−认证周期−订单周期−缓冲时间

某企业采购计划作业程序如下：

①营业部于每年年度开始时，提供主管单位有关各机型的每季度、每月的销售预测。销售预测必须经会议通过，并配合实际库存量、生产需要量、现实状况，由生产管理单位编制每月的采购计划。

②生产管理单位编制的采购计划副本送至采购中心，据以编制采购预算，经会议审核通过后，再将副本送交管理部财务单位编制每月的资金预算。

③营业部门变更“销售计划”或有临时的销售决策，如紧急订单等，应与生产单位、采购中心协商，以排定生产日程，并修改采购计划及采购预算。物资采购计划见表2-6。

表2-6　**物资采购计划表**

2019年10月15日

单位/工程项目名称：名优雅筑1#2#3#楼水电001

序号	类别	物资名称	规格	单位	数量	进场时间	质量要求技术条件	供应商
1	A	焊管	DN15	米	6 600	2018/12/31	GB/T3091-2001	洛阳市奥祥物资供应站
2	A	焊管	DN20	米	2 500	2018/12/31	GB/T3091-2001	
3	A	焊管	DN25	米	540	2018/12/31	GB/T3091-2001	
4	A	焊管	DN32	米	540	2018/12/31	GB/T3091-2001	
5	A	焊管	DN40	米	180	2018/12/31	GB/T3091-2001	
6	A	焊管	DN65	米	30	2018/12/31	GB/T3091-2001	
7	A	焊管	DN80	米	24	2018/12/31	GB/T3091-2001	
8	A	焊管	DN100	米	42	2018/12/31	GB/T3091-2001	
9	A	焊管	DN125	米	6	2018/12/31	GB/T3091-2001	
10	A	焊管	DN150	米	30	2018/12/31	GB/T3091-2001	
11	A	焊管	DN200	米	18	2018/12/31	GB/T3091-2001	
12	A	镀锌扁钢	40×4	米	204	2018/12/31	GB/T3092-1993	宇祥物资供应站
13	B	柔性套管	ϕ50	个	1	2018/12/31	02S404	巩义飞龙给排水材料厂
14	B	柔性套管	ϕ100	个	39	2018/12/31	02S404	
15	B	柔性套管	ϕ125	个	5	2018/12/31	02S404	
16	B	柔性套管	ϕ150	个	23	2018/12/31	02S404	
17	B	柔性套管	ϕ200	个	5	2018/12/31	02S404	
备注：								

主管经理：　　　　　　　　　　审核：　　　　　　　　　　制表：王燕

9.采购计划的审批与执行

（1）审批。采购计划的审批，是指企业内主管物资采购的部门对采购计划的审查和批准。有的采购计划审批还包括企业上级领导机关对物资采购计划的批准。

物资采购是由下而上进行的，在编制过程中，虽然做了不少的工作，一般比较符合实际，但也可能还会存在一些问题，所以要进行审批。

审批的内容主要包括：

①是否符合上级计划安排的原则和国家的方针政策；

②任务是否合理适当，物资消耗定额是否准确、先进、可靠；

③各期的库存储备量的预计有无高估或低估现象；

④各种采购物资是否配套；

⑤是否遵循了成本最优化原则，在保证质量的前提下，企业是否实现了先进性和效益性；

⑥计算是否有误，计划表格中各栏填写是否符合规定要求等。

（2）执行。计划的制订是为了组织执行，而执行又是检验计划正确与否的过程。企业在执行采购计划的过程中，要做好计划执行情况的检查，如经常检查采购计划的执行情况（包括时间、地点、质量、数量、价格）、主要物资消耗定额的执行情况、关键物资的储备定额与储备资金定额的执行情况。其主要是利用各种统计资料的对比分析以及现场的核对，通过检查及时发现问题并加以纠正。具体要做好以下工作：

①组织物资的订货与采购。一般来说，企业需要物资的具体品种规格由哪些单位供应、什么时候供应，都需要由企业的物资供应部门通过订货才能具体确定。具体来讲，大宗物资可参加有关订货会议与物资生产企业签订订货合同，直接从生产企业取得物资，不需经过中转机构，这样可优化供需的衔接，缩短供货时间，减少流通费用等，这就是直接订货方式。其适宜于企业产品定型、生产稳定、需用量大的原材料、燃料、大件设备和专用物资。小额物资可通过中转机构，即通过物资流通企业订购，一般采用就近就地原则，这样可使企业进行灵活采购，减少库存费用等，但需支付中转费用，这就是间接订货方式。其适宜于使用量不大，但使用范围较广的通用物资。

非计划分配物资或零星需要物资可按实际需要，根据经济合理性原则，向物资部门、商业部门、供销系统和其他企业单位自由组织采购。

②慎重选择合适的供货商。在选择供货商时，应考虑对方的生产能力、技术能力、信誉度和所供物资的质量、价格、数量、服务质量、运输等对本企业是否有利，尽量选择供应条件好的厂家，并尽可能节省采购费用。

③加强采购合同管理。采购合同是根据采购双方协议条件而签订的责任契约。合同应明确规定物资的牌号、规格、质量、数量、交货期、交货方式、运输方式、验收方法、付款形式、违规的处理方法和罚金、赔偿金额等。

2.3 商品采购预算的编制

企业的预算规划是在战略目标框架之内提出的，从设置目标到提交预算这一连续的动态过程当中，我们不但要仔细审查影响预算实现的内部不可控因素，还要详细研究外部不可控因素，并进一步识别影响预算实现的关键因素。

2.3.1 商品采购预算编制的要求

1.采取合理的预算形式

如果问一位企业的总经理，利润和现金流哪个更重要，你认为他会怎么回答？每一位明智的决策者都知道，现金流对于企业来说是最重要的，它是企业的鲜血，时时都有新鲜血液的流动才能使组织充满活力。因此，企业内部各部门所采用的预算形式应把重点放在现金流而不是收入和利润上。当然，最佳的预算形式最终还取决于组织的具体目标。

2.建立趋势模型

预算向企业讲述的是未来，所有的代表期望行为的数字都是估计值，其所提供的应是代表收入和支出的最有可能的数字预报。为了确保这些数字的最大价值，企业应当建立一个趋势模型，模型的建立可以使企业对组织期望的产出有完善的规划和清晰的文件。模型以直接的数据资料为基础，具有时间敏感性，能够反映服务和产品需求的变化。数学工具的应用将会使企业的报告更加准确，使用这一方法，要求企业内部拥有完备的统计资料，掌握历史数据。

3.用滚动预算的方法

企业经营是一个连续不断的过程，只是为了使用方便才在时间上对其进行了硬性分割。为了能够使预算与实际过程紧密联合在一起，应采用滚动预算的办法，在制定这一期预算的时候要根据实际情况同时对下期的业务进行预算，这样才能够保证企业活动在预算上的连续性。预算活动的滚动性和对细节的重视，要求各个部门的管理人员投入大量精力，紧密高效开展工作。工作过程可以采取分两步走的方式：第一步是整体思考，要求管理者从总体战略出发，勾画出预算的框架，制订出必要的行动方案，如果预算结果出现偏差要及时修改；第二步进入细化阶段，管理者为每一部门制定最终预算的细节，并确保其被每一部门所接受。

无论是何种类型的预算，只要满足了上面的要求都可以最大限度地发挥其潜能，保障组织计划的顺利实施。

2.3.2 商品采购预算的编制步骤

采购预算的编制同其他类型的预算编制一样，也包含以下几个步骤：

1.审查企业以及部门的战略目标

预算的最终目的是保证企业目标的实现，企业在编制部门预算前首先要审视本部门和企业的目标，以确保它们之间的相互协调。

2.制订明确的工作计划

管理者必须了解本部门的业务活动，明确它的特性和范围，制定出详细的工作计划表，从而确定部门实施这些活动所带来的产出。

3.确定所需的资源

有了详细的工作计划表，管理者就可以对支出进行切合实际的估计，从而确定为了实现目标所需要的人力、物力和财力资源。

4.提出准确的预算数字

管理者提出的数字应当保证其最大可能性，可以通过以往的经验进行准确判断，也可以借助数学工具和统计资料通过科学分析提出准确方案。

5.汇总

汇总是汇总各部门、各分单元的预算，最初的预算总是来自每个分单元，而后层层提交、汇总，最后形成总预算。

6.提交预算

预算是关于预计收入和可能支出的动态模型，它反映的是未来的事情，由于外在的环境总是处于不断变化之中，因此必须根据实际情况的变化不断进行修订以确保预算最大限度地贴近现实，反映实际的支出，采购预算也不例外。

由于预算总是或多或少地与实际有所差异，因此我们有必要选定一个偏差范围。范围的确定可以根据行业平均水平，也可以根据企业的经验数据，它的主观性很强，同管理者的偏好有很大关系。例如，悲观的管理者同乐观的管理者所能容许的差异范围就很大。设定了偏差范围以后，管理者应当比较实际支出和预算的差距以便控制业务的进展。如果支出与估计值的差异达到或超过了允许的范围，就有必要对具体的预算进行修订。采购部门有责任密切监控其他部门的预算以确保它们不超过整个组织购买产品和服务的预算限制。

2.3.3 预算的编制方法与流程

1.预算的编制方法

预算的编制方法有很多，除了前面提到过的滚动预算外，还有弹性预算、概率预算、零基预算和滚动预算。

（1）弹性预算。弹性预算亦称变动预算，它是根据计划期间可能发生的多种业务量，分别确定与各种业务量水平相适应的费用预算数额，从而形成适用于不同生产经营活动水平的一种费用预算。

由于弹性预算是以多种业务量水平为基础而编制的一种预算，因此，它比只以一种业务量水平为基础编制的预算（一般称为固定预算或静态预算），具有更大的适应性和实用性。即使企业在计划期内的实际业务量发生了一定的波动，也能找出与实际业务量相适应的预算数，使预算与实际工作业绩可以进行比较，从而有利于对有关费用的支出进行有效控制。

编制弹性预算，首先要确定在计划期内企业业务量的可能变化范围。在具体编制工作中，对一般企业，其变化范围可以确定在企业正常生产能力的70%～110%，其间隔取5%或10%，也可取计划期内预计的最低业务量和最高业务量为其下限和上限。

其次要根据成本性态，将计划期内的费用划分为变动费用部分和固定费用部分，在编制弹性预算时，对变动部分费用，要按不同的业务量进行计算，而固定部分费用在相关范围内不随业务量的变动而变动，因而不需要按业务量的变动来进行调整。

弹性预算一般用于编制弹性成本预算和弹性利润预算。弹性利润预算是对计划期内各种可能的销售收入所能实现的利润所进行的预算，它以弹性成本预算为基础。

（2）概率预算。在编制预算过程中，涉及的变量较多，如业务量、价格、成本等。

企业管理者不可能在编制预算时就十分精确地预见到这些因素在将来会发生何种变化，以及变化到何种程度，其只能大体上估计出它们发生变化的可能性，从而近似地判断出各种因素的变化趋势、范围和结果，然后，对各种变量进行调整，计算其可能值的大小。这种利用概率（即可能性的大小）来编制的预算，即为概率预算。

概率预算必须根据不同的情况来编制，大体上可分为以下两种情况：

①销售量的变动与成本的变动没有直接联系。这种情况下，只要利用各自的概率分别计算销售收入、变动成本、固定成本的期望值，就可以直接计算利润的期望值。

②销售量的变动与成本的变动有直接联系。这种情况下，需要用计算联合概率的方法来计算利润的期望值。

（3）零基预算。零基预算是指在编制预算时，对于所有的预算项目均以零为起点，不考虑以往的实际情况，而完全根据未来一定期间生产经营活动的需要和每项业务的轻重缓急，从根本上来研究、分析每项预算是否有支出的必要和支出数额大小的一种预算编制方法。它是由美国彼得·派尔于20世纪60年代提出的，目前已被西方国家广泛采用。传统的预算编制方法，是在上期预算执行结果的基础上，考虑到计划期的实际情况，加以适当调整，从而确定出它们在计划期内应增加或应减少的数额。这种预算，往往使原来不合理的费用开支继续存在下去，造成预算的浪费或是预算的不足。零基预算的编制方法与传统的预算编制方法截然不同。在这种方法下，确定任何一项预算，完全不考虑前期的实际水平，只考虑该项目本身在计划期内的重要程度，其具体数字的确定始终以零为起点。

零基预算的编制方法，大致上可以分为以下三步：

①提出预算目标。企业内部各有关部门，根据本企业计划期内的总体目标和本部门应完成的具体工作任务，提出必须安排的预算项目，以及以零为基础而确定的具体经费数据。

②开展成本–收益分析。组成由企业的主要负责人、总会计师等人员参加的预算委员会，负责对各部门提出的方案进行成本–收益分析。这里所说的成本–收益分析，主要是指对所提出的每一个预算项目所需要的经费和所能获得的收益进行计算、对比，以其计算对比的结果来衡量和评价各预算项目的经济效益，然后列出所有项目的先后次序和轻重缓急。

③分配资金、落实预算。企业按照上一步骤所确定的预算项目的先后次序和轻重缓急，结合计划期内可动用的资金来源，分配资金，落实预算。

零基预算不受现行预算框架的限制。以零为基础来观察和分析一切费用和开支项目，确定预算金额，能充分调动企业各级管理人员的积极性和创造性，促进各级管理人员精打细算、量力而行，把有限的资金切实用到最需要的地方，以保证整个企业的良性循环，提高整体的经济效益。但该预算编制方法一切支出均以零为起点来进行分析、研究，因而工作量太大。而且，一个企业如何把许许多多不同性质的业务按照其重要性排出一张次序表来，也绝非易事，其中不可避免地也会带有某些主观随意性。因此，在实际预算工作中，可以隔若干年进行一次零基预算，以后几年内则略微进行适当调整，这样既可简化预算编制的工作量，又能适当控制费用的发生。目前，我国大多数企业的开支浪费很大，因此，在进行预算时，可以考虑使用这种方法。

（4）滚动预算。滚动预算又称连续预算或永续预算，其主要特点是预算期随着时间的推移而自行延伸，始终保持一定的期限（通常为一年）。当年度预算中某一季度（或月份）预算执行完毕后，就根据新的情况进行调整和修改后几个季度（或月份）的预算，依次往复，不断滚动，使年度预算一直含有四个季度（或12个月份）的预算，其基本特征如图2–2所示。

滚动预算的提出根据是：第一，企业的生产经营活动在可预见的将来是延续不断的，因此，指导企业经营活动的预算也应该全面反映这一延续不断的过程，使预算方法和生产经营过程相适应；第二，企业的生产经营活动是复杂的，随着时间的推移，它将产生各种难以预料的结果。滚动预算在执行过程中可以结合新的信息，对其不断进行调整与修订，使预算与实际情况能更好地适应，有利于充分发挥预算的指导与控制作用。

2.预算的编制流程

对于制造业而言，通常业务部门的行销计划为年度经营计划的起点，然后生产计划才随之制订，而生产计划包括采购预算、直接人工预算及制造费用预算。由此可见，采购预算乃是采购部门为配合年度的销售预测或生产数量，对需求的原料、物料、零件等的数量及成本进行详细估计，以利于整个企业目标的达成。换句话说，采购预算如果单独编制，不但缺乏实际的应用价值，也失去了其他部门的配合，所以采购预算的编制必须以企业整体预算制度为依据。采购预算的编制有一定的流程与步骤，如图2–3所示。

图 2-2 滚动预算的基本特征

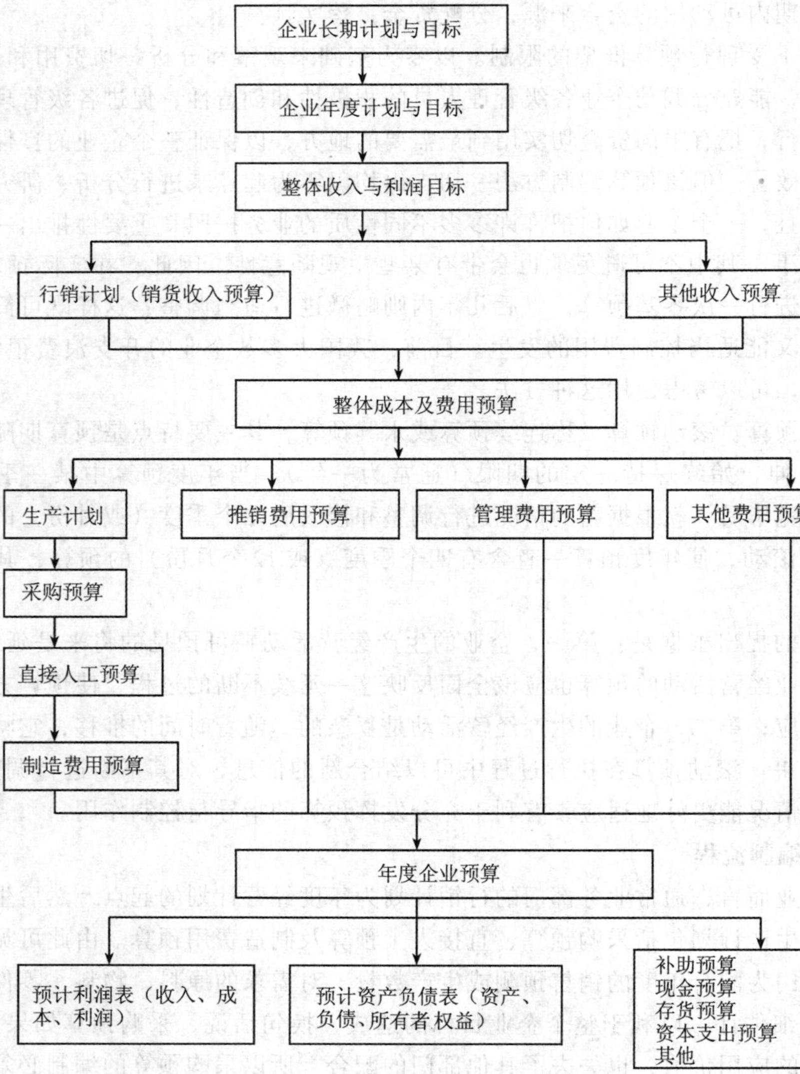

图 2-3 采购预算编制流程与步骤

2.4 商品采购数量的确定和计算方法

2.4.1 决定采购数量的资料基础

1.生产计划

由销售预测加上人为的判断，即可确定销售计划或目标。这种销售计划表明各种产品在不同时间的预期销售数量。生产计划是依据销售数量加上预期的期末存货减去期初存货来拟订的。

2.用料清单

生产计划只列出产品的数量，并无法直接知道某一产品需用哪些物料，以及数量多少，因此必须借助用料清单。用料清单是由研究发展部或产品设计部制成，根据此清单可以精确计算制造某一种产品的用料需求数量，用料清单所列的耗用量（即通称的标准用量）与实际用量相互比较可以作为用料管制的依据。

3.存量管制卡

若产品有存货，则生产数量不一定要等于销售数量。同理，若材料有库存数量，则材料采购数量也不一定要等于根据用料清单所计算的材料需用量。因此必须建立物料的存量管制卡，以表明某一物料目前的库存状况，再依据用料需求数量并考虑物料的作业时间和安全存量标准，就能算出正确的采购数量，然后可以开具请购单，进行采购活动。

2.4.2 采购数量的计算与订购方法

综合前面所述，生产计划、用料清单，以及存量管制卡为决定采购数量的主要依据，因此，本期应购数量为本期生产需用材料数加上本期末预计库存量减去前期已购未入库数量。

采购数量只表示某一物料在某时期应订购的总量，至于某一物料在某时期应如何订购，下面做进一步说明。

1.定期订购法

进口的物料以及少数价值很高的国内采购物料，可以选择每季、每月或每周订购一次，这称为定期订购法。这种方法在使用上必须对物料未来的需求数量能进行正确的估计，以避免存货过多，造成资金积压。

2.定量订购法

对于价格低廉、临时性需求及非直接生产用途的物料，比较适合采用定量订购法，也就是按照订购点来决定采购点。例如，复仓制的采购计划，即此类物料首次入库时将其分为两部分，当其中一部分使用完毕时，必须先开出请购单，才准使用剩余的另一部分物料，采购与使用反复交替进行，此类物料数量的管制，通常由仓储人员负责。

2.4.3 决定最适当的采购数量

采购数量的大小决定生产与销售的顺畅与否及资金调度的灵活程度。物料采购数量过大会造成过高的存货储备成本与资金积压；物料采购数量过小，则会使采购成本提高。因此确定适当的采购数量是非常重要的。

决定适当的采购数量有以下方法：

1.经济订购数量法（economic ordering quantity，EOQ）

经济订购数量法是指使每次发单的订货成本、储存成本、购货成本的总和最低的量，一般而言较适用于产品结构中层次较低的物料项目。

最佳订购批量公式为：

$$Q=\sqrt{\frac{2DS}{IC}}$$

式中：Q为订货批量；D为对库存产品的年需求量；S为每次订购费用；C为商品单位成本（单价）；I为单位储存成本。

最佳订货周期公式为：

$$T=\frac{Q}{D}$$

每年最佳的订货次数公式为：

$$N=\frac{D}{Q}$$

例：某企业每年需某种材料3 600千克，该材料单位成本1元，单位储存成本2元，每次订货费用为25元，则：

$$Q=\sqrt{\frac{2DS}{IC}}=\sqrt{\frac{2\times 3\,600\times 25}{2\times 1}}=300\text{（千克）}$$

$$T=\frac{Q}{D}=\frac{300}{3\,600}=0.083\text{（年）或 }0.083\times 365=30\text{（天）}$$

$$N=\frac{D}{Q}=\frac{3\,600}{300}=12\text{（次）}$$

该企业平均30天采购一次，每次采购的数量为300千克，每年采购12次。

2.固定数量法（fixed ordering quantity，FOQ）

（1）每次发出的数量都相同。

（2）订购数量的决定是凭过去的经验或直觉。

（3）考虑某些设备产能的限制、模具的寿命、包装或运输方面的限制、储存空间的限制等。

（4）此法不考虑订购成本和储存成本这两项因素。

具体举例见表2-7。

表2-7 **固定数量法订购表** 单位：个

周	1	2	3	4	5	6	7	8	9	10	11	12	合计
净需求		10	10		14		7	12	30	7	15	5	110
计划订购		40					40		40				120

3.批对批法（lot for lot，LFL）

（1）发出的订购数量与每一期净需求的数量相同。

（2）每一期均不留库存数。

（3）如果订购成本不高，此法最实用。

具体举例见表2-8。

表2-8　　批对比法订购表　　单位：个

周	1	2	3	4	5	6	7	8	9	10	11	12	合计
净需求		10	10		14		7	12	30	7	15	5	110
计划订购		10	10		14		7	12	30	7	15	5	110

4.固定期间法（fixed period requirement，FPR）

（1）每次订单涵盖的期间固定（每个月的第一周下订单），但是订购数量是变动的。

（2）基于订购成本较高的考虑。

（3）期间长短的选择，是凭过去的经验或主观来判断。

（4）采用此法每期会有些剩余存货。

具体举例见表2-9。

表2-9　　固定期间法订购表　　单位：个

周	1	2	3	4	5	6	7	8	9	10	11	12	合计
净需求		10	10		14		7	12	30	7	15	5	110
计划订购	25				30				60				115

5.物料需求计划法（material requirements planning，MRP）

物料需求计划是一种管理理念、生产方式，也是一种方法技术、一个信息系统；既是一种库存控制方法也是一种时间进度安排方法。

其核心思想是：围绕物料转化组织相应的资源，实现在正确的时间、正确的地点得到正确的物料，实现按需准时生产，提高客户服务水平，同时使库存成本最低、生产运作效率最高。

物料需求计划最早都是用手工分析计算得出来的，到了20世纪60年代，有了计算机以后，其逐渐发展成用计算机进行计算，当时叫MRP软件。随着计算机和软件技术的发展，其又进一步发展成MRPII、MRPIII。

物料需求计划举例如图2-4所示。

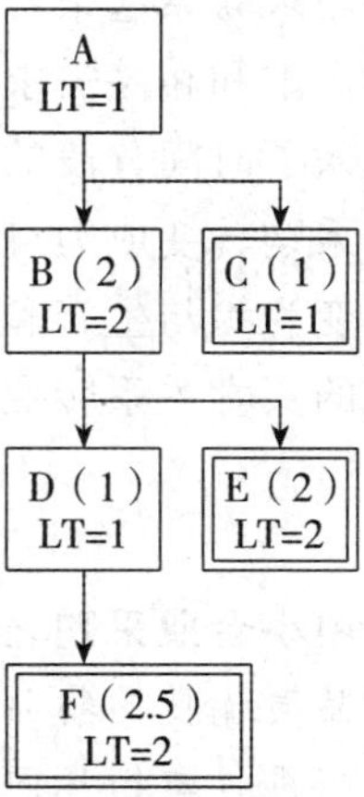

图2-4　物料需求计划

图2-4中，A、B、C、D、E、F为产品名，括号内的数字表示一个上级产品中所包含

的本产品的件数，而LT表示提前期，单位为天。双线框表示外购件，单线框表示自制件。

根据主产品结构文件，可以得到主产品A零部件一览表，见表2-10。

表2-10 主产品A零部件一览表

零部件名	数量（个）	自制	外购	提前期（天）
B	=2A	+		2
C	=1A		+	1
D	=B=2A	+		1
E	=2B=4A		+	2
F	=2.5D=5A（kg）		+	2

主产品需求计划和零部件外订计划见表2-11，采购零部件一览表见2-12。

表2-11 主产品需求计划和零部件外订计划表

时期（周）	第1周	第2周	第3周	第4周	月合计
A出产（件/周）	25	15	20	15	75
C外订（件/周）	15		15		30
E外订（件/周）		20		20	40

表2-12 采购零部件一览表

零部件名	下月需要数量（件）
C	75×1+30=105
E	75×4+40=340
F	5×75=375

物料需求计划（MRP）采购管理具有以下几个方面的特点：

（1）按产品结构将所有物料的需求联系起来考虑。

（2）将企业中的需求分为独立需求和相关需求。

（3）对物料的库存状态数据引入了时间分段的概念。

（4）采购作业从为补充库存而采购转变成为订单采购。

（5）从单纯地保证生产需要转变为参与生产和保证生产。

（6）同供应商的关系，从单纯的买卖关系转变为长期合作关系。

互动课堂

中小企业采购之热点

如果能以较低廉的价格，买进品质优良的物品。那么，对于企业利润的增加，势必将会有很大的贡献。所以，换句话说，进货与销货同样有学问。在进货之前，首先，必须对将要采购的商品具有高度的专业知识，如果不找商品厂商或推销员来了解商品的话，便容易以昂贵的价格买到品质平平的商品，由此可知采购的重要性，尤其对于中小型零售业而言，采购更为重要。由于中小型零售业不同于大型零售业多以专柜方式经营，其自营的比率占大多数，需要采购的商品就比较多。所以，如何实施整套有计划的采购步骤，是中小型企业零售者在经营上不可或缺的一环。基本上，在采购之前，采购人员必须先了解采购预算金额和最佳库存量两项重要的数据。

采购预算金额的确定，有下列四个步骤：

步骤一，决定本年度的目标营业额，可依据过去或去年的实际业绩、经济环境的变化、景气指数及公司营业方针的方向来决定。

步骤二，采购原价的决定。原价=营业额预算×（1–毛利率），例如，年营业目标为1亿元，毛利率为20%，则原价=1×（1–20%）=0.8（亿元）。

步骤三，统计利润期内的期初库存及期末库存的金额。

步骤四，计算年度采购额。年度采购额=原价+期初库存金额–期末库存金额。

依据此步骤，可概算出年度的采购预算，有了预算，采购的方向更明确。最佳库存量在决定了年度采购预算之后，便要去估算各月份适当的最佳库存量，以便于采购运作降低不必要的库存与资金支付。

一般而言，估计最佳库存，有两种较常用的公式：

方式一，基准库存法，月最佳库存量=月营业预算+年营业预算/商品周转率–年营业预算/12。

方式二，百分率变异法。月最佳库存量=年营业额预算/商品周转率×1/2×（1+特定月营业预算+年营业额预算/12）。

通常，基准库存法适用于年间商品周转率在6以下的商品，百分率变异法则适用于所有商品。

对商品库存量进行适当的控制，对于采购预算的设定及最佳库存量的计算，均是十分重要的前提工作。

资料来源：王志文. 物流采购管理［M］. 上海：上海交通大学出版社，2009.

问题：

（1）中小企业采购计划实施重点是否适用于所有企业？如果不适用，哪些环节不适用？

（2）你认为还有哪些重要的数据是采购活动进行之前需要考虑的？

本章实训

实训项目1：编制采购计划和预算

◆实训目标

1.掌握商品采购计划和预算的内容。

2.掌握商品采购计划和预算的编制。

◆实训重点

商品采购计划和预算的编制方法。

◆实训资料

乔布斯病逝前夕，苹果新任CEO库克第一次主持苹果新产品的发布会，推出了iPhone4的升级版——iPhone4S。iPhone4S一经推出就在全世界掀起购买狂潮，追逐时尚看起来是全世界人们特别是年轻人的共同爱好。

2012年1月13日，iPhone4S在中国上市，作为经济高速发展和人口最多的国家，中国市场非常巨大，iPhone4S脱销了。

在淘宝上一家名叫“美丽心情”的手机销售店也准备在iPhone4S上捞一桶金。在销售前该店拟订了一个采购iPhone4S计划。

1.搜集数据

“美丽心情”店通过一些途径，获得了某网站上四皇冠卖家（以下简称“皇冠店”）销售iPhone4S的情况，该皇冠店销售的iPhone4S颜色为黑白两种，手机内存分别为64G、32G、16G三种。下面是3月份该皇冠店的详细销售情况（见表2-13）：

表2-13 **销售历史数据**

颜色	内存	价格（元）	销售量（部）	销售额（元）
黑色	64G	6 899	120	827 880
黑色	32G	5 899	220	1 297 780
黑色	16G	4 999	550	2 749 450
白色	64G	6 099	140	853 860
白色	32G	5 599	200	1 119 800
白色	16G	4 999	370	1 849 630
合计			1 600	8 698 400

2.确定采购需求

要进行采购，“美丽心情”店的管理人员首先要知道顾客的多方面需求，究竟需要什么、需要多少、对售后服务有什么要求等。只有这样管理者心里对采购量才能有一个大致了解，从而得到一个科学和明确的采购清单。

了解顾客的需求就相当于了解采购的各种情况，在现代市场经济中，谁掌握了顾客的需求谁就掌握了市场走向和信息，这对提升企业和公司竞争力有巨大作用。

（1）顾客需求分析。

顾客购买特征：iPhone4S的种类、颜色、版本、内存等；对卖家发货速度及物流速度的要求标准；购买时机和数量；购买用途；卖家的信誉和服务态度。

顾客的需求特征：对价格期望；购买欲望；对产品的作用、性能的要求。

（2）对历史销售数据的统计。“美丽心情”店分析表2-13的数据得出顾客对iPhone4S的购买需求。该皇冠店3月份iPhone4S一共销售了1 600部，销售总额为8 698 400元。其中，黑色的手机一共销售了890部，超过了一半，因此采购时要多采购黑色的iPhone4S。其中，内存16G、32G、64G的分别销售了550部、220部、120部，可以得出内存16G的手机更受顾客欢迎，由于价格相对便宜采购量也大。

白色的手机一共销售了710部，也许黑色的手机更受广大消费者的青睐，尽管白色的手机价格更低。其中，内存16G、32G、64G销售量分别为370部、200部、140部，跟黑色的手机一样，4 999元的16G内存的销售量更多，采购量也应更多。

采购价格采取比该皇冠店售价略低的策略。

◆实训任务

请你根据需求数据分析、安全库存需要和采购价格，帮助“美丽心情”店编制iPhone4S的采购计划和预算。采购计划和预算见表2-14。

表2-14　**采购计划和预算**

颜色	内存	价格（元）	数量（部）	采购预算额（元）	采购期限
黑色	64G	6 700			
黑色	32G	5 700			
黑色	16G	4 830			
白色	64G	5 950			
白色	32G	5 420			
白色	16G	4 830			
合计					

实训项目2：调查某企业生产计划及原材料采购计划制订方法

◆实训目标

1.了解不同企业生产计划及原材料采购计划的制订方法。

2.通过以组为单位进行实地调查获取资料的方式，培养学生的团队合作精神，增强学生发现问题、分析问题与解决问题的能力以及人际交往与沟通能力。

◆实训重点

实训成绩根据实训报告的完成情况进行评定，考评内容包含以下几项：

1.实训报告是否按要求的规范格式完成。

2.相关资料是否通过实地调查获得，调查资料是否完整、准确、具体。

3.调查结果描述是否清楚，有没有通过搜集到的企业实例进行说明。

◆实训任务

1.学生分组：每6人为一组，每组选出一位小组长。为每小组分配一个事先联系好的合作企业。

2.以小组为单位到目标企业进行实地调查。

3.在通过实地调查获得相关资料后，以组为单位完成调查报告。调查报告题名为：某企业生产计划及原材料采购计划制订方法调查报告。报告中应包含以下内容：①调查时间；②调查企业；③调查对象；④调查结果。

4.要求资料完整、准确、具体。

第3章
商品采购的实施

学习目标

知识目标：➢ 了解商品采购实施的基本步骤；
➢ 掌握商品采购流程；
➢ 熟悉商品采购认证过程；
➢ 掌握商品采购订单的主要环节；
➢ 熟悉商品采购付款的主要内容。

能力目标：➢ 能根据采购背景草拟采购流程；
➢ 能判断采购流程的合理性；
➢ 能进行采购环境分析。

【案例导入】

与大型国有企业相比，一些已经解决了体制问题、全面融入国际市场竞争的企业，较容易接受全新的采购理念，这一类型的企业中海尔走在最前沿。海尔采取的采购策略是利用全球化网络，集中购买，以规模优势降低采购成本，同时精简供应商队伍。

对于供应商的管理方面，海尔采用的是共同发展供应业务方式。海尔有很多产品的设计方案直接交给厂商来做，很多零部件是由供应商提供今后两个月市场的产品预测，并将待开发产品形成图纸，这样一来供应商真正成为海尔的设计部和工厂，加快了开发速度。这与传统的企业与供应商关系的不同在于：它从供需双方简单买卖关系成功转型为战略合作伙伴关系，是一种共同发展的双赢策略。

网上采购平台的应用是海尔优化供应链环节的主要方法，其主要做法是：①网上订单管理平台；②网上支付平台；③网上招标竞价平台；④在网上可与供应商进行信息互动交流，实现信息共享，强化战略合作伙伴关系。

海尔集团在管理中已经建立起适应现代采购和物流需求的扁平化模式，在市场竞争的自我施压过程中，海尔已经有足够的能力去解决有关人的两个基本问题：第一，企业首席执行官对现代采购观念的接受和推行力度；第二，示范模式的层层贯彻与执行。这样就彻底清除了采购过程中的“暗箱”操作。

资料来源：佚名. 海尔现象［EB/OL］.［2019-04-30］. http：//www.chinacpx.com/zixun/95436.html.

请思考：海尔集团是如何有效实施采购过程的？

采购实施是指采购工作的具体过程，主要包括采购认证、选择供应商、签订合同、合同跟踪、付款操作等几个方面。采购工作对于企业来讲是非常重要的。作为企业要充分发挥采购的功能，取他人之长，补已之短，创造新的机会，提高竞争力。采购可以完善企业的产品构思方案，创造市场机遇，使原来不能实现的产品结构和市场机会得以实现。

3.1 商品采购实施的基本步骤

3.1.1 商品采购过程实施的基本步骤

商品采购作业流程会因采购的来源——国内采购、国外采购，采购的方式——议价、比价、招标，以及采购的对象——物料、工程发包等不同而在作业细节上有若干差异，但基本的流程则每个企业都大同小异。

这里先将美国采购学者威斯汀所主张的采购的基本作业步骤介绍如下：

1.确认需求

在采购之前，应先确定购买哪些物料、买多少、何时买、由谁决定等。

2.需求说明

确认需求之后，对需求的细节如品质、包装、售后服务、运输及检验方式等，均加以明确说明，以便使来源选择及价格谈判等作业能顺利进行。

3.选择可能的供应来源

根据需求说明在原有供应商中选择成绩良好的厂商，通知其报价或以登报公告等方式公开征求供应来源。

4.适宜价格的决定

决定可能的供应商后，进行价格谈判。

5.订单安排

价格谈妥后，应办理订货签约手续。订单和合约，均属于具有法律效力的书面文件，对买卖双方的要求、权利及义务，必须予以说明。

6.订单追踪与稽核

签约订货之后，为了让销售厂商按期、按质、按量交货，应依据合约规定，督促厂商按约定发货，并予以严格检验后入库。

7.核对发票

厂商交货验收合格后，随即开具发票。要求付清货款时，对于发票的内容是否正确，应先经采购部门核对，之后财务部门才能办理付款。

8.不符与退货处理

凡厂商所交货品与合约规定不符而验收不合格者，应依据合约规定退货，并立即办理重购，予以结案。

9.结案

凡验收合格付款、验收不合格退货，均须办理结案手续，清查各项书面资料有无缺失、绩效好坏等，报高级管理层或权责部门核阅批示。

10.记录与档案维护

凡经结案批示后的采购案件，应列入档案登记编号分类，予以保管，以备参阅或事后出现问题进行查考。档案应具有一定保管期限的规定。

采购作业流程关键步骤可以概括为以下几步（如图3-1所示）：

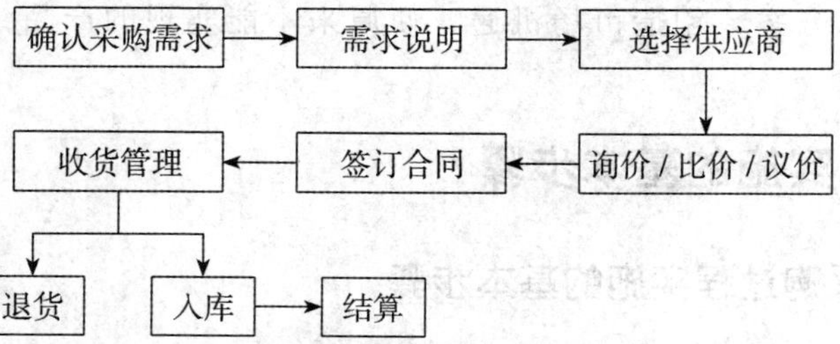

图3-1 采购作业流程关键步骤

3.1.2 注意事项

企业规模越大，采购金额越高，管理者对程序的设计越重视。这里将一般采购作业流程设计应该注意的要点阐述如下：

1.注意先后顺序及实效控制

应当注意作业流程的流畅性与一致性，并考虑作业流程所需时限。譬如，避免同一主管对同一采购案件做多次的签核；避免同一采购案件，在不同部门有不同的作业方式；避免一个采购案件会签部门过多，影响作业实效。

2.注意关键点的设置

为了便于控制，要使各项正在处理中的采购作业在各阶段均能被追踪管制，譬如国外采购，从询价、报价、申请进口许可证、开信用证、装船、报关、提货等，应当均有管制要领或办理时限。

3.注意划分权责或任务

各项作业手续及查核责任，应有明确权责规定及查核办法。譬如对请购、采购、验收、付款等权责应予以区分，并指定主办单位。

4.避免作业过程发生摩擦、重复与混乱

注意变化性或弹性范围以及偶发事件的对应措施，譬如在遇到“紧急采购”及“外部授权”时应有权宜的办法或流程来特别处理。

5.价值与程序相适应

程序繁简或被重视的程度应与所处理业务或采购项目的重要性或价值的大小相适应。

凡涉及数量比较大、价值比较高或者容易发生舞弊的作业，应有比较严密的处理监督；反之，则可略微予以放宽，以求提高工作效率。

某纺织企业采购作业流程如图3-2所示。

6.处理程序应适合现实环境

应当注意程序的及时改进。早期设计的处理程序或流程，经过若干时间段以后，应加以审视，不断改进，以适应组织变更或作业上的实际需要。

7.配合作业方式的改善

譬如手工的作业方式改变为电脑作业方式，因此流程与表单需要做相应的调整或重新设计。

3.1.3　采购流程的实例说明

1.请购

一般物料均由使用单位开出请购单，但是属于存量管制的物料则由仓储单位请购；物料管理电脑化时，则依据物料需求计划及存量管制水准，直接由电脑打印请购单，但必须经物料管制单位签核。此外，工厂进行扩建时，所有请购单由扩建专案小组开立；制式用品则由管理部门统筹各单位需求集中请购。开立请购单时，工程案必须附施工说明书，包括工程规范及材料明细表、图样等。大宗物料案必须附分期使用数量表。为配合电脑化作业及验收、付款的便捷，以一张请购单填写一项物料为原则，单料号、规格、需要日期、用途等栏位，必须写清楚。内、外购应有足够的购买和运输的时间。所有请购单必须依照签一核流程，按照请购的内容或金额大小，送呈不同阶层主管审批。由工厂开立的请购单必须先经过仓储科登记编号，以便将来查询。另外，物料科应审查请购单是否依据程序申请及逐栏填写资料。

2.采购

采购单位查核请购单是否依据程序经由主管核准，若无问题，经分类登记后，分发采购人员办理。请购单在办理之前，可先经电脑中心查询是否为预算内或资本支出的项目。若非预算内的采购项目，则必须退回请购单位申请追加预算；若为资本支出采购项目，尚需先送到企业计划部门审核，以及送财务部门核准拨用预算。此外，电脑中心也可提供历史资料，协助采购人员择定交易对象。

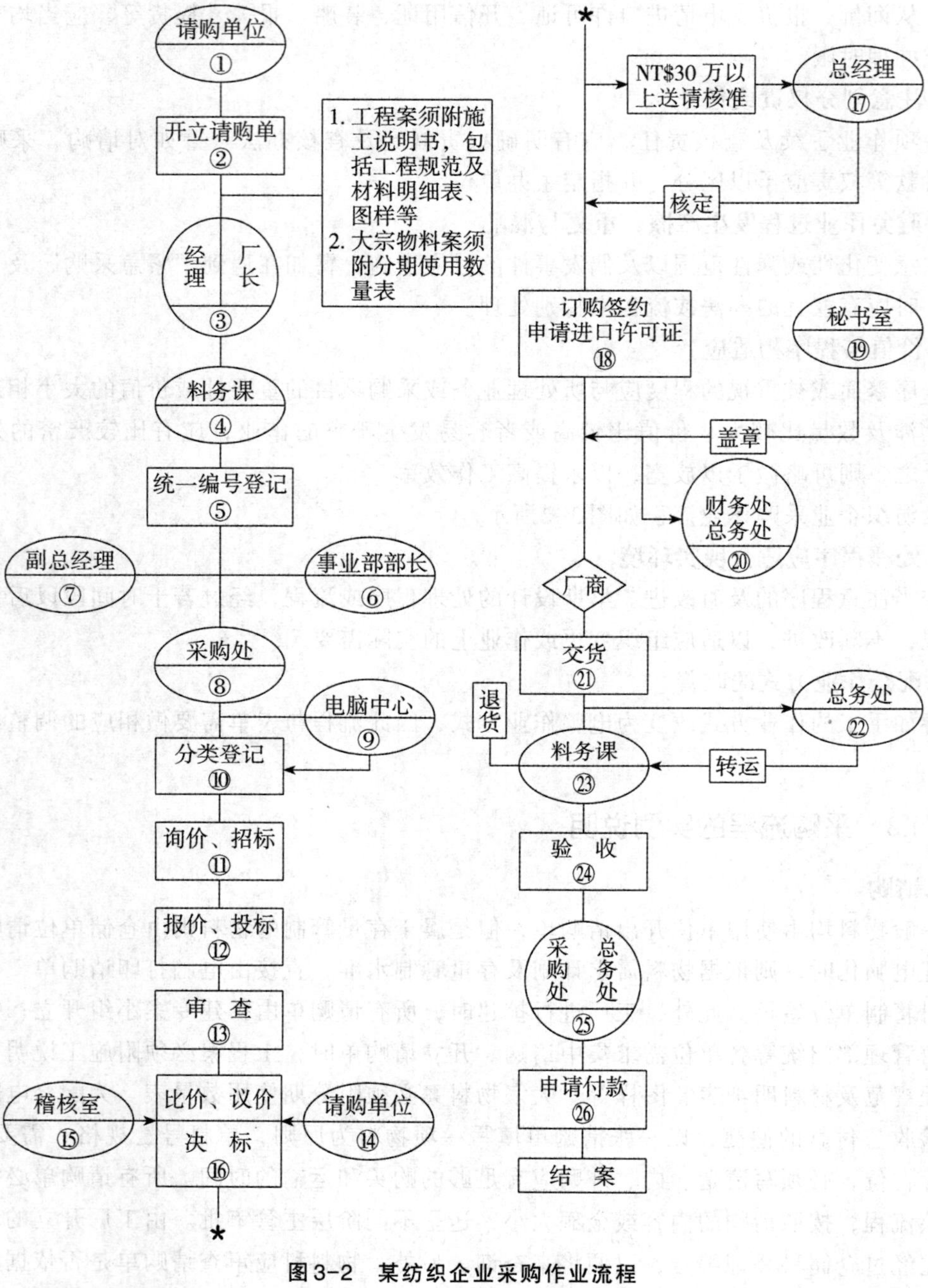

图 3-2 某纺织企业采购作业流程

3. 询价、招标

采购人员应就物料的名称、规格、数量、交货日期等，通知有关厂商报价，若物料规格比较复杂时，还要附规格说明书、图纸及样品等。至于询价的方式，可以通过电话、传真、信函等进行操作。凡大宗物料采购及本地制造工程的发包，依实际上的需要可通过公开招标的方式办理。

4. 报价、投标

应视实际情况，分别规定报价截止日期，通知厂商按时报价；同时要求供应商报价的有效期限不可以太短。厂商报价方式也可以分为口头、书面两种方式。投标厂应将标书密封，于规定的时间内送交经办人员。

5.审查

报价厂商的资格是否符合规定是首先必须予以审查的。若企业已建立合格厂商名录，则此种审查工作非常简单，但是如果有时因采购工作的特殊要求，必须另加一些条件，就得重新审查。报价的审查，在实质上就是分析报价内容是否符合请购需求，并比较各报价厂商之间的优点和缺点，作为订购时的参考。有时由于报价内容比较复杂，采购人员难以分辨，或外购机件及工程发包等，为避免错误而出现严重损失，应将报价单送请申请单位予以确认。

6.开标

金额比较大的采购案以及通过招标方式办理的采购案，通常会将报价单或投标单以密封的方式送交稽核室，到报价或招标截止日期会同采购部门拆封或公开招标。

7.采购方式

（1）议价。议价是指参照事先估计的底价或预算，邀请报价厂商进行竞价，最后确定合理的订购价格。

（2）比价。比价是按应邀厂商的报价加以比较，然后择定最低者予以订购。

（3）决标。开标后，以不超过底价的最低标为中标，如果标价超过底价应选择最低标的厂商另行议价或重新招标。

8.核定

如果议价、比价及决标结果的金额不超过授权金额，由采购经理核准即可；金额超过此限时，由采购经理审查后，送请总经理核定。

9.订购

议价、比价及决标的结果经核定后，由采购部门正式向厂商订购，给予订购单。若金额比较大，交货期比较长，而且确实有实际需要的，应由采购部门与供应商签订订货合约或制造工程合约。

通常在选择供应商及决定价格之后，为了保障交易双方的权益，究竟采用买方的订购单还是用卖方的销售合约，主要取决于下列因素：

（1）买卖双方折中的结果，谁在谈判中占优势就应用谁的文件。

（2）交易物品的特性，例如卖方的专利品应以采用卖方的销售合约为宜，但是金额很小的交易，买方的订购单也可以接受。

（3）交易的复杂程度高，则买方的简便订购单无法包括各种交涉的要件。

合约应该经过双方签字及盖章，正本各执一份，副本可分送使用单位、财务单位、验收单位等存查。国外承售厂商接获订购单之后，应立即制发正式的报价单，供订购厂商向授权签证银行申请进口许可证。

10.交货

大宗物料应由承售厂商自行运送到厂，小批量的采购则可送交仓库而后再转运到厂。订购后的稽催工作不可忽视，其可以确保卖方能如期交货；尤其是针对交货期比较长、金额比较大的采购事务，必须时常查询进货，甚至需要派人前往考察。有时要不惜以取消订单的方式向供应商施加压力，使其按时或提早交货。

11.验收

一般物料由物料科负责验收，包括品质与数量。特殊机具及零件，则由使用单位、品管单位负责品质验收，物料科仅负责点收数量。品质如有不符，应立刻即予退回。

12.付款与结案

签立合约的采购，由采购部门依据合约的规定，连同验收单与发票，开出支票向财务单位申请付款。其他均按月将物料科送来的验收单汇集，按厂商分别开出的汇票付款，以便结案。

3.2 商品采购认证

商品采购认证是指企业采购人员对采购环境进行考察并建立采购环境的过程。一般来说，前面所介绍的采购流程就可以满足大多数企业采购管理人员对相关采购知识的需求。但是对于那些与供应商合作开发项目的采购来说，前面的知识还远远不够。下面所要介绍的采购认证就非常适用此类项目的采购。采购认证应根据采购项目的大小、期限的长短等采取不同的认证方法。一般说来，对于采购期限较长、分批量采购的物料认证过程比较严格。通常说来以下几个过程是必不可少的（如图3–3所示）：认证准备、初选供应商、试制认证、中试认证、批量认证、认证供应评估。

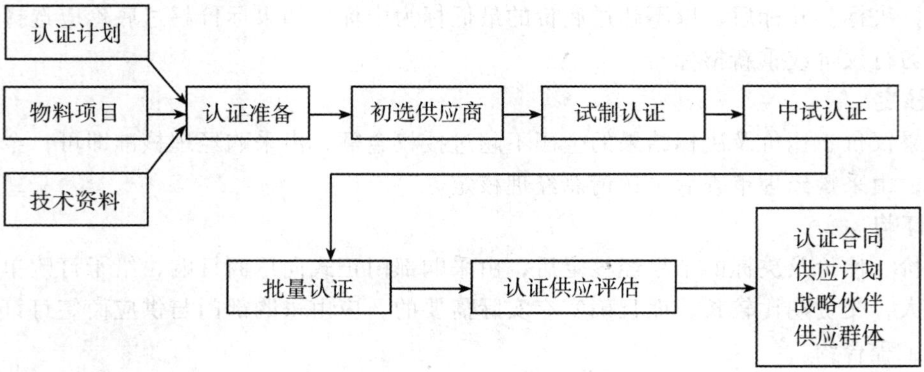

图3–3 采购认证过程

3.2.1 认证准备

认证准备是整个采购认证工作的起点，是在与供应商接触之前必须做好的工作。这也是经验丰富的认证人员通常采用的工作方法。在本书中物料认证和项目认证属于同一采购名词，可以相互交换使用，其流程如图3–4所示。认证准备工作主要有以下几个方面的事项需要注意：熟悉物料项目、价格预算、研究项目的质量需求标准、了解项目的需求量、制定认证计划说明书。下面我们分别进行介绍。

1.熟悉物料项目

认证人员在与供应商接触之前就应该首先熟悉认证项目，包括物料项目所在的专业知识范围、认证难度的经验需求以及目前国内外的供应状况等。认证项目所涉及的专业知识范围是非常广泛的，有机械方面、电子方面、生活用品方面、军工用品方面、软件方面、设备方面等。认证人员在搞清项目属于哪个专业范围之后就应尽快熟悉该专业的知识，以

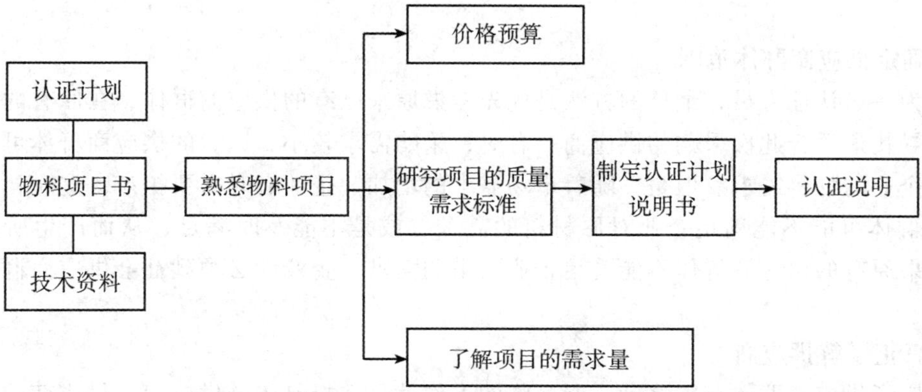

图3-4　认证准备流程

便做到在进行认证工作时得心应手。项目认证的难度会根据项目的不同产生很大的差别，从简单的一颗螺母到异常复杂的巨型设备都是需要进行认证的物料。难度不同，则项目认证工作所需的准备工作也具有很大差别。此外，了解物料的供应情况也是非常重要的，因为有些物料在国内或者就近就可以找到货源，而有些物料则需要到境外去采购。

2. 价格预算

作为认证人员，首先要对所采购物料的项目成本价格进行市场调查和行业比较，以便得出合理的成本价格。除此以外，还可以通过对物料项目进行价格核算得出结果。采购成本是指企业经营中因采购物料而发生的费用，包括物料成本、采购管理成本、存储成本三个部分。其计算公式分别为：

采购成本=物料成本+采购管理成本+存储成本

物料成本=单位价格×数量+运输费+通关手续费

采购管理成本=人力成本+办公费用+差旅费用+信息传递费用

存储成本=贷款的利息+仓库保管费用+存货损坏费用+其他费用

3. 研究项目的质量需求标准

现在各种质量认证层出不穷，这就要求认证人员一定要了解清楚所采购的物料是要求达到哪一种质量认证标准，做到在进行认证工作时有的放矢。

4. 了解项目的需求量

项目的需求量是采购认证工作必须清楚的参数之一，可以以此作为参考来选择哪种容量的供应商。一般项目的需求量是比较容易得到的，认证人员可以从计划部门所提供的认证计划中得到项目需求量的预测值。

5. 制定认证计划说明书

制定认证计划说明书就是准备好物料认证所需的资料。这一工作主要包括的内容是认证说明书（项目名称、价格预算、关键质量条款、需求预测、售后服务要求、项目难度等），并附有图纸、技术规范、检验标准等。

3.2.2　初选供应商

在做完认证准备工作之后就可以进行具体的采购工作了。首先要根据认证准备工作的结果，初步确定供应商的大体范围。初选供应商要做的工作也很多，主要包括以下几个方面：

1.确定供应商群体范围

作为一名认证人员，最佳的方法是优先考虑原来已有的供应商群体，在原有的供应商群体中寻找最适合此次采购的供应商。有时，采购需求较小，原有的供应商群体可以轻易地满足企业的物料需求。但是，随着市场需求的增加，企业有时需要扩产，这时，原有的供应商群体可能不能满足企业对原材料的需求，或是不能及时满足，从而产生所谓的急单。如果原有的供应商群体不能满足企业的采购需求，企业就必须到社会供应商群体中重新寻找。

2.真正了解供应商

确定了供应商群体范围之后，所面临的工作就是选择具体的供应商。供应商的选择直接影响企业采购的质量，从而间接影响企业产品的质量和企业的声誉，因此供应商的选择对企业而言是一项具有战略意义的事件。对于那些已经同企业有多年交往经历的供应商，了解其真实情况并不是一件难事。但是，不管是经验丰富的企业还是刚起步的企业，对于那些初次合作的供应商，了解起来还是困难重重。

3.与供应商进行初步谈判

与供应商进行谈判是与供应商的正面接触，是企业初选供应商必不可少的环节。企业经验丰富的认证人员通过谈判就可以基本上清楚供应商的真实实力。

4.向供应商发放认证说明书

经过以上几个环节，基本上可以说是确定了参加本次采购项目竞标的供应商群体，以后所要进行的工作就是要向其发放认证说明书，包括图纸、技术规范和检验指导书。

5.供应商提供项目供应报告

意向供应商接到认证说明书及相关资料后，就会根据自己的情况拟定供应报告。报告的主要内容为：项目价格、可达到的质量、能提供的月/年供应量、售后服务情况等。意向供应商也可根据需要对项目技术资料进行适当改动。

6.确定三家以上的初选供应商

通过以上过程，企业可以选定有资格参与投标的供应商名单。

3.2.3 样件试制认证

样件试制认证是采购认证的第三个步骤，也是必不可少的一个步骤。它的主要内容有签订试制合同、向初选供应商提供认证试制资料、供应商准备样件、认证人员对过程进行协调监控、调整技术方案、供应商提供样件、样件评估、确定物料项目样件供应商几个步骤（如图3-5所示）。

1.签订试制合同

与初选供应商签订试制合同，目的是使初选供应商在规定的时间内提供符合要求的样件。合同中应包括保密内容，即供应商应该无条件遵守企业的保密规定。试制认证的目的是验证系统设计方案的可行性，同时在企业与供应商之间达成技术折中方案。

2.向初选供应商提供认证试制资料

签订试制合同后，企业将会向供应商提供更为详尽的资料。在此期间所提供的资料可能会包括企业的一些机密材料，其内容的泄漏可能会给企业带来不可估量的损失。因此，

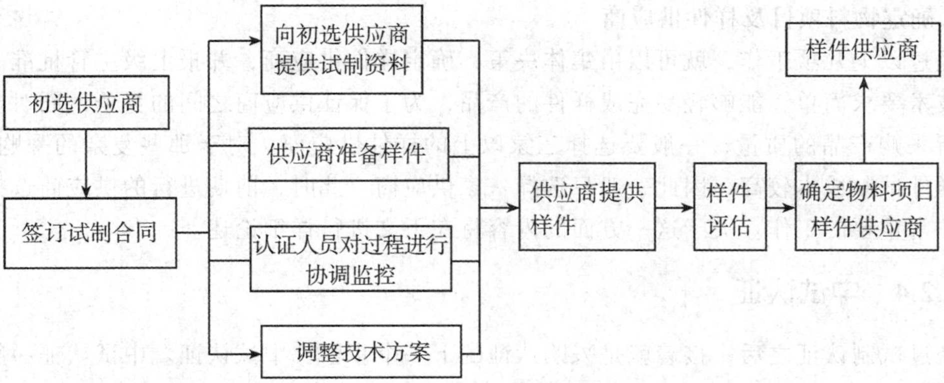

图3-5　试制认证过程

前一过程中保密条款的规定是非常重要的，不能忽视。我国有些企业一直都不注重这个方面的工作，在改革开放初期吃了不少亏。

3.供应商准备样件

供应商获得试制资料以后就开始着手进行样件的准备工作。样件的准备工作不是一件简单的事情，对于那些要求较高或者根本就是全新产品的样件的准备往往需要几个月甚至一年的时间，而对于那些只是稍微进行改动的产品，其样件的准备则需要时间较少。一般说来，同样情况下，电子件、机械件的准备周期相对较短，组合设备的准备周期相对较长。

4.认证人员对过程进行协调监控

认证人员对过程要进行协调监控。这一要求一般是对于那些准备周期比较长的认证项目来说的。对于这些认证周期比较长的认证项目，认证人员应该对其过程进行监控、协调，以便在遇到突发事件时能够及时提出解决对策。

5.调整技术方案

在有些情况下，企业与供应商之间可能进行技术方案的调整。这是因为随着环境的变化或是知识的增加，设计人员的设计方案与实际加工过程出现要调整的地方，这也是非常正常的情况。有时技术调整方案是由采购方提出的，有时则是由供应商提出的。当后一种情况发生时，认证人员不能因为技术方案调整而怀疑供应商的能力。技术方案的调整是不可避免的，只有经过多次调整后的技术方案才会更加完善。

6.供应商提供样件

供应商把样件制造出来之后，应把样件交送给认证部门进行认证。体积比较小的样件随身携带即可，体积巨大的样件则需要借助其他方式带给认证人员或是由认证人员前往供应方进行查看。

7.样件评估

样件送到认证部门之后要进行的工作就是样件评估。这项工作由认证人员组织，其内容是对样件进行综合评估。样件的评估内容包括性能、质量、外观等。认证人员进行评估时应该协调相关部门一同制定认证项目的评估标准。一般需要参加评估的人员包括设计人员、工艺人员、质管人员、认证人员、订单人员、计划人员等。

8.确定物料项目及样件供应商

经过以上几项工作，就可以由集体决策，确定样件供应商，并报上级主管批准。对于那些技术要求简单，能够轻易完成样件的产品，为了保证供应商之间的竞争，同时也为了保证所采购产品的质量，一般要选择三家以上的样件供应商。对于那些复杂的采购项目，由于样件试制成本较高，因此一般只选择一家供应商。此时，前期进行的供应商选择就是一个非常重要的工作。关于这一方面的内容将在下文进行详细论述。

3.2.4 中试认证

经过试制认证之后，接着就是采购认证的下一个步骤：中试认证。中试认证一般包括以下几个方面的内容：签订中试认证合同、向初选供应商提供认证项目中试资料、供应商准备小批件、认证人员对过程进行协调监控、调整技术方案、供应商提供小批件、中试评估、确定物料项目中试供应商（如图3-6所示）。

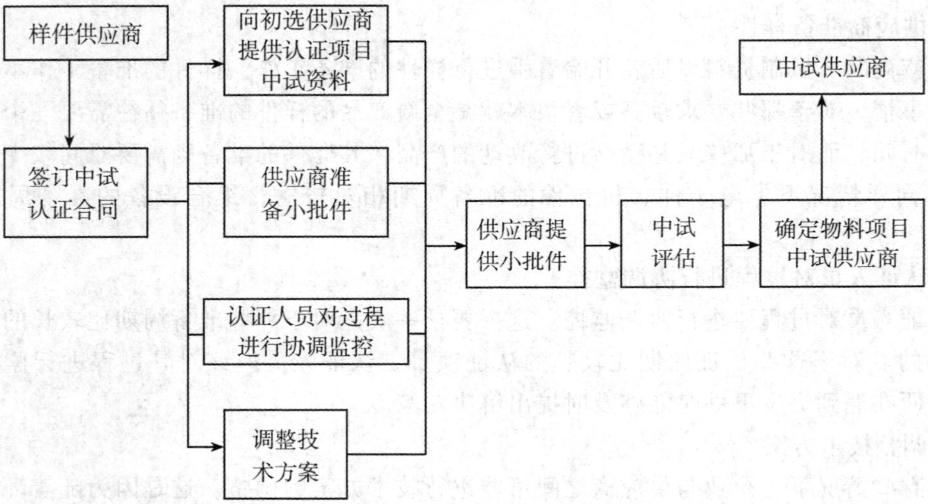

图3-6　中试认证过程

1.签订中试认证合同

样件试制过程结束以后，需要与样件供应商签订中试认证合同，使样件供应商在规定的时期内提供符合中试要求的小批件。签订中试认证合同的目的就是使得系统设计方案具有批量生产的可能性，同时寻求成本与质量的折中方案。

2.向初选供应商提供认证项目中试资料

同前一过程一样，签订中试合同以后就需要向供应商提供项目中试资料。项目中试资料是经过试制期间以后修改了的试制项目技术资料，如经过修改的机械图纸、电子器件参数、软件方案等。

3.供应商准备小批件

准备小批件需要一个周期。一般来说，小批件的生产周期要比样件周期短。因为供应商经过试制过程之后，在技术、生产工艺、设备、原材料等方面都有一些积累和经验。但是在有些情况下（如目前技术条件尚不具备批量生产），小批件的准备周期要比样件准备周期更长，企业所承担的风险也就更大。

4.认证人员对过程进行协调监控

在中试过程中，认证人员对过程仍需进行跟踪和协调监控。认证人员可以和供应商一起研究如何提高质量并且降低成本的方法，使批量生产具有可能性并能带来收益。有时技术人员也要加入到跟踪协调的队伍中来。

5.调整技术方案

技术方案一般不会马上就达到最佳，需要经过多次的实验和对比才能确定性价比最优的方案，如元器件的性价比、加工装配调试的性价比等。

6.供应商提供小批件

供应商把准备好的小批件送交到生产或者是认证部门，有时小批件需要送到生产组装现场，有时则需认证人员上门验证。

7.中试评估

由认证人员组织对小批件进行综合评估。小批件的评估内容包括质量、成本供应情况等。认证人员进行中试评估时还应协调其他部门共同制定认证项目的中试评估标准，需要参加的人员包括：设计人员、工艺人员、认证人员、订单人员、计划人员。

8.确定物料项目中试供应商

中试认证的最后一步是确定物料项目的中试供应商，中试认证的要求要比样件试制认证高。因此通过中试认证确定的供应商成为最后赢家的可能性比较大。

3.2.5　批量认证

批量认证主要包括以下几个方面的内容：签订批量合同、向中试供应商提供认证项目批量生产技术资料、供应商准备批量件、认证人员对过程进行协调监控、调整技术方案、供应商提供批量件、批量评估、确定本物料项目的批量供应商。下面分别对这几个步骤进行简单分析：

1.签订批量合同

企业要与选定的中试供应商签订批量合同，使中试供应商能够在规定的时间内提供符合批量认证要求的批量件。批量认证的目的是使系统设计方案具有大规模生产的可能性，同时寻求产品质量稳定和可靠的解决方案。

2.向中试供应商提供认证项目批量生产技术资料

同中试项目资料一样，项目批量生产资料是经过中试期间修改的技术资料，如可以大规模投放生产的机械图纸、电子器件参数、软件方案等。

3.供应商准备批量件

准备批量件需要一定的时间，供应商要想生产批量件就要提高自动化水平，配备相应的批量生产机械，如机械行业中的冲床、专业机械，电子行业的自动化设备，软件行业的大型拷贝机等，有些产品批量生产的技术要求很高，需要进行大量的技术攻关和试验方能成功。企业在开始这种项目的生产时，要做好充分的风险评估工作，有必要的心理准备。

4.认证人员对过程进行协调监控

认证人员要对过程进行协调监控。同上述两个过程一样，批量过程也需要进行跟踪，认证人员和订单人员应该随时跟踪生产中可能出现的异常情况。

5.调整技术方案

大规模生产追求的目标是系统的稳定性和可靠性，否则便失去了批量认证的意义。认证机构应该对产品的稳定性和可靠性负责。企业应及时跟踪技术方案的实施情况，根据实际情况对技术方案进行适当修改是十分必要和正常的。

6.供应商提供批量件

供应商要把准备好的批量件送交到生产部门，有时批量件也需要运送到生产组装线。

7.批量评估

其一般由认证人员组织，协调其他相关部门的人员对批量件进行综合评估，并制定出批量评估标准。其评估内容包括：质量、成本、供应、售后服务、稳定性。

参加评估的人员应该包括：设计人员、工艺人员、质量管理人员、认证人员、订单人员、计划人员。

8.确定本物料项目的批量供应商

经过以上几个环节的工作所得出的物料批量供应商，是批量物料合格的供应商。图3-7为批量认证过程。

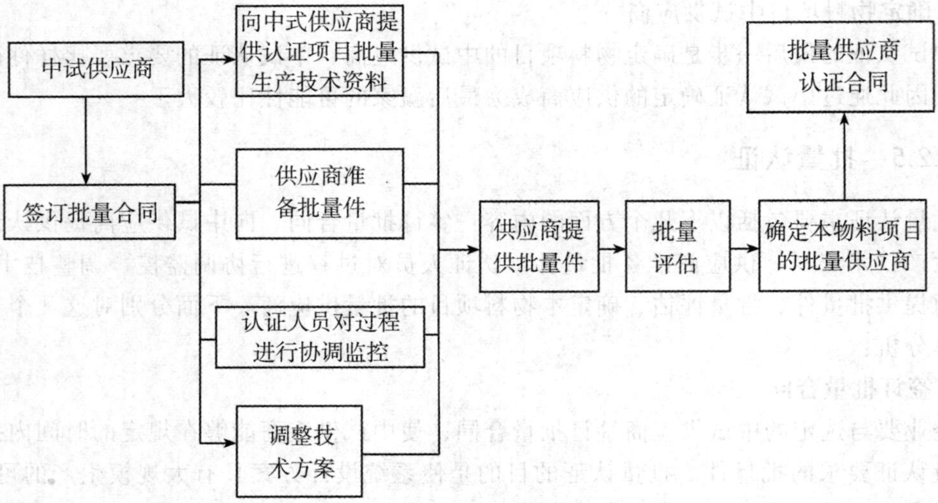

图3-7 批量认证过程

3.2.6 认证供应评估

经过以上几个环节的认证考察企业就可以找出合格的批量供应商。但是供应商在实际的供应过程中能否严格按照供货合同供货，以及绩效如何、是否要调整等问题在认证过程中是看不出来的，只有在实际的供货过程中定期对物料的供应状况进行评估才能得出适当的结论。定期评估的目的就是为了建立优化的采购环境。定期评估有以下几个步骤（如图3-8所示）：制订物料供应评估计划、部门绩效评估、采购角色绩效评估、供应商绩效评估、建立调整采购环境。

1.制订物料供应评估计划

制订物料供应评估计划是定期评估首先要做的工作，其主要内容包括以下几个方面：物料名称、负责团队、负责人、供应商、评估重点、措施、频度和要求。

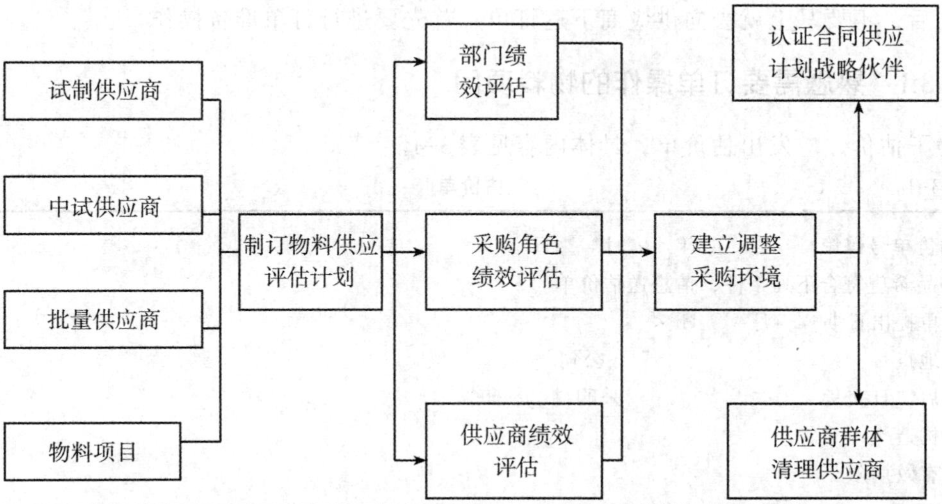

图3-8　认证供应评估过程

2.部门绩效评估

部门绩效评估包括采购相关环节：计划、认证、订单。

3.采购角色绩效评估

采购角色绩效评估包括：计划人员、认证人员、订单人员。

4.供应商绩效评估

供应商绩效评估包括：质量、成本、供应、服务。

5.建立调整采购环境

建立采购环境的内容有：

（1）根据以上供应商的认证结果，制订新的供应计划。

（2）拓展供应商群体。

（3）确定供应环节战略伙伴。

调整采购环境的内容有：

（1）调整供应商比例。

（2）确认供应商群体。

（3）清理绩效较差的供应商。

调整采购环境活动是在一系列订单操作之后各相关人员共同进行的。还需要说明的就是，企业的采购环境由样件、中试、批量供应商群体组成，并且分别签订样件、中试和批量认证合同。

3.3　商品采购订单

发出采购订单是为了实施订单计划，购买物料，为生产市场输送合格的原材料和配件，同时对供应商群体绩效表现进行评价反馈。订单的主要环节有：订单准备、选择供应商、签订合同、合同执行跟踪、物料检验、物料接收、付款操作、供应评估。

订单合同指企业与供应商之间的一次性物料需求表达活动。认证合同指企业与供应商之间的规律性物料需求表达活动。采购订单的操作规范如下：在接到采购计划部门的订单计划之后，不要马上就去向供应商下达订单，首先要进行订单准备操作。

3.3.1 熟悉需要订单操作的物料项目

为了估价，应发出估价单，具体内容见表3-1。

表3-1 估价单

公司估价单号码第　　号　　年　　月　　日
下列物品希望符合下列条件，请惠送估价单。
1.估价单提出日期　　月　　日
2.接受地点　　　　　　　　　　　公司
3.订购后　日交货　　　　　　　采购科　　印
4.品质构造
5.估价有效期限

3.3.2 价格确认

要想依据科学的计算方法算出价格，必须算出材料的需要两级标准时间。需要依赖生产（制造）技术部门配合查明的要发出查订单。

在提出查订单及估价单时，为了决定价格，应汇总出决定价格的资料。同时，为了了解订购经过，也应制作查订单簿。决定价格之后，应填列订购单、订购单兼收据、入货单、验收单及接受检查单、货单。这些单据应包括交货期限、订购号码、交易对象号码(用电脑处理的号码)、交易对象名称、单位、数量、单价、合计金额、资材号码（资料的区分号码，如电器零件、电子零件、材料等的分类区分）、品名、图面及设计书号码、交货日期、发行日期、需要来源（要写采购部门的名称）、制造号码、交货地点、摘要（图面、设计书简要的补充说明）等。

此外，在交货日期的右栏，应填入交货记录，并保管订购单，并将订购单交给订购对象。

检查部门检查完毕，在验收栏填列检查结果（合格品数量）后，应将验收单交至采购者，然后再将物品送至要求采购的部门，并保管接受检查单。而采购者接受验收单，应取出所保存的进货单将检查结果（合格品数量）填入，并将进货单送至会计部门。最后，会计部门则依照进货单付款。

3.3.3 确认项目质量需求标准

订单人员日常与供应商的接触有时大大多于认证人员，由于供应商实力的变化，前一订单的质量标准是否需要调整，订单操作作为认证环节的一个监督环节应发挥应有的作用。

3.3.4 确认项目的需求量

订单计划的需求量应等于或小于采购环境订单容量（经验丰富的订单人员不查询系统也能知道），如果大于则提醒认证人员扩展采购环境容量。另外，对计划人员的错误操作，订单人员应及时提出以保证订单计划的需求量与采购环境订单容量相匹配。

3.3.5 制定订单说明书

订单说明书主要内容包括说明书（项目名称、确认的价格、确认的质量标准、确认的需求量、是否需要扩展采购环境容量等方面），还要附有必要的图纸、技术规范、检验标准等。

3.3.6 查询采购环境

订单人员在完成订单准备之后，要查询采购环境信息系统，以寻找适应本次物料供应的供应商群体。认证环节结束后会形成公司物料项目的采购环境，用于订单操作，对小规模的采购，采购环境可能记录在认证报告文档上；对于大规模的采购，采购环境则使用信息系统来管理。一般来说，一项物料有三家以上的供应商，特殊情况下也会出现一家供应商，即独家供应商。

3.3.7 计算供应商容量

如果向一个容量已经饱和的供应商下单，那么订单会难以被正常执行，最后会导致订单操作的失败。作为经验丰富的订单人员，首先应计算一下采购环境中供应商的容量，哪些是饱和的，哪些是有空余容量的。如果全部饱和，应立即知会相关认证人员，并提出紧急对策。

3.3.8 与供应商确认订单

从主观上对供应商的了解需要得到供应商的确认，供应商组织结构的调整、设备的变化、厂房的扩建等都会影响供应商的订单容量。企业有时需要进行实地考察，尤其要注意谎报订单容量的供应商。

3.3.9 确定意向供应商

订单人员在权衡利弊（既要考虑原定的订单分配比例，又要考虑现实容量情况）后可以初步确定意向供应商，以便确定本次订单由哪一家供应商供应，这是订单操作取得实质性进展的一步。

3.3.10 发放订单说明书

既然是意向，就应该向供应商发放相关技术资料，一般来说采购环境中的供应商应具备已通过认证的物料生产工艺文件，如果是这样，订单说明书就不用包括额外的技术资料。供应商在接到技术资料并分析后，就可以向订单人员进行“接单”还是“不接单”的答复。

3.3.11 确定物料供应商

通过以上过程，订单人员可以决定本次订单计划所投向的供应商，必要时可上报主管审批，可以是一家，也可以是若干家。

3.3.12 制作合同

拥有采购信息管理系统的企业，订单人员直接在信息系统中生成订单，在其他情况下，需要订单制作者自行编排打印。一般的企业都有固定标准的合同格式，而且这种格式是供应商认可的，订单人员只需在标准合同中填写相关参数（物料名称代码、单位、数量、单价、总价、货期等）及一些特殊说明后即完成制作合同操作。值得说明的是，价格及质量标准是认证人员在认证活动中的输出结果，已经存放在采购环境中，订单人员的操作对象是物料的下单数量及交货日期，特殊情况下可以向认证人员建议修改价格和质量标准。

国外采购双方沟通较困难，订购单就成为确认交易必需的工具。当采购单位决定采购对象后，通常会寄发订购单给供应商，作为双方将来交货、验货、付款的依据。国内采购可依情况决定是否给予供应商订单。由于采购部门签发订购单后，有时并未要求供应商签署并寄回，形成买方对卖方的单向承诺，这样对买方不利。但订购单却能使卖方安心交货，甚至可获得融资的便利。

订购单内容特别侧重交易条件、交货日期、运输方式、单价、付款方式等。根据用途不同，订购单可分为厂商联（第一联），作为厂商交货时的凭证；回执联（第二联），由厂商签认后寄回；物料联（第三联），作为控制存量及验收的参考；请款联（第四联），可取代请购单第二联或验收单；承办联（第五联），制发订购单的单位自存。

通常在订购单的背面，多会有附加条款的规定，其主要内容包括：

（1）交货方式：新品交货，附带备用零件、交货时间与地点等规定。

（2）验收方式：检验设备、检验费用、不合格品之退换等规定，超交或短交数量的处理。

（3）罚则：迟延交货或品质不符的扣款，停权处分或取消合同的规定。

（4）履约保证：按合同总价百分之几退还或没收的规定。

（5）品质保证：保证期限，无偿或有偿条件等规定。

（6）仲裁或诉讼：买卖双方的纷争，仲裁的地点或诉讼的法院。

（7）其他：例如卖方保证买方不受专利权侵害的控诉。

3.4 商品采购付款

3.4.1 货币种类与采购的关系

企业的财务人员与采购人员必须知道何时使用外国货币采购，何时需要使用本国货币采购，还要知道避免货币成本增加以及尽可能降低货币成本的方法。好的采购人员应该了解某些可以降低短期风险的避险方法，并利用分析工具去协助避险策略的拟订。最大的利益来自于选择使本国货币相对坚挺的货币付款，如此，采购方在付款时才不会有太大的差价。选择好的货币首先要回答两个问题：首先，企业购买了什么产品，其价格是属于成本领导还是属于市场领导。当价格为成本领导时，供应商依据成本来设定价格；当价格为市场领导时，供应商依据世界市场，尤其是以美元来定售价，而且供应商不会以太高的价格来出售。其次，产品在哪里生产，某些国家的货币是盯住美元的，对于美国的买主而言此时就不需要避险。

1.浮动汇率，成本领导定价的产品

此类产品为典型的订制或部分订制的产品，以在日本或欧洲组装的产品为典型，通常是以当地货币定价，这样可以使供应商缓和汇率风险。买主在议价之初，最好能取得较低的价格以避免供应商将避险成本加入售价中。选择这种方式的另外一个原因也是因为买主无法知道未来美元是升值还是贬值。大多数情况下，买方厂商若要避免货币成本的增加，可利用较低成本的期货来避险，甚至可将避险条款列入采购合约中。

2.浮动汇率，市场领导定价的产品

此类产品多为大众化的商品，其价格接近世界各地的类似产品，如黄金、石油。此类产品不需避险，买主在议价时最好依产品在世界各地的定价，并使价格随产品在世界各地价格的波动而变动。若此类产品的采购包含许多地区，在避险方式上不需要和成本导向的产品一样，因为美元走强时，价格反映在他国货币上也会上涨。

3.固定汇率，成本领导定价的产品

采取固定汇率的通常是较小的国家，由于其在汇率变动时盯住美元，且外汇市场规模小，所以很少需要避险。但买方要在合约中加入条款代替避险，因为这些货币会因为价值变动而面临调整对美元的汇率。

4.固定汇率，市场领导定价的产品

若市场以本国货币计价，则该产品不存在避险问题；如果不是，则避险方法和技巧同浮动汇率。

5.避险

避险是为了保障本国货币价值在未来不会随外国货币浮动，最大的理由就是要保障采购价值。买主可利用期货合约或货币选择来达到避险的目的。买主必须在付款的同时卖出本国货币以换取供应商所在国货币。交易结束后会有利得或利失，利得或利失的发生源于汇率的变动，这会反映到材料采购价格的差额上，但是，期货的存在会减少这种损失。当然，由于期权成本的存在有时会冲减利得。

购买外汇期权合约会发生固定成本，如果国外的存款利率高于本国当地利率，会降低本国货币的成本。期权虽然可以避险，但是其代价非常昂贵，六个月的期权其成本约为5%，大部分人并不用其来做避险工具。使用期权还有另一个困难就是欧式期权的信息在财务报纸上并不完整。

6.买进美元的风险

有些美元买者需要以很高的价格买进，当币值下跌时，会付出相当大的代价，供应商的竞争者会迅速让买主知道他们的损失惨重。当美元币值下跌时，使用固定美元报价的供应商通常会毁约。

7.避险期间

利用期货和约来长期避险，会产生与买进美元同样的风险。若美元升值，买主将会付出许多利得。买主用期权长期避险时成本又较高，因为期权的风险溢价是时间越长成本越高，典型的避险时间大约是六个月。

8.避险的风险

避险也包含一些风险，但这些风险有限，只要注意对基本经济状况加以控制就可以了。避险的风险主要发生于错误的预测，导致突发性的价格变动。如果企业过度利用期货来避险，当美元走弱时，期货合约会有利得，而实际采购会有损失。此得失相当于过量百分比乘以币值变动的百分比。

3.4.2 付款操作

1.查询物料入库信息

对国内的供应商付款操作，一般是在物料检验通过并且完成入库操作之后进行的，所以订单人员（或者专职付款人员）要查询物料入库信息，仅对已经入库的物料办理付款手续。对于国外供应商，一般是“一手交钱，一手交货”，所以对国外采购项目，物料一到岸或者指定的交易地点，付款操作必须完成付款手续并开具付款票据（汇票等），在验收之后再对供应商进行付款。对于长期采购的供应商，可以通过谈判确定一定的付款周期，如供应商到货一周内付款。

2.准备付款申请单据

对国内供应商付款，要拟制付款申请单，并且附合同、物料检验单据、物料入库单据、发票。作为付款人员要注意：五份单据（付款申请单据、合同、物料检验单据、物料入库单据、发票）中的合同编号、物料名称、数量、单价、总价、供应商必须一致。国外供应商付款手续相对比较复杂。

3.付款审批

该工作由管理办公室或者财务部专职人员进行，审核内容包括以下三个方面的内容：

（1）单据的匹配性。即以上五份单据在六个方面（合同编号、物料名称、数量、单价、总价、供应商）的一致性及正确性。

（2）单据的规范性。特别是发票，其次是付款申请单，要求格式标准、统一、描述清楚。

（3）单据的真实性。发票的真假鉴别，检验、入库单等单据的真假等。

4.资金平衡

如果企业拥有足够的资金，那么本环节可以省略。但是在大多数情况下，企业需要合理利用资金，特别是在资金紧缺的情况下，要综合考虑物料的重要性、供应商的付款周期等因素，以确定首先向谁付款。对于不能及时付款的物料，要充分与供应商进行沟通，取得供应商的谅解和同意。

5.向供应商付款

企业财务人员在接到付款申请单及通知后，即可向供应商付款，并提醒供应商注意收款。

6.供应商收款

企业之间的交易付款活动一般通过银行进行，有时因为付款账号疏漏，可能导致供应商收不到货款。对于大额资金的付款活动，企业有必要在付款活动之后对供应商进行收款提醒。

互动课堂

沪士电子采购存在的问题

采购是供应链中必须特别注意的一个环节。一般来说。生产型的企业通常要用销售额的40%～70%来进行原材料、零部件的采购。采购的速度、效率、订单的执行情况会直接影响到本企业是否能够快速灵活地满足下游客户的需求。

采购成本的高低会直接影响到企业最终产品的定价情况和整个供应链的最终获利情况，只有通过企业内部之间以及与外部的采购协同作业，供应链系统方可准时响应用户的需求，同时降低库存成本。

作为国内大型的PCB生产厂商，沪士电子面临的问题是：超过60%的营业额用于原材料的采购。

为了解决日益恶化的问题，沪士电子开始对采购的工作流程进行详细分析，发现了以下三大问题：

1.信息不畅，采购信息滞后

沪士电子的产品线很广，所用的材料也多，有的一种材料就有800多个型号。面对如此庞杂的物料采购，信息不畅就导致一些特殊物料未备货。相关人员在分析中发现，销售团队的人员对客户的预测管理全部是手工操作，且信息完全保留在个人的计算机中，生产管理和采购部门无法实时了解。这样一来，对于一些特殊材料或采购期较长的物料，采购部门无法提前了解需求进行准备，从而造成断料的发生。

2.“三天采购原则”

沪士电子采用“按单定制”以客户为导向的做法，而不是以市场为导向，因此即使有很多的库存，也经常会发生由于备料与客户需求不同而断料的情况。

通过对每项业务流程和生产周期的追踪，相关人员发现，公司的整体生产计划性不强，有很多生产都是临时安排的，这给采购部门安排采购造成了很大的困难，其根本无法知道什么时候应该买什么样的材料回来。为此，采购部门自行选择了“三天采购原则”，即不管生产部门何时安排生产，在客户下单后的三天内，要求供应商把物料送到沪士电子。结果，沪士电子的库存积压情况相当严重，供应商的怨言也非常多。

3.采购流程还需精简

沪士电子的供应商有上百家，主要分布在境外，其无法知道自己在沪士电子的存货状况，与沪士电子的协同也非常困难，由于备货过多也常有抱怨。可以说，由于采购方面存在的问题，已经影响到沪士电子的整个供应链。

沪士电子对其与供应商之间的采购流程进行了详细分析。目前，沪士电子主要通过MRP系统产生物料需求和采购订单，然后将采购订单传给供应商。接下来，供应商根据订单进行回复，并安排自己的生产计划，在取得原材料后进行生产并包装出货。沪士电子收到货后，进行收料和检验并放入仓库里。当生产正式开始时，则进行领料，并开始使用，日复一日，这两个循环就这样不停地进行着。沪士电子经过分析之后，发现在这个传统的过程中，MRP的运行、传送和接收采购订单、回复、检验、收料等流程都是无价值的环节，应该从供应链中省略。

资料来源：佚名. 采购管理案例：采购存在的问题［EB/OL］.［2018-12-25］. http：//www.dginfo.com/xinwen-119764/.

请思考：沪士电子的采购流程存在哪些问题？应如何改进？

本章实训

实训项目1：熟悉采购流程

◆实训目标

1.掌握商品采购的基本步骤。

2.能根据具体企业分析其采购流程。

◆实训重点

1.采购作业流程关键步骤及注意事项。

2.采购流程的合理性判断。

◆实训资料

某食品企业的采购流程如图3-9所示。

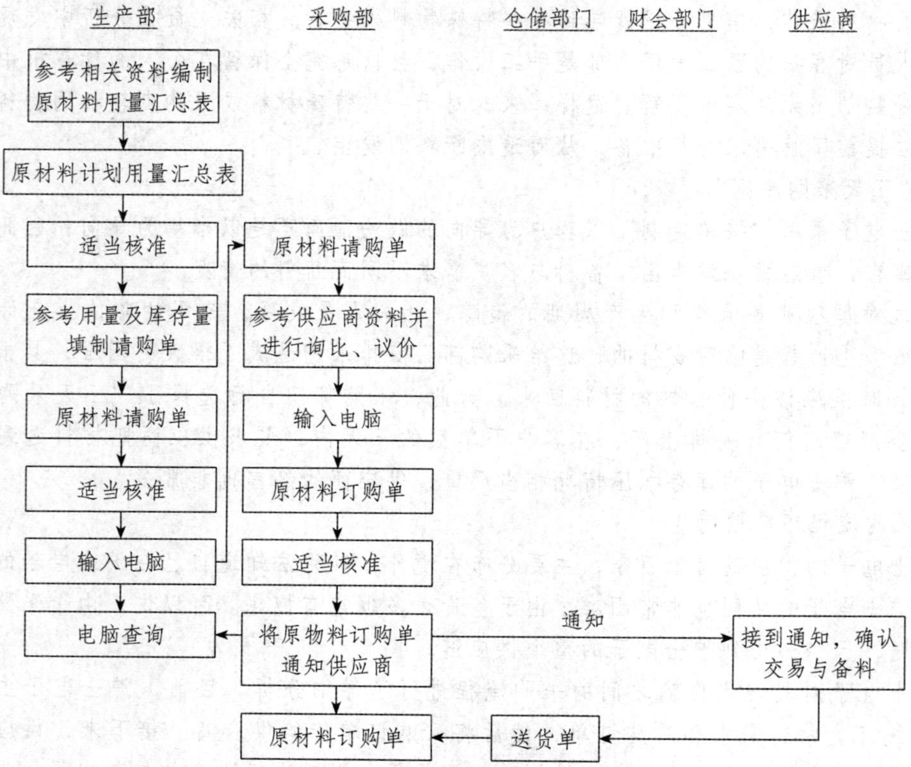

图3-9 某食品企业的采购流程

◆实训任务

1.用所学知识分析案例中的食品企业应如何开展采购作业。

2.采购流程的合理性是否会影响到企业其他部门和企业的整体运营？

实训项目2：分析采购环境

◆实训目标

1.掌握分析外部采购环境的两种不同方法。

2.掌握对有形商品进行规格说明的方法。

3.掌握对无形服务制作工作说明书的方法。

◆实训重点

1.选择供应商要真正了解其情况，初选供应商应至少有三家以上。

2.企业的采购环境由样件、中试、批量供应商群体组成，并且分别签订样件、中试和批量认证合同。

◆实训资料

供应市场分析

1.若你是规模中等的追风电动车公司的采购经理，当前需要采购50 000条电动车轮胎，试分析电动车轮胎供应市场的竞争情况，并说明追风电动车公司在这次采购业务中所处的竞争地位。

2.某公司需要1 000个标准塑料托盘，试分析塑料托盘供应市场的竞争情况，并说明该公司在这次采购业务中所处的竞争地位。

采购对象分类

宁波某西装生产企业年产西装20万套，采购部门需采购的物料包括面料、里料、衬料、纽扣、拉链、内包装袋、手提袋、标牌、标签、衣架、垫肩、缝纫机、润滑油、剪刀等，试依据以上物料对该企业的重要性及物料供应的风险和机会进行细分，并分别制定其采购策略。

规格说明

1.某公司打算开设一家中等规模的网吧，目前，万事俱备，只剩下电脑。作为采购部的经理，请你就当前需要组装的适用于网吧的价值5 000元左右的电脑进行商品规格说明。

2.试对苹果的某款手机和三星的某款手机（可以是其他任何品牌的任何一款手机）进行规格比较。

3.试对某两款汽车（可以是任何品牌的任何一种型号）进行规格比较。

◆实训任务

1.针对具体的案例，用两种不同方法分析外部采购环境。

2.用分类模块对采购对象进行分类。

3.针对案例，制作商品规格说明书。

第4章 采购商品的质量管理

学习目标

知识目标：➢ 了解商品质量管理的意义；
➢ 掌握商品质量管理的内容；
➢ 掌握商品质量管理的方法。

能力目标：➢ 掌握商品质量管理和质量认证的方法及步骤；
➢ 能够运用商品检验与验收的方法，对采购商品进行检验与验收。

【案例导入】

A企业审核员审核供应部采购物资清单时，看到采购物资清单上共列有48种采购物资；在查看合格供应商名单时，看到已评定的合格供应商只能覆盖48种采购物资中的43种，有5种采购物资无相应合格供应商。供应部长回答说："这5种物资很少用，且生产厂商有的很远，有的在国外。我们需要时就到市场上去买，买回来后逐件检验，合格的才可使用。"

请思考：A企业采购生产所需的物资质量如何直接关系到产品质量好坏？作为企业的质量审核员应如何加强商品采购质量的管理？

商品采购质量控制就是为保持采购商品的质量所采取的作业技术和有关活动，其目的在于为使用部门提供符合规格要求的满意商品。一个组织需要通过建立采购质量管理保证体系对供应商提供的产品进行选择、评价、验证，从而确保采购的物资符合规定的质量要求。采购质量的好坏直接影响到企业最终产品的质量。

4.1 采购商品的质量管理概述

4.1.1 商品质量的内涵

1.质量的概念

商品质量是衡量商品使用价值的尺度，这个尺度是人们在实践中得出的科学结论。2000版GB/T19000-ISO 9000族标准中关于质量的定义是：一组固有特性满足要求的程度。该定义可以从以下几方面去理解：

（1）质量可以存在于各个领域或任何事物中。质量不仅是指产品质量，也可以是某项活动或过程的工作质量，还可以是质量管理体系运行的质量。质量是由一组固有特性组成的，这些固有特性是指满足顾客和其他相关方的要求的特性，并由其满足要求的程度加以表征。

（2）特性是指区分的特征。特性可以是固有的或赋予的，也可以是定性的或定量的。质量特性可以是固有的特性，也可以是通过产品、过程或体系设计和开发及其后的实现过程形成的属性。

（3）满足要求就是应满足明示的（如合同、规范、标准、技术、文件、图纸中明确规定的）、通常隐含的（如组织的惯例、一般习惯）或必须履行的（如法律、法规、行业规则）需要和期望。

（4）顾客和其他相关方对产品、过程或体系的质量要求是动态的、发展的和相对的，随着时间、地点、环境的变化而变化。所以，应定期对质量进行评审，按照变化的需要和期望，相应地改进产品、体系或过程的质量，这样才能确保持续地满足顾客和相关方的要求。

2.商品质量的构成

（1）商品的内在质量。商品的内在质量是指商品在生产过程中形成的本身固有的特性，包括实用性能、可靠性、寿命、安全与卫生性等。它构成商品的实际物质效用，是最基本的质量要素。

（2）商品的外观质量。商品的外观质量主要指商品的外表形态，包括外观构造、质地、色彩、气味、手感、表面疵点和包装等，它已成为人们选择商品的重要依据。

（3）商品的社会质量。商品的社会质量是指商品满足全社会利益需要的程度，如是否违反社会道德，对环境是否造成污染，是否浪费有限资源和能源等。一种商品不管其技术如何进步，只要有碍于社会利益，就难以生存和发展。

（4）商品经济质量。商品经济质量是指人们按其真实的需要，希望以尽可能低的价格，获得尽可能优良性能的商品，并且在消费或使用中付出尽可能低的使用和维护成本，即物美价廉的统一程度。

商品的内在质量是由商品本身的自然属性决定的；外观质量、社会质量和经济质量则是由商品的社会效应来决定的，它涉及诸多社会因素的影响。

3.影响商品质量的因素

商品质量是商品生产、流通和消费全过程中诸多因素共同影响的产物。从质量形成的过程来看，影响和决定商品质量的因素是多方面的，商品的来源不同，影响质量的因素也不完全相同。

（1）原材料与商品质量的关系。原材料是构成商品最原始的物质，在其他条件相同的情况下，原材料对商品的质量起着决定性的作用。因此，在分析商品质量时，必须对原材料的质量进行分析。

（2）生产过程与商品质量的关系。主要包括：①产品设计与试制；②生产工艺；③商品检验；④生产人员的素质和能力。

（3）流通过程对商品质量的影响。流通过程是指商品离开生产过程进入消费过程前的整个区间。因为当商品在流通过程中，由于受到各种外界因素的影响，会发生商品质量不断恶化的现象，商品学在研究影响商品质量因素时，就对商品在流通中的包装、运输、储存和销售服务进行全面研究，以降低损耗，保证质量。

（4）销售服务对商品质量的影响。商品在销售服务过程中的进货验收、入库短期存放、商品存列、提货搬运、装配调试、包装服务、送货服务、技术咨询、维修和退换服务等工作都是最终影响消费者所购商品质量的因素，商品良好的售前、售中、售后服务已逐渐被消费者视为商品质量的重要组成部分。

（5）消费过程对商品质量的影响。首先是消费心理与消费习惯，爱美之心，人皆有之，商品美对商品质量的影响越来越重要，符合规律地创造完美的商品形式，是为了满足人们的审美需要，人们审美观有共同的一面，也有差异的一面，不同时代、民族、宗教、区域、阶层、环境、职业、年龄、性别的审美观是有差异的，因此不同消费者对美的商品认同和追求是不一样的。

（6）社会伦理道德对商品质量的影响。质量意识属于思想范畴，涉及人的职业道德、思想道德、精神面貌和知识修养等精神因素，所以，开展精神文明建设、发扬爱国主义、弘扬对工作精益求精和提倡对人民极端负责的精神，是增强质量意识的重要环节。此外，加强质量法制建设也是增强质量意识必不可少的环节。

互动课堂

案例1：漳州万利达生活电器有限公司销售不合格空气加湿净化器案

2014年2月，浦口区工商局对漳州万利达生活电器有限公司销售的万利达空气加湿净化器（型号：KJ－487D）进行了质量抽样检验。经检验，该空气加湿净化器稳定性和机械危险项目不符合GB4706.1—2005、GB4706.45—2008标准第20章的要求，被判定为不合格商品。浦口区工商局依据《中华人民共和国产品质量法》的相关规定对其进行了行政处罚。

案例2：江苏高田汽车销售服务有限公司销售不合格汽车用制动器衬片案

2014年4月，江宁区工商局对江苏高田汽车销售服务有限公司销售的“汽车用制动器衬片”（刹车片）进行了质量抽样检验。经检验，上述产品“指定摩擦系数的允许偏差项目”不合格，被判定为不合格商品。江宁区工商局依据《中华人民共和国产品质量法》的相关规定对其进行了行政处罚。

案例3：杨信萍销售不合格含氯（高氯）复合肥料案

2014年5月，溧水区工商局对杨信萍销售的45%（18-13-14）的含氯（高氯）复合肥料进行了质量抽样检验。经检验，该肥料的总养分质量分数项目、总氮项目和钾项目不符合国家标准，被判定为不合格商品。溧水区工商局依据《中华人民共和国产品质量法》的相关规定对其进行了行政处罚。

资料来源：佚名. 2014年流通商品质量十大典型案例［EB/OL］.［2019-03-15］. http://news.cqnews.net/html/2015-03/15/content_33692583.htm.

请思考：

1.案例中的商品质量问题涉及哪些商品质量的构成？

2.案例中存在的商品质量问题是受什么因素影响的？

4.1.2　质量管理

1.质量管理的含义

质量管理是指为了实现质量目标而进行的所有管理性质的活动。质量方面的指挥和控制活动，通常包括制定质量方针和质量目标以及质量策划、质量控制、质量保证和质量改进。根据这个定义，其具体含义为：

（1）质量管理是组织全部管理的一个重要组成部分，它的职能是制定并实施质量方针、质量目标和质量职责。

（2）质量管理是以质量体系为依托，通过质量策划、质量控制、质量保证和质量改进等活动发挥其职能。这四项活动是质量管理工作的四大支柱。

（3）组织的最高管理者领导整个质量管理工作，并对其结果负全责。各级管理者都有相应的质量管理职责。

（4）质量管理过程涉及组织中的每一个员工，因此，质量管理是“全员性”的。

（5）在质量管理的全过程中，必须考虑其经济性。

2.商品质量管理发展概况

商品质量管理的发展与人们的观念、现代社会科学技术的发展是密不可分的。保证和提高商品质量，关键在于严格的、科学的质量管理，因此商品质量管理和质量保证在全球范围内迅速发展，并受到了世界各国的极大重视。商品质量管理的发展大体经历了检验质量管理、统计质量管理和全面质量管理三个发展阶段。

（1）检验质量管理阶段。1911年，美国机械工程师泰勒（F.W.Taylor）提出了企业应实行质量检验的管理方法，即将企业的活动分为计划和执行两个职能，设立专职检验人员以加强产品质量检查。以后，随着生产规模不断扩大，质量检验职能又由管理者转给专职的检验人员来承担，从此，专职的检验机构出现了。专职检验的特点是“三权分立”，即有人专职制定标准，有人专职负责执行，有人负责按照标准检验。20世纪初期到40年代，很多企业主要以这种质量管理思想进行产品质量控制，也就是按既定质量标准要求对产品进行检验；管理对象限于产品本身的质量；管理领域局限于生产制造过程。但其存在许多缺点：一是检验质量管理是一种消极防范型管理，依靠事后把关，杜绝不合格产品进入流通领域，无法在生产过程中起到预防、控制作用；二是出现问题容易扯皮、推诿；三是要求全部检验，在经济上不合理。

（2）统计质量管理阶段。20世纪30年代前后，美国贝尔电话研究所的工程师、统计学家休哈特（W.A.Shewhart）提出了“统计过程控制”的概念，并创作了质量控制图，统计质量管理方法开始推广。其基本思路是根据某种过去情况来预测它将来的变化，从而进行管理，使其处于统计管理状态。这种方法用于质量管理，主要是按照商品标准，运用数理统计原理对设计到制造的生产工序进行质量控制，预防产生不合格产品；管理对象包括产品质量和工序质量；管理领域从生产制造过程扩大到设计过程。统计质量管理是一种预防型（事先监控型）管理，依靠生产过程中的质量控制把质量问题消灭在其中，而且能定量分析、研究和预测产品质量的变化。此阶段质量管理已从单纯依靠检验把关，逐步转为检验把关和工序质量控制和预防两者并重。但是，由于过分强调质量控制的统计方法，加之数理统计方法理论的深奥，这在一定程度上限制了它的普及推广。

（3）全面质量管理阶段。第二次世界大战后，美国著名的质量专家戴明（W.Edwards Deming）运用全面质量管理（TQM）的思想帮助日本重建经济。20世纪60年代初，美国学者朱兰（J.Juran）和费根堡姆（A.Feigenbaum）提出了全面质量控制的理论，并分别出版了《质量控制手册》和《全面质量控制》，丰富了全面质量管理理论，世界各国积极推行全面质量管理。全面质量管理的特点是：第一，全过程管理。它把满足消费者或用户需要放在第一位，运用以数理统计方法为主的现代综合管理手段和方法，对商品开发、设计、生产、流通、使用、售后服务及用后处置的全过程进行全面管理；防检结合，以防为主，重在分析各种因素对商品质量的影响。第二，全面质量的经济管理。它既管产品质量，又管工作质量、工序质量；不仅要保证产品质量，还要做到成本低廉，供货及时，服务周到。它要求追求价值和使用价值的统一，质量和效益的统一，用最经济的手段生产用户满意的产品。第三，它强调依靠与商品使用价值形成和实现有关的所有部门和人员来参与质量管理，实行严格标准化；不仅贯彻成套技术标准，而且要求管理业务、管理技术、管理方法的标准化。

全面质量管理是一种全面、全过程、全员参与的积极进取型管理，强调调动人的一切积极因素，根据系统论的观点把管理对象看成一个整体，分析系统各要素相互联系、相互作用的相关性，采取相应对策，使商品的设计、开发、生产、流通和消费的全过程均处于监控状态，从而保证商品质量符合消费者或用户需要。

4.1.3 采购质量管理

1.采购质量管理的含义

采购质量管理，是指对采购质量的计划、组织、协调和控制，通过对供应商质量评估和认证，从而建立采购管理质量保证体系，保证企业的物资供应活动。

2.采购质量管理的内容

（1）采购部门的质量管理。主要包括：①物料采购的质量管理；②物料采购的组织工作；③物料采购供应的协调工作；④物料采购供应的控制工作。

（2）供应商认证与评估。对企业的供应商进行认证和评估。

（3）产品检验。主要包括：①严把进货质量关，确保最终产品质量；②进行质量验证，对供应商实施事后质量监督；③发现问题，分清责任；④摸清进货质量状况，有利于保管保养。

4.2　采购商品的质量管理方法

4.2.1　质量管理常用的统计控制方法

统计质量控制，就是依据数理统计的原理，对产品质量进行控制。统计质量控制的简要过程如下：运用数理统计方法，把搜集到的大量质量信息、数据和有关材料进行整理和定量分析，发现问题、采取对策、及时处置，从而达到预防不合格品出现、提高质量的目的。上述过程的实现，一是靠大量调查；二是靠占有足够的信息和数据；三是及时进行质量判断。

由此，全面质量管理的过程，也可以视为对数据进行收集、整理、分析、判断、处理（采取措施）和改进质量的过程。

数据统计是反映数据（商品质量数据）在某一时刻或某一小段时间内静止状态的方法，一般用直方图、排列图、因果图、调查表等来反映。

1.直方图

此方法将搜集到的大小不均、杂乱无章的计量值数据进行整理，找出数据的分布中心及散布规律，以判断质量是否稳定，预测不合格率，提出改进质量的具体措施。

2.排列图

影响产品质量的原因错综复杂，排列图是找出影响产品质量主要原因的一种有效的统计方法。它的应用面较广，如后勤工作、节约问题、安全问题等均可利用该方法来找出。此外，它还可以用来检验改进措施是否有效果。

3.因果图

因果图也称为树枝图、鱼刺图、特性要素图等。商品质量管理过程中对故障品（或缺陷品），相关人员应实地考察或亲自查看。为了寻找产生某一质量问题的原因，必须进行现实的有价值的因果推想。当推想所需的资料数量较少时，可从列有推想所需的资料的清单上进行寻找。当推想所需的资料数量较大且复杂性增大时，则必须对推想清单进行有序整理。通过识别可能的主要变量，将清单压缩整理或以表格形式分类排列。

4.调查表

调查表是数据整理和原因分析的一种工具。为了了解质量状况，需要搜集许多数据，并将可能出现的原因及其分类预先列成“调查表”，检查时在相应的分类中进行统计并进行简单原因分析，为以后决策提供依据。

根据使用目的不同，可使用不同的调查表，常见的有：缺陷位置调查表、不合格项目调查表、不合格原因调查表、商品布局调查表等。

5.管理图

管理图是研究数据随时间变化的统计规律的动态方法，通过管理界限可以进行质量分析和控制。

管理图可分为计量值管理图与计数值管理图两种。前者用于管理计量指标的产品，如长度、重量、时间、强度、成本、得率等连续量，常用的有X-R管理图、L-S管理图、S-R管理图等。后者用于管理计数指标的产品，如不合格品数、不合格品率、缺陷数、单位缺陷数等离散量，常用的有Pn管理图、P管理图、C管理图、u管理图等。

6.散布图与回归分析

前述方法是对一个变量（母体）进行分析的统计方法，对于两个变量之间的相互关系，可用散布图、回归分析进行统计处理。

（1）散布图。由两个变量产生的两种数据画成的坐标图称为散布图。从散布图中可清楚地看出两个变量之间的线性关系。

（2）回归分析。研究两个或几个变量之间的关系称为回归分析。回归分析的应用包括展望与预测，通过分析，可以确定影响某一结果的各种重要变量以及各种最佳操作条件。

4.2.2 商品质量管理的基本方法

1.PDCA循环

美国质量管理专家戴明博士在阐述质量管理方法时提出“计划（plan）—执行（do）—检查（check）—处理（action）”四个阶段为一个循环，称为PDCA循环或戴明循环。PDCA循环作为质量管理的科学方法，适用于企业各个环节、各个方面的质量管理工作。PDCA循环四个阶段的基本工作内容如下：

（1）计划阶段（P）。其任务是制订计划。根据存在的问题或用户对产品质量的要求，找出问题存在的原因和影响产品质量的主要因素，确定质量方针、质量目标，制订出具体的活动计划和措施。

（2）执行阶段（D）。此阶段的任务是执行计划。按照P阶段的计划和标准规定具体实施。

（3）检查阶段（C）。此阶段的任务是检查计划的实现情况，调查执行计划的结果。将工作结果与计划对比，得到经验，找出问题。

（4）处理阶段（A）。此阶段的任务是把执行的结果进行处理总结。把C阶段执行成功的经验加以肯定，纳入标准或规程，形成制度，以便今后照办；对失败的教训也要总结，以后不再那样做；遗留问题转入下一个PDCA循环。

2.质量环

质量环又称质量螺旋，是指识别需要到评定这些需要是否得到满足的各阶段中影响质量相互作用活动的概念模式。它开始于市场营销和市场调研，是对市场的需要进行识别，根据市场的需要进行产品的开发和设计。同样，它结束于市场营销和市场调研，根据市场对其产品的反馈信息，评价市场的需要是否已得到满足。因此，质量环反映的是一个连续不断、周而复始的过程，通过不断循环，实现持续的质量改进。

4.2.3　采购商品质量管理的趋势

1.宏观质量管理与微观质量管理趋于统一

商品质量的宏观管理是政府对商品质量的管理、调控，其对象是整个国家、地区或整个有关商品质量规划、形成和实现的全过程；商品质量的微观管理指企业的生产经营过程中的质量管理的全过程。从根本上看，两者的最终目的都是使商品质量满足消费者和用户要求，并力求使生产和流通的消耗尽可能少，给消费者和用户造成的损失尽可能少，但是两者的目标、作用范围和作用手段却不相同。

2.共同的质量保证体系已经建立

当前，国际市场竞争中，质量竞争是其主要内容。为了保证商品质量，开拓商品市场，应把企业中所有的人都纳入质量管理的活动范畴，建立共同的质量保证体系。

3.质量管理进入法制管理的轨道

法律、法规是保障微观质量管理和宏观质量管理正常运行的基本条件，依法管理是质量管理工作的特征之一。运用质量法律、法规有效地管理和保证商品质量，保护消费者合法权益，是国际上和各国政府解决商品质量问题的重要途径之一。商品质量法律主要有产品责任法和产品质量法。产品责任法是具体规定由于产品缺陷造成消费者或用户的人身、财产损失时产品生产者或销售者与消费者之间权利义务的法律关系。产品责任法是强制性法律，只要证明投放市场的商品有缺陷，并且这个缺陷对购买该商品的消费者、用户或旁观者造成了人身或财产方面的损害，该产品的生产者和销售者就要负民事侵权责任。现在许多国家又制定了与产品责任法相配套的一系列质量法律，如食品卫生法、药品管理法、产品质量法等以加强对商品质量的管理和监督。

4.现代技术在质量管理中得到广泛应用

现代商品种类繁多，科技含量提高，有些高精度、高可靠性产品的设计，涉及大量的设计参数。在发达国家中，信息技术在质量管理领域已得到广泛应用。计算机已成为质量管理的重要工具。

4.3　采购商品的检验与验收

4.3.1　商品检验的概念与种类

1.商品检验的概念

检验是对产品或服务的一种或多种特征进行测量、检查、试验、度量，并将这些特性与规定的要求进行全面比较以确定其符合性的活动。商品检验就是根据商品标准和合同条款规定的质量指标，确定商品质量好坏和商品等级的工作。

商品检验的主体是商品的供货方、购货方或者第三方。

商品检验的对象是商品的各种特性，如商品的质量、规格、重量、数量以及包装等方面。

商品检验的依据是合同、标准或国际、国家有关法律、法规、惯例等对商品的要求。

商品检验的目的是在一定条件下，借助科学的手段和方法，对商品进行检验后，做出合格与否或通过验收与否的判定；或为维护买卖双方合法权益，避免或解决各种风险损失和责任划分的争议，方便商品交接结算而出具各种有关证书。

商品的质量检验是商品检验的中心内容，狭义的商品检验是指商品的质量检验。

2.商品检验的种类

商品检验的分类有多种方法。

（1）根据检验对象的流向可分为内销商品检验和进出口商品检验。

内销商品检验，是指国内的商品经营者、用户及相关部门的商品质量管理机构与检验机构或国家市场监督管理总局及其所属的商品质量监督管理机构与其认可的商品质量监督检验机构，依据国家法律、法规、有关技术标准或合同对内销商品所进行的检验活动。

进出口商品检验，是由海关总署出入境检验检疫局、商检机构指定的检验机构依照有关法律、法规、合同规定、技术标准、国际贸易惯例与公约等，对进出口商品进行的法定检验、鉴定检验和监督管理检验。

（2）依据检验目的不同，可分为生产检验（第一方检验）、验收检验（第二方检验）和第三方检验三种。

第一方检验是商品生产者为维护企业信誉，达到保证质量的目的，而对原材料、半成品和成品商品进行的检验活动，检验合格的商品应有“检验合格”标识。

第二方检验是商品的买方（如商业、外贸部门和工业）为了维护自身及其顾客的利益，保证其所购商品满足合同或标准要求所进行的检验活动。在实践中，商业或外贸企业还常常派出“驻厂员”对商品质量形成的全过程进行监控，及时发现问题，要求生产方解决。

第三方检验是指处于买卖利益之外的第三方，以公正、权威的非当事人身份根据有关法律、合同或标准所进行的商品检验。其目的在于维护各方合法权益和国家权益，协调矛盾，促使商品交换活动的正常进行。第三方检验由于具有公正性、权威性，其检验结果被国内外所公认，具有法律效力。

（3）按检验有无破坏性可分为破坏性检验和非破坏性检验两种形式。

破坏性检验是指为取得必要的质量信息，经测定、试验后的商品遭受破坏的检验。非破坏性检验是指经测定、试验后的商品仍能使用的检验，也称无损检验。

（4）按检验商品相对数量可划分为全数检验和抽样检验两种形式。

全数检验是对被检商品逐个（件）地进行的检验，也称百分之百检验。它可以提供较多的商品质量信息，给人以心理安全感，适用于批量小、质量特性少且质量不稳定、较贵重、非破坏性的商品检验，但应避免由于检验工作单调、检验人员疲劳所导致的漏检或错检现象。

抽样检验是按照事先已确定的抽样方案，从被检商品中随机抽取少量样品，组成样本，再对样品逐一测试，并将结果与标准或合同技术要求进行比较，最后由样本质量状况统计推断受检商品整体质量合格与否的检验。它检验的商品数量相对较少，能节约检验费用，有利于及时交货，但提供的商品质量信息少，有可能误判，因此不适用于质量差异程度大的商品。若能避免抽样时可能犯的错误，其可靠性甚至优于全数检验。抽样检验适用于批量较大、价值较低、质量特性多且质量较稳定或具有破坏性的商品检验。

4.3.2　采购商品检验的目的与任务

采购商品检验的目的，就是运用科学的检验技术和方法，正确地、公正地评定商品质量，以维护企业的利益。

从商品的用途和使用条件出发，通过对采购商品检验可以分析和研究商品的成分、结构、理化性质、机械性质等，并分析这些因素对商品质量的影响程度，为生产部门提供科学、及时、可靠的数据资料，促进其采用新技术、新工艺、新材料和扩大新品种等，以保证和提高商品质量。

采购商品检验为仓储管理、商品安全保管和运输、科学养护等提供数据依据，从根本上减少商品损失，保证商品的质量。

另外，对进口商品的检验，可以防止质量低劣和带有病虫害及其他有害因素的商品进口，通过检验消除隐患。对进口商品的品质、数量、规格等进行检验，能防止残、短、渍、毁等情况出现，解决争议和办理索赔凭证，维护国家利益，保护贸易各方关系人的合法权益。

《中华人民共和国进出口商品检验法》（以下简称《商检法》）规定：国务院设立进出口检验部门，主管全国进出口商品检验工作。商品检验机构实施进出口商品检验的内容，包括商品的质量、规格、数量、重量、包装以及是否符合安全、卫生要求。一是实施法定检验；二是实施监督管理；三是办理各项国际贸易业务鉴定。

根据国家法律、法规、国家标准，独立的、权威的公证鉴定机构是处于当事人之外的第三者鉴定人，其做出鉴定结果，出具检验证书，目的是保证商品质量，维护生产、经营、消费三方面经济利益，促进对外贸易的发展，满足国际贸易活动的要求，维护贸易中各方的合法权益。商品检验在商品生产、流通的各个环节中是必不可少的工作。

4.3.3　采购商品的检验方式

《中华人民共和国产品质量法》第二十一条规定：产品质量检验机构、认证机构必须依法按照有关标准，客观、公正地出具检验结果或者认证证明。《中华人民共和国消费者权益保护法》第五十条规定：经营者侵害消费者的人格尊严、侵犯消费者人身自由或者侵害消费者个人信息依法得到保护的权利的，应当停止侵害、恢复名誉、消除影响、赔礼道歉，并赔偿损失。

对采购商品检验，先核对品名、规格、型号、等级、交货批数，查看包装标志，检查包装是否安全、完好；然后，根据质量标准所规定的要求，对照测量报告，进行验收检验。

一般对工厂直接购进的商品，可以采取下列检验方式：

1.工厂签证，商业免检

工厂生产出来的商品，经过工厂检验部门检验签证后，商业部门可以直接收货，免去检验程序。这种情况适用于产品质量稳定、生产技术条件比较好、工厂检验设备比较齐全以及管理制度较健全的企业。

2.商业监检（下厂验收），凭工厂签证收货

商业部门的检验人员对工厂的半成品、成品，甚至包括原材料等，在生产工艺全过程进行监督检验，一直到成品包装、装箱后，才算完成监检任务。然后，商业部门可按工厂检验进行验收，此目的在于保证消费者对产品质量的要求。某些高档商品、有关人身安全和健康的商品，检验人员必须下厂监督检验，以确保商品质量，特别对出口商品，要求更要严格。

3.工厂签证交货，商业定期抽验

质量较稳定的产品，工厂签证后便可交货，商业部门为确保质量，可定期或不定期地抽查产品质量。

4.商业批验

这种检验对工厂的每批产品都要检验，合格后由商业部门收购。这种方法主要是针对产品不稳定，检验设备、技术条件不健全的工厂的产品。

5.行业会检

行业会检又称联检。同行业中，对于多个厂家生产的同一种产品，工商联合举办行业会检，由双方联合组成质量检查评比小组，定期或不定期地对同行业的产品按质量标准要求进行全面评定。

6.报检

生产部门主动向商业部门提出要求检验，商业部门可及时进行检验，这是决定是否要货的一种方式。

7.库存商品的检验

对储存期间的商品实行定期检验，可以防止由于质量的变化而影响商品的使用效能。

4.3.4 商品检验的步骤与方法

1.商品检验的步骤及内容

商品检验大多没必要或不能逐件或逐个（全检）检验，除一些很贵重的商品，如钻石、艺术品、古董等，现代商品一般按标准要求及选定的抽样方案，抽取规定的样本，再按合同或标准要求进行检验，最后以样本的质量情况推断整批商品的质量情况。商品质量检验工作程序通常包括：定标—商品抽样—检查—数据分析—比较与处理。其主要操作内容如下：

（1）定标。定标是指检验前应根据合同或标准明确技术要求，掌握检验手段和方法以及商品合格判定原则，制订商品检验计划，并确定检验批。

检验批是指一次检验的所有商品构成的整体。正确确定检验批对于简化检验结果的处理工作，确切反映商品的质量有着重要的意义。

确定检验批必须遵循如下准则：同一检验批的商品必须是同品种、同规格、同花色、同进货批次；对标有质量等级的商品，必须是同一质量等级。

（2）商品抽样。商品抽样就是在检验整批商品质量时，按合同或标准规定的抽样方案（全数检验不存在抽样问题），用科学的概率理论适用的随机抽取方法，从中抽取具有代表性的一定数量的样品，作为评定该批商品质量的依据的工作。

在实际工作中，对商品质量进行抽样检验，首先要确定抽样方案。按质量特征，可分为计数抽样和计量抽样；按商品批量可分为百分比抽样和随机抽样。

①计数抽样。凡在判断一批产品是否合格时，只用到样本中不合格的个数，而不考虑

样本中各单位产品特性的测试值如何，这样进行评定产品质量的方法，称为计数抽样方案。

在商品检验中，有些商品质量特征是离散的，质量只能用离散的尺度来衡量，例如，一块棉布上的疵点数、一件铸件上的气泡和砂眼个数。这种衡量一个单位产品质量的方法叫“计点”的方法。有些产品质量特征不能定量地衡量，通常只把每个这样的单位产品定性地划分为好的与坏的，合格的与不合格的。这种衡量一个单位产品质量的方法叫“计件”的方法。“计点”与“计件”统一称为计数，特点是它们是不连续的，只能出现0，1，2，3…非负数，不可能是小数。因此，当无法测定质量特征数据时，往往采用计数抽样方法。

②计量抽样。有些产品的质量可以用一个连续的特征量来衡量，如玻璃的化学成分、食品中的水分含量、电阻器的阻值等，均可用连续的特征量衡量产品的质量特征。这种用连续的特征量衡量产品质量特征的方法，称为计量抽样方法。当商品质量特征可以用量具具体测定数据时，往往可采用这种方法。

③百分比抽样。百分比抽样是指不论商品的批量大小如何，按同样的百分比抽取样本，并且在样本中允许不合格品个数是相同的抽样方法。此法简便易行，容易操作，但其有不合理的一面。对于受检批量大的产品抽取的样品数量多，受检批量小的产品抽取的样品数量少，检验时由于样品数量不同，必然出现合格品率与不合格品率的概率不同。例如，按5%抽样，批量为1 000的抽50个单位；批量为100的只需抽5个单位的样品。两者都不允许有不合格品。显然，前者出现不合格品的可能性比后者大。如果产品质量很好，样品的多少对合格与不合格品率的出现影响的可能性会小；如果产品质量很差，那么，样品的多少对合格与不合格品率的出现影响的可能性会大。因此，采用此法，经抽验判断为合格的大批量产品的质量，比经过抽验判断为小批量产品的平均质量要好。因此，检验小批量产品，无论其质量如何，为准确鉴定商品质量，一般不采用此法。国际上一般不承认这种抽样检验方法所得到的产品质量结果。

④随机抽样。随机抽样是指抽样者不带有主观偏向，完全用随机的方法抽取样品，被检批中的任一单位产品，都有同等机会被抽取的抽样方法。目前，随机抽样方法主要有以下几种：单纯随机抽样（简单随机抽样）；分层随机抽样（分类随机抽样）；多段随机抽样；系统随机抽样（规律性随机抽样）。

（3）检查。检查是在规定的环境条件下，用规定的试验设备和试验方法检测样品的质量特性。

（4）数据分析。对检验所得数据的处理是商品检验过程中的一项重要工作。一般对非直观数据，均规定用算术平均值或其他特定数据计算值表示。

（5）比较与处理。比较是通过检查数据分析结果同技术要求比较，衡量其结果是否符合质量要求，进而由合格判定原则判定商品是否合格，并得出是否接收的结论。处理是对检验结果出具检验报告，反馈质量信息，并对不合格品及不合格批分别进行处理。

2.商品质量检验方法

商品质量检验的方法很多，一般有感官检验、理化检验和化学检验法等。这些检验方法在实际工作中，常常按照商品的不同质量特性进行选择和相互配合使用。

（1）感官检验法。感官检验法是在一定的条件下，运用人的感觉器官对商品的感官质量特性做出判断的评价和检验方法。它简便易行、快速灵活、成本低，特别适用于目前还不能用其他检验方法检验的商品的某些质量指标和不具备组织其他检验方法的情况。其涉及的商品很多，如食品、药品、纺织品、化妆品、家用电器和化工商品等，但也存在不足，它受检验人员的生理、健康状况、技能、工作经验及客观环境等因素的影响，检验效果带有一定的主观性，难以用确切的数据表示其结果。

（2）理化检验法。理化检验法是在一定的环境条件下，利用各种仪器设备和化学试剂来测定和分析商品质量的方法。它主要用于商品内在质量的分析，如商品成分、结构、物理性质、化学性质、安全性、生物学性质、微生物检验、机械性能、卫生性以及对环境的污染和破坏性等。它比感官检验客观、准确，技术性强，能用具体数据定量说明商品的检验结果，但对检验设备和条件要求严格，对检验人员的素质要求较高。

（3）化学检验法（化学分析法）。商品的某些特性要通过化学反应才能显示出来，商品的这种性质称为化学性质。采用化学分析法和仪器分析法能够检测其化学性质。化学分析法又分为定性分析和定量分析，定量分析中又可分为重量分析和容量分析。此外，还有仪器分析法。仪器分析法可分为光学分析和电化学分析，其是通过检验试样溶液的光学和电化学等物理或化学性质而求出待测物成分含量的方法。光学分析法包括比色分析法、比浊分析法、分光光度法、发射光谱分析法、原子吸收光谱分析法和荧光分析法等。气相色谱法在名酒鉴别中有重要的作用，操作时使用气相色谱仪将被分析样品（气体或液体气化后的蒸气）在流速保持一定的惰性气体带动下进入填充了固定相的色谱柱，在色谱柱中样品被分离为一个个单一组分，并以一定的先后次序从色谱柱中流入检测器，转变为电信号，再经放大后，用记录器记录，在记录纸上得到一组色谱峰，根据色谱峰峰高或峰面积就可定量测定样品中各个组分含量。

（4）微生物检验。微生物检验是对部分商品（主要是直接入口的商品）细菌污染的定性或定量检验，通常也称卫生检验。目前，我国对食品（如肉及肉制品、乳及乳制品、蛋品、水产、清凉饮料、罐头、糕点、调味品、蔬菜、瓜果、豆制品、酒类等）、饮用水、口服及外用药品、化妆品及需灭菌的商品均规定了卫生标准，以严格控制细菌污染，防止各种有害的病原微生物侵入人体而直接危害广大消费者的人身健康。微生物常规检验项目包括细菌总数测定、真菌总数测定、大肠菌群的检验、肠道致病菌的检验、化脓性细菌的检验、食物中毒菌的检验、破伤风厌氧菌的检验、活螨虫及螨虫卵的检验等。产品标准是为保证产品适用性，规定对一个或一类产品应符合的技术要求。产品标准中规定的每项技术要求，根据可检验性原则都要规定相应的试验方法。一般产品试验分为4种：

①型式试验。验证产品符合一项技术规范（如质量水平、性能、安全要求、环境条件等）适用于它的规定。

在早期的产品标准中型式试验又称环境试验，即商品在自然环境中用人工模拟的工作条件进行试验。为缩短试验时间，尽快取得结果，在摸清环境对产品影响规律的基础上，一般采用强化或加速的人工模拟试验方法。一种产品需进行哪些项目环境试验及其程度如何，取决于产品的使用条件及可靠性要求，其在产品标准的型式试验项目表中都进行了规定。环境试验方法有高低温试验、温度冲击试验、耐潮及防腐试验、防霉试验、防尘试验、密封试验、震动试验、冲击和碰撞试验、运输试验、恒加速试验、寿命（耐久性）试验等。

②常规试验（又称出厂试验）。其是检查产品材料和加工的质量缺陷，并检测产品固有性能，常包括功能试验和安全试验项目。

③抽样试验。在有关产品标准中有此项要求时进行，试验同样是用来验证产品规定的性能和特性。这些规定可由制造厂提出或由制造厂与用户协商。

④特殊试验。可根据有关产品标准或通过制造厂与用户协议进行，以满足市场对产品的多样化需求。

对于假冒伪劣商品的鉴别，一般消费者和基层经销单位限于条件，通常只能采用直观的感官检验方法，下文会介绍一些简单易行的物理和化学检验方法，以及一些容易操作的简单仪器和仪表或专用设备，来弥补感官检验方法的不足。

互动课堂

三鹿奶粉事件与多层级原料采购管理

2008年的三鹿奶粉事件不可谓不大，在此之前有奶粉类的大头婴儿事件、玩具类的含铅涂料事件。这些问题的发生看起来都不是成品厂家的问题，而是上游供应商的问题。可上游的造假难道厂家就无辜吗？蒙牛董事长牛根生就说出了“无知就是犯罪”这样的重话。牛根生同时说：“在责任面前，我们唯一的选择就是负起完全的责任!”他说出对消费者负责的办法无非是收回有毒奶粉、付医疗费及加强检测。可问题是检测能保证没有漏网之鱼吗？能发现除了三聚氰胺还有其他的有毒添加剂吗？如果没有这方面的保证，企业又凭什么能对消费者负责？再发生其他问题，难道再出来“负责”吗？同理，玩具厂商难道就能保证以后除了含铅涂料不会发生其他涂料有毒问题吗？难道非要和上次一样在市场上出现了严重问题，才回头去找原料供应商吗？这就是企业要探讨的问题：如何控制上游原料的质量？尤其是那些有着多级上游原料供应商的原料质量问题如何得到控制？

牛奶公司向奶站采购，奶站向奶农采购；玩具厂采购涂料，涂料厂采购化工原料；整车厂采购车锁，车锁厂采购锁配件，锁配件厂采购特种钢。至于跨国公司在中国进行贴牌生产，更是涉及多级原料供应的问题。在这里最终产品生产商对多级上游原料的供应基本处于失控状态。原因是从初级原料到成品完工有多个生产环节，这就造成监督的困难，而在产品生产原材料信息方面的不对称将导致某些供应商偷工减料行为不断发生。当原料质量问题在最终产品使用过程中被发现时，产品的质量已经被影响，企业品牌也同时被影响。这次奶粉事件损害的是整个奶业的品牌，甚至是中国制造在世界的品牌。

以上情况说明，仅仅通过产品工厂检验来控制产品质量已经难以完全规避产品质量问题的风险，至少是滞后了。如何在产品的源头——多级采购环节中防止供应商出错是生产厂家耗费了大量监督成本而难以解决的问题。奶粉事件发生后，政府就向奶厂派出了5 000多名监督员，这里还不包括蒙牛等公司自己派出的监督员，规模之庞大世所罕见。同时，这也说明仅仅靠生产厂家的到厂检验是远远不够的，更不要说在市场上抽查的效果了。另外，现场监督员是否一定能够监督到位呢？我们都知道人不是机器，监督员看不见的时候，加两瓢水、放一小袋三聚氰胺并没有什么难度。

相关人员利用互联网技术发明了从性本恶的角度来监督多级原料采购质量的办法。第一“恶”，引入供应商互相不知名的暗标竞争；第二“恶”，利用一个质量好的供应商不愿意与另一个质量好的供应商竞价的原理，鼓励供应商举报；第三“恶”，不论供应商还是买手都不知道采购监督者知道些什么，不知道谁在举报及举报内容，不知道竞价者是谁及价格，以致想“恶”不敢“恶”。通过引入系统外供应商参与，可以将多个环节的采购供应内容全部在网上公开，供应商互相猜疑，就有动机互相了解是否有投机取巧行为。同时，让厂商监督者第一时间监督所有原料的采购环节的暗标报价及进行质量问题举报，就能够保证产品生产原料的品质。

其效果是：

(1) 最终产品厂商及所有上游厂商第一时间直接看到上游所有层次相关原料的采购价格及质量举报内容。

(2) 所有层级的供应商可以直接向多级下游厂商举报上游采购过程中的欺诈行为。

(3) 将质量欺诈风险控制在采购之前。

(4) 帮助各环节采购商节省采购成本，包括查询成本、调查成本及谈判成本等。

这个互联网采购管理平台为厂商防范上游采购环节中的欺诈提供的监督工具，不仅可以用在生产厂商，更可以用在项目采购和跨国采购的多级采购监督上，真正从根本上解决原料采购质量欺诈问题，因为它让罪恶的行为无所遁形。

资料来源：佚名. 三鹿奶粉事件与多层级原料采购管理［EB/OL].［2019-03-15]. http：//www.clb.org.cn/kuaixiaopin/01/41452.shtml.

请思考：该案例给我们什么启示？

4.4 采购商品质量的认证

4.4.1 质量认证的含义与作用

1.质量认证的含义

“认证”在英文里的原意是一种出具证明文件的行动，当用作“质量认证”时则具有进一步的含义。

产品质量认证是指依据产品标准和相应技术要求，经认证机构确认并通过颁发认证证书和认证标志来证明某一产品符合相应标准和相应技术要求的活动。

2.质量认证的特点

(1) 质量认证的对象是产品或服务。这里所说的“产品”是广义的概念，除了一般概念的产品外，还包括加工技术，如电镀、焊接、热处理等。而“服务”则是指服务性行业，如旅馆、邮电、保险、商业、银行等。目前，世界各国实行的质量认证，其对象主要是产品（商品），因此，常常称为产品（商品）质量认证或产品（商品）认证。

(2) 认证的依据是标准和技术规范。判断被认证的对象是否合格的依据是其质量指标是否达到相关标准和技术规范所规定的范围。

(3) 取得认证资格的证明方式是合格证书或合格标志。

(4) 质量认证是第三方从事的活动。所谓“第三方”是指其与生产企业（又称第一方）和产品采购者（又称第二方）都没有任何行政上的隶属关系和经济上的利害关系的一方。此外，独立于政府机构的质量管理协会、独立的检验机构、认证机构等也属于第三方。

3.质量认证的作用

（1）有助于消费者选购满意的商品。

（2）为生产企业带来信誉，争取到更多的利润。

（3）可以节省大量的社会重复检查费用。

（4）有利于减少人身伤害和财产损失。

（5）有助于提高产品在国际市场上的竞争能力。

（6）是供方取得需方信任的手段。

4.质量认证的类型

质量认证包括产品（商品）质量认证、质量体系认证和实验室认证三种类型。

（1）产品（商品）质量认证。产品（商品）质量认证是依据产品标准和相应技术规范要求，经认证机构确认并通过颁发认证证书和认证标志来证明某一产品符合相应标准和技术要求的活动。

（2）质量体系认证。其包括质量体系认证、环境管理体系认证和安全体系认证。

①质量体系认证。质量体系认证是指对供方（生产方）的质量体系实施第三方评定和注册的活动。评定合格者由第三方机构颁发质量体系认证证书，并给予注册。其目的在于通过评定和事后监督来证明供方质量体系符合并满足需方对该体系规定的要求，对供方的质量管理能力予以独立的证实。目前，世界各国大都按照国际通用的ISO 9000质量管理和质量保证系列标准开展质量体系认证。

②环境管理体系认证。环境管理体系认证是指由第三方公证机构依据公开发布的环境管理标准，对供方的环境管理体系实施评定的活动。评定合格者由第三方机构颁发环境管理体系认证证书，并给予注册公布，证明供方具有按既定环境保护标准和法规要求提供产品的环境保护能力。

③安全体系认证。这是指由第三方公证机构依据公开发布的安全体系标准，对供方的安全保证体系实施评定，证明供方能按规定安全标准要求提供产品的安全保证能力的活动。

（3）实验室认证。实验室认证是指依据认可准则和一定的技术标准，由专家组对实验室的组织管理能力和技术能力进行审查评定的活动。评定合格的由认证机构颁发认证证书，并给予注册公布，证明该实验室为认证机构认可的检测实验室，其检验结果社会公认。实验室认证也称为实验室认可，主要包括检测实验室认可、检验人员认可和评审人员认可。

4.4.2　产品质量认证的分类

产品质量认证根据不同的分类标准可以分为以下一些类别：

1.按认证的法律性质划分

按认证的法律性质划分，可分为强制性认证和自愿性认证。

（1）强制性认证。这是指通过国家法律、法规或规章规定执行的认证。凡属于强制性认证的产品，必须经过认证，否则不准生产、销售和进口。实行强制性认证的产品，主要是指涉及安全、卫生、环境保护方面的产品。

（2）自愿性认证。这是指生产企业根据自身的实际情况，自愿申请认证或取消认证。

自愿性认证的产品是指除与人体健康和人身、财产安全有关的以外的产品。根据我国的规定，实施自愿认证的产品，实行合格认证。

2.按认证的内容划分

按认证内容划分，可分为安全认证、合格认证和质量、安全同时认证。

（1）安全认证。对于关系国计民生的重大产品，有关人身安全、健康的产品，必须实行安全认证。此外，实行安全认证的产品，必须符合有关强制性标准要求。

（2）合格认证。凡实行合格认证的产品，必须符合有关的国家标准或行业标准要求。

（3）质量、安全同时认证。这是指同时要进行两种认证，产品使用合格标志和安全标志。

3.按认证范围划分

按认证范围划分，可分为国际认证、区域性认证和国家认证。

（1）国际认证。它以国际标准化组织和国际电工委员会通过的标准为依据，以其认证委员会认证原则作指导的认证。国际认证对消除国际贸易壁垒，促进国际贸易的发展具有明显的作用。

（2）区域性认证。这是指由若干个国家和地区，根据自愿的原则自行组织起来，按照共同认定的标准，以及一定的规范而进行的认证。一般来说，经过本区域性组织成员国认证管理机构认证的产品，其他成员国认证机构就予以承认。区域性认证最典型的是欧盟的区域认证。

（3）国家认证。这是一国范围内的质量认证，它是以国家标准为依据的认证。

4.4.3 质量认证制的基本内容

1.质量认证制的基本要素

质量认证制的基本要素主要包括：型式试验、质量体系检查、监督检验和定期复查。前两个要素是取得认证资格必须具备的基本条件，后两个要素是认证后的监督措施。

（1）型式试验。这是指为证明产品质量符合产品质量标准的全部要求，对产品所进行的抽样检验。它是整个质量认证制度的基础。

（2）质量体系检查。这是指对产品的生产企业的质量保证能力进行检查和评定。其目的是证实企业具备持续、稳定地生产符合标准要求的产品的能力。

（3）监督检验。这是对获准认证后的产品进行监督的措施。它是从生产企业的最终产品中，或从市场上抽取样品，由认可的独立检验机构进行检验。如果检验结果证明符合标准的要求，则允许继续使用认证标志；如果不符合，则需根据具体情况采取必要的措施，防止在不符合标准的产品上使用认证标志。监督检验的周期一般为每年2~4次。

（4）定期复查。对取得认证资格的生产企业的质量保证能力进行定期复查，这是保证认证产品的质量能持续符合标准的根本性的监督措施。监督检查的内容可比首次的质量体系检查简单一些，重点是查看首次检查中发现的不符合项是否已经有效改正，质量体系的修改是否能确保达到质量要求，并通过查阅有关的质量记录证实质量体系。

2.质量认证制的主要类型

目前，世界各国的质量认证制度主要有以下几种类型：

（1）型式试验。这是按规定的试验（或检验）方法由“认可的独立检验机构”对产品的样品进行试验（或检验），以证明样品符合指定的标准或技术规范的全部要求的质量认证制度。

（2）型式试验加认证后监督——市场抽样检验。它是在第一种型式试验的基础上进行认证后的监督。其方法是按规定从市场上的商品中或从批发商、零售商的仓库中随机抽样进行检验，以证明认证产品的质量能持续符合标准或技术规范的要求。

（3）型式试验加认证后监督——工厂抽样检验。这种质量认证制度与第二种类似，只是监督的方式有所不同，它不是从市场上抽样，而是从生产厂发货的产品中随机抽样进行检验。

（4）型式试验加认证后监督——市场和工厂抽样检验。这种认证制度是第二、第三种认证制度的综合，监督所用的样品，既要从市场上随机抽样，又要从工厂中随机抽样。很显然其认证的有效性强于第二种和第三种认证。

（5）型式试验加工质量体系评定加认证后监督——质量体系复查加市场和工厂抽样检验。这种质量认证制度的显著特点是：在批准认证资格条件中增加了对产品生产企业的质量体系的检查、评定，在批准认证后的监督措施中也增加了对生产企业的质量体系的复查，同时还要进行工厂和市场抽样检验。

（6）工厂质量体系评定。这种质量认证制度是对生产厂商按所要求的技术标准生产产品的质量体系进行检查、评定；或者是对服务业为保证服务质量所需的质量体系进行检查、评定。这种质量体系评定也称为质量体系认证。

（7）批检。根据规定的抽样方案，对一批产品进行抽样检验，并据此做出该批产品是否符合标准或技术规范的判断，这就是批检。

（8）全检（百分之百检验）。对每一件产品在出厂前都要依据标准或技术规范经认可的独立检验机构进行检验，这就是全检。

3.实施质量认证的机构

实施产品质量认证制度必须通过三个机构，即认证机构、检验机构和检查机构。

（1）认证机构——一个能充分信任的第三方认证机构。它是依据政府的法律文件建立的，具有合法性、公正性和权威性，并能履行以下职责：制定质量认证管理条例、实施细则等法规性文件，并组织贯彻执行；发布认证标志，并监督认证标志的正确使用；对检查机构进行监督，使其公正地执行产品质量检验任务；对检查机构进行监督，使其公正地检查、评定企业的质量保证能力；举办注册检查员学习班，使其能掌握质量管理和质量保证的知识，掌握检查、评定的办法；接受企业提出的认证申请，安排产品检验和企业质量保证能力的检查、评定；审查产品检验报告和企业质量保证能力检查报告，批准产品认证，颁发认证证书；公布批准认证的产品及其生产厂家的名单。

（2）检验机构——独立的产品检验机构。它的任务是根据认证机构的委托，对申请认证的产品的样品按指定的标准进行检验，证明其是否符合规定标准的要求，向认证机构提交产品检验报告。

（3）检查机构——企业质量保证能力的检查机构。其任务是根据认证机构的委托，指派注册员，按认证机构的要求，对申请企业的质量保证能力进行检查、评定，做出是否可以接受的评价，向认证机构提交检查报告。

4.产品质量认证的实施内容

产品质量认证的具体实施内容主要有：

（1）产品的功能审核。产品的功能审核是产品质量认证最重要的审核内容。其主要审核产品的性能、产品的安全性、产品的可靠性和寿命、产品的可维修性、产品销售竞争上有无特色、产品接口特性、产品配套完整性等。

（2）产品的外观质量审核。其主要审核产品的外观尺寸、形状的一致性；产品的表面有无碰伤、压伤、划伤；产品的标签或印证有无错误；产品有无影响使用的微粒、粉末等多余物和锈蚀、掉漆等状况。

（3）产品的包装质量审核。其主要审核包装上的标志，合格凭证是否符合规定要求；装箱产品与装箱单是否相一致，有无错装和漏装；包装情况与技术标准、工艺文件的规定是否符合。

（4）产品的质量稳定性审核。其主要审核是否具有正常批量生产的条件；是否具有保证质量稳定性的程序；质量不合格产品的处置程序是否适当。

（5）产品的质量保证体系。

5.质量认证的表示方法

质量认证有两种表示方法，即认证证书和认证标志。

（1）认证证书（合格证书）。这是由认证机构颁发给企业的一种证明文件，证明某项产品或服务符合特定标准或技术规范。认证证书的内容至少应包括：证书编号，认证依据的法律、法规文件和编号，企业名称，产品名称、型号、规格或等级，采用标准的名称和编号，有效期，认证机构名称、印章，颁发日期。

（2）认证标志（合格标志）。这是由认证机构设计并发布的一种专用标志，用以证明某项产品或服务符合特定标准或技术规范。经认证机构批准，认证标志使用在每台（件）合格出厂的认证产品上。认证标志是质量标志，通过该标志可以向购买者传递正确可靠的质量信息，帮助购买者识别认证的商品与非认证的商品，指导购买者购买自己满意的商品。我国认证机构设计并发布的产品质量认证标志目前主要有以下几种：

（1）CCC认证标志：适用于《中华人民共和国实施强制性产品认证的产品目录》中的产品。

（2）CQC产品认证标志：适用于经中国质量认证中心认证合格的产品。

（3）方圆标志（主管机构为国家市场监督管理总局）。它有两种：一种是合格认证标志，适用范围为一般工农业产品，实行企业自愿申请；另一种是安全认证标志，适用范围为有安全要求的工业产品，实行强制性认证。

（4）长城标志（主管机构是中国电工产品认证委员会）。其适用范围为有安全要求的电工产品。

（5）PRC标志（主管机构是中国电子元器件质量认证委员会）。其适用范围为电子元器件产品。

互动课堂

认证并不能完全代表优质

销售家居的卖场、销售建材的市场越来越多，在为消费者提供方便的同时，也不免使其在购买时产生无所适从的感觉。一位消费者说：“准备选洁具，结果香江家居、百利、建材市场，哪儿都有，哪儿都可以选，我可真是眼花缭乱了。”

走进一家卫浴专营店，首先吸引笔者注意的是店内悬挂的“质量认证书”，对没有产品专业知识的消费者来说，这些认证书就是产品质量的保证，而且很多媒体也在引导消费者选购有资质认证的产品。

笔者了解到，并不是只要有认证就一定是优质的产品，目前市场上的卫浴产品质量检测报告分两种：一种是抽样检验检测报告；另一种是委托检验检测报告。前者主动权在检测部门，后者主动权在送检企业，如果是委托检测不排除商家将优等品送检的可能，而普通消费者仅从表面上根本看不出优等品与一级品的区别。

专家提醒消费者，有认证的产品在一定程度上说明了产品的优质性，但并不是任何认证都代表优质，选购产品时，还是要多参照产品的品牌实力与价值含量，多了解产品在实际应用中的质量反馈才是关键。

资料来源：佚名．专家提醒消费者：有认证的产品并不是任何认证都代表优质［EB/OL］．［2018-08-20］．http：//www.fstaoci.com/news/20077/31707.htm.

请思考：

1.质量认证有什么作用？

2.一个企业的质量认证是如何获得的？

3.通过认证一定就代表优质吗？

4.5　提高采购商品质量的途径

如果所采购的原材料的质量有问题，将会直接影响到产成品的质量。因此，要在采购中切实保证采购质量，防患于未然，必须寻求可靠的提高采购质量的途径。

4.5.1　选择合适的供应商

商业企业作为买方，在现代商品质量管理中的首要任务是了解供应商的质量政策，选择合适的供应商。作为供货方为确保商品质量，必须提供合格品，并出具必要的合格证明。在某些情况下，卖方是技术上的巨人，把产品销售给没有工程师和实验条件的买主，供应商应责无旁贷地为买方提供技术上的援助。在业务交往中，供应商应提供控制质量的书面计划及计划已被遵行的证明，并允许买方对供应商的各项活动进行必要的监督。对于买方及时反馈的有关商品质量及相关问题，供应商管理部门应随时采取纠正性行动。总之，作为供应商应及时提供有质量保证的商品，且价格合理，并能提供优良的服务。作为买方，对于一些较复杂或重要的商品，最好有多种供应源。

4.5.2　正确评审供应商资格

确定合适的供应商之前，必须先进行调查，以判断和核实供应商是否能保证商品质量，如果与其建立供需关系，双方能否在技术、管理、财务等方面互相配合。调查方法一般为函询和访问两种方式。前种方式是给供方函寄一份调查表，查询买主所需了解的情况。后种方式是组成一个由各方代表组成的小组与供应商进行面对面交谈，或到实地参观考察，考察的范围主要是质量控制、工艺制造、质量检验等，甚至包括财务与管理。调查完后应将结果写成报告，结论力求客观，以判断其经营效率状况。若打算与该供应商签订合同，则需对供应商能否交付满意的产品进行预测。

通过这种调查，可对供应商资格具备与否作初步结论，但其也有许多不足之处，有一定的局限性，如无法可靠地预测供应商产品的质量性能，故在实际应用中，必须结合其他方法，进行综合评定。

如果经调查认可了供应商的产品质量，且进货检验数据表明质量水平是可接受的，则该供应商被确定为“合格的供应商”。而一家合格的供应商就是一个已经被批准的具有无限数量产品的供应源。这种认证可以导致减少或取消对供方产品的进货检验。此外，还可对各种产品质量用评分法进行定量化评定。

4.5.3 制订并执行联合质量计划，建立良好供需关系

现代商品不能仅靠进货检验来决定取舍，更重要的是需要供需双方相互信赖、共同合作，建立良好的关系，以实现商品的使用价值。具体操作中，买卖双方最终应签订合同，制订详细的联合质量计划。联合质量计划的内容主要包括经济、技术和管理三方面。

联合经济计划中，重点应着眼于商品的使用价值，并确定最合理的购货总价格。供需双方对与质量有关的一系列成本，如货物检验、材料审查、生产误期、额外存货等，看法应一致。作为买方，可将上述成本加到购买价格中，但应尽力压缩；作为卖方，也应力求降低有关成本。

联合质量计划中，基本内容包括：

（1）确定技术规格中性能要求的含义。

（2）用数量表示可靠性和可维修性的各项要求，并规定供方必须承担的各项可靠性和可维修性工作。

（3）对缺陷的严重性进行分级，便于查清原因，采取具体措施。

（4）对有些商品的质量项目必须制定具体的官能检验标准，对于复杂的或质量随时间变化波动较大的产品，其数字可靠性要求应在文件中予以明确规定。

（5）买卖双方采用的检验方法及试验条件应标准化，对抽样方案及与评价商品质量相关的活动均应制定标准，共同遵守。

（6）建立商品批号的识别和跟踪系统，以及对缺陷报警信号做出及时反应的系统。在收到缺陷报警信号后，应明确规定必须做出答复的期限要求。

联合管理计划是实现经济上和技术上目标的重要工具。联合活动涉及买卖双方许多相关部门，应明确其职责范围。供应商提供的证明文件是买方进货的重要凭证，在一些细节上双方应协调一致，如表格设计、缺陷的代号、严重性分级、数据处理系统及反馈、质量认证与审核等，应设置多重交流渠道以满足实行多种形式联合计划的需要。买卖双方应定期或随时举行相关会议，做出必要的权衡取舍。

联合质量计划一旦制订，买卖双方仍需加强联系，共同执行，加强情报交换工作，提供性能数据；确认出现的问题；进行纠正性活动，提高工作效率。

执行过程可能会出现不合要求的情况，通常反映在商品本身或程序的要求方面。这种偏差现象往往可通过产品试验、现场申诉、服务走访、退货等发现，一旦发现，双方应积极配合，并及时采取纠正性活动。

执行质量计划过程中，当进货商品为少量、标准材料及一般日用品时，对供应商的产

品一般不进行进货检验，因为进货检验通常要耗费大量的人力和物力。随着现代化复杂产品的出现，进货商已经认识到其不具备必要的检验技术或检验新型产品的设施，故而更加依赖供应商的质量系统，这就需要买卖双方加强合作。买方重点应放在商品是否适合使用上，不必过分追究其微小偏差，与此同时，卖方必须理解买方关于坚持对所提供文件的可靠度要求。

4.5.4 做好服务工作，提高服务质量

工商企业的服务工作分为售前服务与售后服务两种。

（1）售前服务是向用户提供技术性帮助，如指导用户如何正确使用，组织技术培训等。许多用户都缺乏判断现代产品的工艺优点及质量性能的必需的设备，其无法解释用技术术语写成的规格和标准，或根据技术规格检验产品。制造商在产品标记或所附文件中，应提供有关产品的使用说明和注意事项等详细资料；在有些产品目录和小册子中应对各种型号产品的特征进行详尽说明，提供正确的使用方法。

（2）售后服务的内容主要包括：处理用户投诉、供应所需备件、及时排除故障，对一些技术要求复杂的产品，应派专业人员去现场进行设备安装、调试并能及时排除运转中发生的故障，教会用户如何维护、保养等。

随着产品的日趋复杂，服务工作必须及时配套。商业企业有关部门尤其应重视复杂商品的售前技术培训，在产品销售、安装、运行和修理等方面接受制造商的技术帮助和指导，以便能正确指导消费。实践表明，对某些消费品，来自顾客对维修服务的投诉往往超过对所交付的最初产品质量的投诉，这些投诉既包括对缺陷的投诉，也包括对修复时间的投诉。从某种程度上来说，商业企业可看成制造部门的一个附加部分，其有关人员必须得到技术上的援助，从根本上提高服务质量。

4.5.5 选择最佳质量成本

20世纪60年代前后，欧美一些国家的企业相继提出了质量成本的概念。由于复杂产品数量增加，对精度、可靠性的要求更高，增加了质量成本；耐用品大幅度增加，结果使现场故障增多、维修量上升、零部件配备件的需求增多，造成成本上升。

质量成本建立经历了三个阶段：

第一阶段，企业的质量管理部门搜集数据资料，以估算为主，查账为辅，说明降低成本的潜力，以便引起经理的重视。资料搜集内容包括：现有会计账目中有关的部分，现有单据中有关质量成本部分，临时记录的相关部分等。经理以上述资料为基础进行决策。

第二阶段，经理想知道具体的经济效果（当降低质量成本初见成效时），有关部门就必须设立必要的成本项目和会计科目，以便能够精确地掌握有关费用的支出情况，才能定期提出报告并进行总结，如果质量成本超过了企业的利润，必须找出原因，并采取相应措施。

第三阶段，确立目标成本。为稳定地保住已获得的利润，必须系统地设立正式的会计账目和统计核算表，算出实际成本和目标值的比值，以有效控制质量成本。

质量成本可细分为预防成本、鉴别成本、故障成本。实践证明，在临近尽善尽美区域，鉴别成本和预防成本之和从零增加到无限大；故障成本则相反，从无限大降低到零。

这时质量总成本必然有一个介于两者之间的最佳值。

互动课堂

采购质量管理、内部控制与企业生存
——基于利达公司致命玩偶案例的思考

2007年8月2日，美国最大玩具商美泰公司Mattel向美国消费者安全委员会提出召回佛山利达生产的96.7万件塑胶玩具，理由是召回的这批玩具表漆含铅量超标，对儿童的脑部发展会造成很大影响，美国环保组织塞拉俱乐部认为这会危及儿童安全。进而，致命玩偶成为一时谈论的热点。事发前，佛山利达的产量已居佛山玩具制造业第二位。一夜之间，这家拥有十多年良好生产记录的合资企业成为众矢之的。在美国舆论的不断声讨下，玩具厂商及其上下游供应、检验链上的疏忽被一一曝光和放大。最终，佛山利达被出入境检验检疫部门要求整改，国家质量监督检验检疫总局宣布暂停其产品的出口。利达公司被迫停产，2 500名工人几乎无事可做，利达公司合伙人张树鸿承受了巨大压力，最终一死了之。张树鸿死后第3天，美泰第二次宣布，召回的中国产玩具数量增加到1 820万件。

由于质量安全问题产生的召回成为我国制造业的一个重大问题，下文从企业内部控制角度，对利达公司内部控制缺陷进行全面分析。

(1) 朋友——中国式供应关系。造成这次事件最大的原因在于玩具所使用的有毒油漆的采购上。此次向利达公司提供不达标油漆的企业，是与利达公司仅有一墙之隔的东兴公司，该公司老板恰恰是张树鸿多年的好友梁仪彬。

梁仪彬是东兴新能源公司法人代表，东兴新能源公司的前身为南海市平洲东兴印刷包装实业有限公司，2001年投产，经营范围包括：塑料制品制造、包装装潢印刷品印刷、油墨丝印材料。2002年，其增加了油墨、涂料和丝印材料产销。2004年12月28日，其又增加了新能源节能产品生产、加工、安装、销售，并更名为南海区东兴新能源有限公司。自从东兴新能源公司增加了油墨、涂料和丝印材料产销之后，就成为利达公司的油漆主要供应商。梁仪彬也成为张树鸿最好的朋友之一。

(2) 验收——一次疏忽还是习惯性遗忘。利达公司属于来样加工型企业，即为美泰公司生产并供应玩具。为了保证玩具质量，美泰公司给利达公司提出两种选择油漆供应商的办法：一是由美泰自行指定；二是由美泰提供质量标准后，由利达公司自行决定。利达选择了后者，于是，东兴新能源公司成了其油漆供应商。

合作数年来，双方一直没有问题，但2007年8月2日，美泰公司的下属费雪公司紧急宣布，回收利达公司生产的96.7万件塑料制学龄前儿童玩具，原因是含铅量超标，如果被儿童吞下，可能发生铅中毒。

而利达公司向佛山市出入境检验检疫局汇报称，这次含铅超标色粉的使用，是东兴新能源公司为了尽快给利达公司供货，就省略了检测的环节。但没料到这批色粉含铅量超标，东莞众鑫色粉厂提供的认证资料都是假的。

2007年4月初，东兴新能源有限公司生产油漆的黄色色粉短缺，为尽快采购，东兴新能源公司在网上查找到东莞众鑫色粉厂。该厂向东兴提供了无铅色粉证书、认证资料、相关执照等，东兴新能源有限公司便于4月10日进货。按规定，采购的色粉要到检测机构认定，但佛山没有相关的检测机构，只能到广州检验，并需要5~10个工作日才能得出检测结果。东兴新能源有限公司为了尽快给利达公司供货，就省略了检测的环节。但没料到的是这批色粉含铅量超标，东莞众鑫色粉厂当初提供的无铅色粉证书、认证资料等都是假的。

然而，利达公司员工的描述是，为方便合作，利达公司和东兴新能源有限公司两家企业选择相邻建厂。合作4年多，两家工厂就如同一家，使用的油漆都是通过两家企业的内部通道运入利达公司，根本不用走工厂大门，都没出现过问题。

让人们不能理解的是，一般都是提前几天就进货的，真的缺货这么严重吗？买到也不化验吗？利达公司用了三个月的含铅量超标的色粉，为什么一直不检验呢？东兴新能源有限公司从网上找到东莞众鑫色粉厂，又是人家送货，所以东兴新能源有限公司连这个企业是怎样的都不知道，第一次拿货为什么就那么信任别人呢？

最大的问题可能还在于内部控制制度，特别是内部控制意识的缺失。还没有从对市场过度关注反应过来的中国企业，没有意识到采购循环内部控制的缺失可能带来的是死亡和毁灭。

资料来源：立信锐思内部控制中心．内部控制案例分析002：采购质量管理、内部控制与企业生存——基于利达公司致命玩偶案例的思考［EB/OL］．［2019-06-10］．http：//blog. vsharing.com/augustwu/A906655.html.

请思考：利达公司致命玩偶案例对采购商品质量控制有什么启示？

本章实训

实训项目1：分析采购商品的质量问题

◆实训目标

掌握采购商品质量问题的分析方法。

◆实训重点

能够使用因果图分析采购商品的质量问题。

◆实训资料

A公司是一家大型家用电器制造公司，公司遵循严格控制供应商数量的原则，所以提供家用吸尘器某部件的供应商只有一家B公司。吸尘器的销售量在国内外的总和已超过10万台。该部件是较便宜的，但其是一个含有高安全风险因素的零件，其中一个要求就是部件的电器绝缘必须是可靠的，以防止用户使用时遭到电击。

A公司是从多个供应商中精心挑选出B公司的，选择的原则包括：部件价格、供货距离、ISO质量资格证书等。

6年来，B公司供应的该部件没有出现过任何质量问题的记录。因此A公司按照惯例续签新一年合同。由于对所供部件质量的信任，合同条款中已确认A公司无须对部件再进行任何独立的进货检验。由于从没有质量问题，A公司就没有对B公司的质量管理系统做过审计。然而，A公司近来开始接到用户的抱怨了，用户反映A公司吸尘器有轻微的电击现象，更严重的是一位心脏衰弱的用户使用A公司吸尘器时受到电击致死，该用户的律师来信声称对A公司要采取法律行动。与此同时，对A公司吸尘器的负面报道也频频出现在传媒上。因此，A公司吸尘器的销售量大大下滑。

经调查，B公司在不通知A公司的情况下在某部件中使用了更便宜的绝缘材料，通过这样的方法才使B公司保持了相当便宜的报价。对此，A公司已决定召回过去4个月中销售出去的35 000台吸尘器。A公司发出指示，绝缘材料必须恢复到原来的标准，新供应商要达到这个要求最少需要14天，而且也必然要提高价格。在这期间A公司生产组装线必须停下来。为避免类似事件再度发生，A公司决定对采购质量保证系统进行一次大检查。

◆实训任务

根据以上案例提供的资料，用原因和效果图（也称因果图、鱼骨图）分析A公司出现采购产品质量问题的原因。

实训项目2：对采购质量进行管理

◆实训目标

掌握采购商品检验种类及验收方式。

◆实训重点

掌握采购商品验收步骤和方法。

◆实训资料

辽阳石化分公司2002年2月23日聚乙烯装置爆炸事故

2002年2月23日，农历正月一二，从凌晨3点左右开始，辽阳石化分公司聚乙烯新线工艺参数不正常，降负荷生产，到早上7点负荷降到了40%。7时20分，当班班长发现悬浮液接受罐压力急速上升，反应速度下降，于是安排3名操作工到现场关阀门，进行停车处理。操作工到达现场后发现现场有物料泄漏，立即打电话向装置主控室报告，在班长跑向现场不到1分钟，新线就发生了剧烈爆炸。结果造成8人死亡，1人重伤，18人轻伤，事后统计，公司直接经济损失高达452.78万元。

经过深入的事故调查取证分析，相关人员认定这起事故的罪魁祸首是一块不合格的玻璃视镜。由于聚乙烯系统运行不正常，造成压力升高，致使劣质玻璃视镜破裂，导致大量的乙烯气体瞬间喷出，溢出的乙烯又被引风机吸入沸腾床干燥器内，与聚乙烯粉末、热空气形成的爆炸混合物达到爆炸极限，被聚乙烯粉末沸腾过程中产生的静电火花引爆，发生了爆炸。这也是事故发生的直接原因。

事故发生的原因是视镜破裂，这块视镜的公称压力为2.5MPa。根据事后解读DCS记录，在0.5 MPa时视镜就破裂了。那么，这个视镜是怎么采购的呢？经调查发现，视镜采购单上的供应商是北京阀门总厂。但是北京阀门总厂根本不生产视镜，而是北京阀门总厂的一个代理商从温州某个经销点购买的。视镜是由上海郊区一个小厂生产的。事故过后，相关人员对该厂进行调查，发现这个小厂根本没有什么质量检验手段，所以其产品是不是合格也就无人知晓。更为恶劣的是，事故发生后，代理商为了逃避责任，让上海另一个玻璃制造厂出具一个假产品合格证书。另外，调查发现发到辽阳石化分公司的视镜没有产品合格证而是一个检验单，检验的项目也有问题。所以说，是物资采购人员、验货人员严重失职，使不合格的视镜安在了装置上，埋下了安全隐患。

资料来源：佚名．辽阳石化分公司2002年2月23日聚乙烯装置爆炸事故［EB/OL］．［2018-06-29］．http：//wenku.baidu.com/link.

◆实训任务

1.辽阳石化分公司在采购商品质量管理上存在哪些问题？

2.辽阳石化分公司在采购商品质量检验上存在哪些问题？应采取哪些措施完善采购商品质量管理？

第5章
供应商管理

学习目标

知识目标：➢ 认识供应商管理的意义；
➢ 了解供应商管理的目标和策略；
➢ 掌握供应商审核和选择的方法及步骤；
➢ 熟悉供应商的考评指标。

能力目标：➢ 能够审核供应商管理；
➢ 能够正确选择供应商。

【案例导入】

甲汽车生产企业的采购人员经常会遇到一个棘手的问题：企业一般都是采购A公司的发动机出水管，但一段时间后B公司的产品质量超过了A公司，而且价格更低，这该怎么办呢？选A公司还是选B公司呢？如果选B公司，那企业和A公司的关系也就完了。如果又有C公司的质量、价格优于B公司，要不要新建立的关系呢？

供应商，是指可以为企业生产提供原材料、设备、工具及其他资源的企业。供应商可以是生产企业，也可以是流通企业。企业要维持正常的生产，就必须要有一批可靠的供应商为企业提供各种各样的物资供应。供应商对企业的物资供应起着非常重要的作用，采购管理就是直接和供应商打交道进而从供应商那里获得各种物资。因此，采购管理的一个重要工作就是要搞好供应商管理。

5.1 供应商管理概述

5.1.1 供应商管理的概念

所谓供应商管理，就是对供应商的了解、选择、开发、控制和使用等综合性的管理工作的总称。其中，了解是基础，选择、开发、控制是手段，使用是目的。供应商管理的目的，就是要建立起一个稳定可靠的供应商队伍，为企业生产提供可靠的物资供应。

5.1.2 供应商的分类

从采购企业的角度出发，供应商分类是指采购企业依据采购物品的金额、重要性以及供应商对采购企业的重视程度和信赖的因素，在供应市场上将供应商划分成若干个群体，其目的在于根据供应商的不同细分情况实行不同的供应商关系策略。

供应商分类可以按照以下几种方法进行划分：

1.按与供应商的采购业务关系的重要程度分类

采购企业对供应商的重要度如图5-1所示。

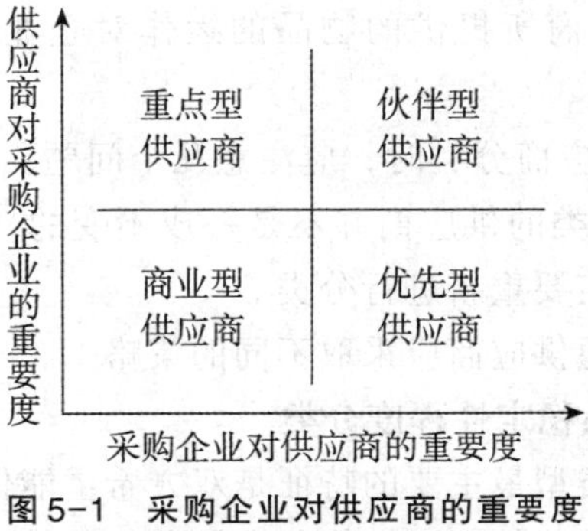

图5-1 采购企业对供应商的重要度

（1）商业型供应商。对于采购企业的采购业务不是很重要的供应商，可以很方便地选择和更换，那么这些与采购业务对应的供应商就是普通的“商业型供应商”。

（2）优先型供应商。如果采购企业认为某个供应商的采购业务对本公司来说并不十分重要，但是供应商认为该企业的采购业务对于他们来说非常重要，在这种情况下，显然该项采购业务对于采购企业非常有利，这样的供应商就是采购企业的“优先型供应商”。

（3）重点型供应商。如果供应商认为本公司的采购业务对他们来说无关紧要，但该采购业务对本公司却是十分重要的，这样的供应商是需要注意改进和提高的“重点型供应商”。

（4）伙伴型供应商。如果采购企业认为供应商有很强的产品开发能力，采购业务对采购企业很重要，而且供应商也认为采购企业的采购业务对于他们来说也非常重要，那么这样的供应商就是“伙伴型供应商”。

2.按“80/20规则”分类

供应商“80/20规则”分类的基本思想是针对不同的采购物品应采取不同的策略，同时采购工作精力也应各有侧重，相应地，对于不同物品的供应商也应采取不同的策略。供应商分类“80/20规则”如图5-2所示。

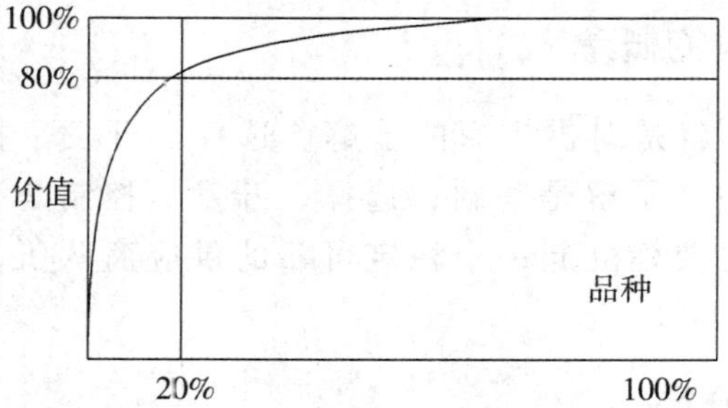

图5-2　供应商“80/20规则”分类

从图5-2可以看出，通常数量20%的采购物品（重点采购物品）占采购物品80%的价值，而其余数量80%的物品（普通采购物品），则占采购物品20%的价值。相应地，可以将供应商按“80/20规则”分类，划分为重点供应商和普通供应商，即占80%采购金额的20%的供应商为重点供应商，而其余只占20%采购金额的80%的供应商为普通供应商。对于重点供应商应投入80%的时间和精力进行管理与改进。这些供应商提供的物品为企业的战略物品或需要集中采购的物品，对于普通供应商则只需要投入20%的时间和精力管理，因为这类供应商所提供的物品的运作对企业的成本、质量和生产的影响较小。

按“80/20规则”进行供应商分类时，应注意几个问题：

（1）按“80/20规则”分类的供应商并不是一成不变的，是有一定的时间限度的，随着生产结构和产品线调整，需要重新进行分类。

（2）对重点供应商和普通供应商应采取不同的策略。

3.按与供应商的交易关系稳定性程度分类

（1）短期目标型。这种类型最主要的特征是双方希望能保持较长时期的买卖关系，获得稳定的供应，但是双方所进行的努力只停留在短期的交易合同上，各自关注的是如何谈判、如何提高自己的谈判技巧，而不是如何改善自己的工作，使双方都获利。供应一方能够提供标准化的产品或服务，保证每一笔交易的信誉，当买卖完成时，双方关系也终止了。双方只是业务人员和采购人员有关系，其他部门人员一般不参与双方之间的业务活动。

（2）长期目标型。与供应商保持长期的关系，供需双方有可能为了共同利益对改进各自的工作感兴趣，并在此基础上建立起合作关系。长期目标型的特征是从长远利益出发，相互配合，不断改进产品质量与服务水平，共同降低成本，提高供应链的竞争力。

（3）渗透型。这种关系形式是在长期目标型集成发展起来的。渗透型的管理思想是把对方公司看成自己公司的延伸，是自己的一部分。为了能够参与对方的业务活动，有时会在产权关系上采取适当的措施，如互相投资、参股等，以保证双方利益的一致性。在组织上保证双方派员工参与对方的有关业务活动，发现需要改进的地方，双方均可以提出相应的改进要求。

（4）联盟型。联盟型是从供应链角度的纵向链条上管理成员之间的关系。由于成员的增加，往往需要一个处于供应链上核心地位的企业出面协调成员之间的关系，其常常被称为"盟主企业"。

（5）纵向集成型。这种形式是把供应链上的成员整合起来，像一个企业一样，但各成员又是完全独立的，决策权属于自己。在这种关系中，要求每个企业充分了解供应链的目标、要求，以便在充分掌握信息的条件下，自觉得出有利于供应链整体利益的供应商分类。例如，新生意首先给战略供应商或优先供应商，然后再考虑考察供应商，绝不能给淘汰供应商。这些都应成为书面政策，通知给企业内各个部门。当然，在分类供应商时应该征求别的部门的意见，但一旦决定，整个企业就应执行，采用供应商清单上的供应商，而供应商清单则应基于供应商分类体系。当然，作为供应商管理部门，要确保各类供应商能达到企业期望，否则内部客户的合理期望就没法满足，现有的供应商政策会没法被执行。

5.1.3 供应商管理的目标及战略

1.供应商管理的目标

（1）获得符合企业质量和数量要求的产品或服务。

（2）以最低的成本获得产品或服务。

（3）确保供应商提供最优的服务和及时送货。

（4）发展和维持良好的供应商关系。

（5）开发潜在的供应商。

2.供应商管理的战略

（1）设计一种能最大限度地降低风险的合理的供应结构。

（2）采用一种能使采购成本最小的采购方法。

（3）与供应商建立一种能促使供应商不断降低成本、提高质量的长期合作关系。

5.1.4 供应商管理的几个基本环节

供应商管理应抓好以下几个基本环节：

1.供应商初选

这是对已有的供应商和潜在的供应商进行分析，包括供应商的一些基本信息，如市场信誉度、合作的意愿、财务状况、地理位置等，对供应商进行分类，可以识别关键供应商。

2.供应商审核

供应商审核就是在初选的基础上，根据一定的审核标准对选定的供应商进行进一步认定审核。

3.供应商考评

供应商考评是一项很重要的工作，它分布在各个阶段，在供应商的选择过程中需要考评，在供应商的使用阶段也需要考评。不过每个阶段考评的内容和形式并不完全相同。

4.供应商关系管理

其是建立起不同层次的供应商网络，通过减少供应商的数量，致力于与关键供应商建立合作伙伴关系。

5.2 供应商选择

供应商选择是企业的一个重要决策，一个好的供应商应该拥有制造高质量产品的加工技术、拥有足够的生产能力以及能够在获得利润的同时提供有竞争力的产品。同一产品在市场上的供应商数量很多，供应商的多样性使得选择变得复杂，需要一个规范的程序来操作。

5.2.1 供应商选择的一般步骤

供应商的评价和选择步骤如图5-3所示。在实际操作时，企业必须确定每个步骤的开始时间。每个步骤对企业来说都是动态的，是一次改善业务的过程。

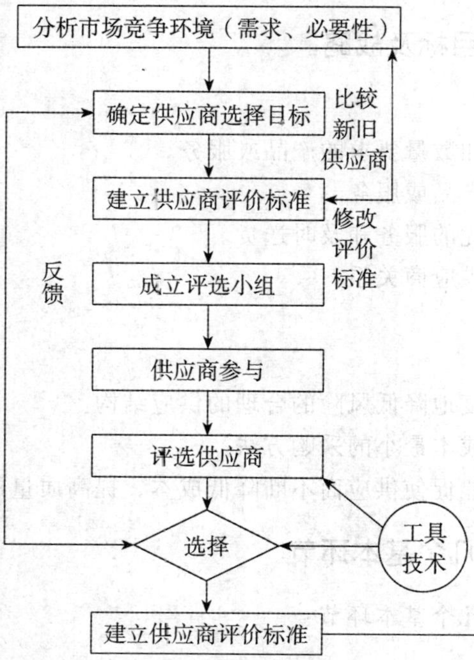

图5-3 供应商的评价和选择步骤

1.分析市场竞争环境

企业要建立基于信任、合作、开放性交流的供应链长期合作关系，必须首先分析市场竞争环境。这样做的目的在于找到针对哪些产品，市场开发供应链合作关系才有效。企业必须知道现在的产品需求是什么、产品的类型和特征是什么，以此来确认客户的需求，确认是否有建立供应链合作关系的必要。如果已建立供应链合作关系，则根据需求的变化确认供应链合作关系变化的必要性，同时对现有供应商的现状进行分析和总结。

2.确定供应商选择目标

这一步骤要求企业确定供应商评价程序的实施并建立实质性的目标。供应商评价和选择是企业自身的一次业务流程重构过程。

3.建立供应商评价标准

供应商评价指标体系是企业对供应商进行综合评价的依据和标准。不同行业、企业，不同产品需求和环境下的供应商评价标准应该是一样的，都涉及以下几个可能影响供应链合作关系的因素：供应商业绩、设备管理、人力资源开发、质量控制、成本控制、技术开发、客户满意度、交货协议。

4.成立评选小组

企业应建立一个专门的小组来控制和实施供应商评价。供应商的选择涉及企业的生产、技术、计划、财务、物流、市场等部门。对于技术要求高、重要的采购项目来说，特别需要设立跨职能部门的供应商选择小组。供应商选择小组应由各部门有关人员组成，包括研究与开发部、技术支持部、采购部、物流管理部、市场部、计划部等。这些组员必须要有团队合作精神，而且应具有一定的专业技能。此外，评选小组必须得到采购企业和供应商企业领导的支持。

5.供应商参与

一旦企业决定实施供应商评选，评选小组就应与初步选定的供应商取得联系，确认其是否愿意与企业建立供应链合作关系，是否有获得更高业绩水平的愿望。企业应尽可能早地让供应商参与到评选的设计过程中。然而，企业的力量和资源毕竟是有限的，只能与少数关键的供应商保持紧密的合作关系，所以参与的供应商应该尽量少。

6.评选供应商

评选供应商的一个主要工作是调查、搜集有关供应商生产运作等全方位的信息。在搜集供应商信息的基础上，就可以利用一定的工具和技术方法进行供应商的评选。

7.建立供应商评价标准

在进行供应链合作的过程中，市场需求将不断变化。企业可以根据实际情况的需要及时修改供应商评选标准，重新开始供应商评价选择。在重新选择供应商的时候，应给予新、旧供应商足够的时间来适应。

5.2.2　选择供应商应考虑的因素

选择供应商时有许多因素需要考虑，产品或服务质量以及按时运送都很重要。另外，各因素的重要性因企业而异，甚至因同一企业里的不同产品或服务而异。因此，管理者必须区分产品或服务为各因素分配权数，然后根据这些权数选择供应商。选择供应商最基本的指标应包括以下几项：

（1）技术水平。技术水平是指供应商提供商品的技术参数是否能达到要求。供应商具有技术队伍和能力去制造或供应所需的产品吗？供应商有产品开发和改进项目吗？供应商能够帮助企业改进产品吗？这些问题都很重要。选择具有高技术水准的供应商对企业的长远发展是有好处的。

（2）产品质量。供应商提供的产品质量是否可靠，是一个很重要的指标。供应商的产品必须能够持续稳定地达到产品说明书的要求，供应商必须有一个良好的质量控制体系。对供应商提供的产品除了在工厂内进行质量检验以外，还要考察实际使用效果，即检查其在实际环境中使用的质量情况。

（3）供应能力。供应能力即供应商的生产能力，企业需要确定供应商是否具备相当的生产规模与发展潜力，这意味着供应商的制造设备必须能够在数量上达到一定的规模，能够保证供应商所需产品的数量。

（4）价格。供应商应该能够提供有竞争力的价格，这并不意味着必须是最低的价格。这个价格是考虑了要求供应商按照所需的时间，所需数量、质量和服务后确定的。供应商还应该有能力向购买方提供改进产品成本的方案。

（5）地理位置。供应商的地理位置对库存量有相当大的影响，如果物品单价较高，需求量又大，距离近的供应商有利于管理。购买方总是期望供应商离自己近一些，或至少要求供应商在当地建立库存，地理位置近送货时间就短，意味着紧急缺货时，可以快速送到。

（6）可靠性。可靠性是指供应商的信誉，在选择供应商时，应该选择一家有较高声誉、经营稳定的以及财务状况良好的供应商。同时，双方应该相互信任，讲究信誉，并能把这种关系保持下去。

（7）售后服务。供应商必须提供良好的售后服务，优质的供应商能够提供可替代的元器件或者某些技术支持。

（8）提前期。

（9）交货准确率。

（10）快速响应能力。

除了以上几点外，选择供应商有时还有一些需要考虑的因素，如供应商的信用状况、互惠经营、供应商是否愿意为购买方建立库存等。

5.2.3 选择供应商的方法

供应商的选择方法很多，主要分为三类：第一类为定性选择方法；第二类为定量选择方法；第三类为定性与定量相结合的选择方法。

定性方法主要是根据以往的经验，凭借以前的关系选择供应商。为了实现选择供应商的客观性和科学性，应该选择定量方法和定性与定量相结合的方法。

在供应商的选择中，常用的方法有以下几种：

1. 直观判断法

直观判断法属于定性选择方法，是根据征询和调查所得的资料并结合采购人员的分析判断，对供应商进行分析、评价的一种方法。其主要是倾听和采纳有经验的采购人员的意见，或者直接由采购人员凭借经验进行判断，常常用于选择企业非主要原材料的供应商。

2.线性权重法

线性权重法是供应商定量选择中比较常用的方法。其基本原理是给每一个准则分配一个权重，每个供应商的定量选择结果为该供应商各项准则的得分与相应准则权重的乘积和，通过对各候选供应商定量选择结果的比较，实现对供应商的选择。

3.层次分析法

层次分析法的基本原理是根据具有递阶结构的目标和子目标（选择准则）以及约束条件等对供应商进行评价。首先用两两比较的方法确定判断矩阵，然后把判断矩阵的最大特征值与相应的特征向量的分量作为相应的系数，最后综合得出每个供应商各自的权重（优先程度），通过对优先程度的比较实现对供应商的选择。

4.多目标数学规划法

多目标数学规划法是确定各目标（选择准则）的权重，从而将多目标规划问题转化为单目标规划问题，在各目标权重非负的情况下，所转化的单目标优化问题的最优解是原多目标优化问题的非劣解。

5.采购成本法

对质量和交货期都能满足要求的供应商，则需要通过计算采购成本来进行比较分析。采购成本一般等于售价、采购费用、运输费用等各项支出的总和。采购成本比较法是针对各个不同供应商的采购成本，通过计算分析来选择采购成本较低的供应商的一种方法。

例如，某单位在计划期需要采购某种物资200吨，甲、乙两个供应商供应的物资质量均符合企业的要求，信誉也比较好。距企业比较近的甲供应商的报价为320元/吨，运费为5元/吨，订购费用（采购中的固定费用）为200元；距企业比较远的乙供应商的报价为300元/吨，运费为30元/吨，订购费用为500元。

根据以上资料，可以计算得出从甲、乙两个供应商处采购所需支付的成本：

甲供应商：200×320 +200×5 +200 =65 200（元）

乙供应商：200×300 +200×30 +500 =66 500（元）

甲供应商的采购成本比乙供应商的采购成本低1 300元（66 500-65 200），在交货时间与质量都能满足企业需求的情况下，甲供应商为合适的供应商。

6.作业成本法

Filip Roodhooft和Jozaf Konings于1996年提出供应商选择的作业成本法。通过分析供应商的总成本来选择合作伙伴，他们提出的总成本模型为：

$$S^n_i = (p_i - p_{min})q + \sum c^b_j D^b_{ij}$$

式中：S^n_i为第i个供应商的总成本；p_i为第i个供应商的单位销售价格；p_{min}为供应商中单位销售价格的最小值；q为采购量；c^b_j为因企业采购相关活动导致的成本因子j的单位成本；D^b_{ij}为因供应商i导致的在采购企业内部的成本因子j的单位成本。

该成本模型用于分析企业因采购活动而产生的直接和间接成本的大小。企业应选择S值最小的供应商。

5.2.4 供应商选择过程中常见的问题与对策

供应商选择过程中常见的问题与对策见表5-1。

表5-1 供应商选择过程中常见的问题与对策

问题	对策
缺乏系统、有计划的制度	先建立一套开发供应商的标准作业办法、流程及计划
选择供应商时间过长	建立或落实开发供应商的时限或数量
缺乏有组织的开发供应商	设立专责推动组织，并由主办单位召集相关单位共同协办与参与
“多头马车”或缺乏客观的开发供应标准	指定主办单位并制定供应商的评选标准
缺乏开发供应商的正确观念	规划教育训练，进行全员共识建设
开发供应商的人员专业性不强	加强专业的访查技能训练
供应商的情报不足	建立供应商情报搜集及管理系统，并定期检查及更新
采购人员不会自动开发供应商，只求工作轻松，保持“多做多错，少做少错，不做不错”的心态	灌输“多做不错”的观念，并设定开发供应商的目标
供应商开发的产品，觉得不适用，此时会让厂商有始乱终弃之感，要学习说“不”的艺术	建立公开、公平、公正的姿态和奖惩办法

5.3 供应商审核

定期审核供应商是采购控制和供应商管理中的重要一步。在供应商认证过程中，供应商审核也是关键步骤，因此供应商审核是采购管理之中非常重要的环节，也是每个采购单位都必须做的工作。实践表明，供应商经常会在管理方式、质量保证、物料管理、设计程序、过程改进政策、纠正措施与后续措施等方面出现问题。针对这些问题，在进行供应商审核时都要有相应的审核措施。

5.3.1 审核分类

对于供应商管理过程来说，供应商审核在不同的阶段相应有供应商论证前必须进行的供应商评审、对现有供应商进行的定期审核以及在现有重要供应商中选择开展的质量体系审核。就采购的控制层次来说，供应商审核既可以局限在产品层次、工艺过程层次，也可以深入到质量保证体系层次甚至供应商的公司整体经营管理体系层次。

1.产品层次

这一层次的审核主要是确认供应商的产品质量，必要时还可以要求供应商改进产品质量以符合企业的要求。具体的审核实施办法有正式供应前的产品标准件试制检验，以及供货过程中的来料质量检验。

2.工艺过程层次

这一层次的审核可以视企业自身情况而定。一般说来，这一层次的审核主要针对那些质量水平对生产工艺有很强依赖性的产品。为保证供货质量的可靠性，采购方往往必须深入到供应商的生产现场了解其工艺过程，确认其工艺水平、质量控制体系以及相应的设备设施能力是否能够满足产品的质量要求。

3.质量保证体系层次

质量保证体系层次审核是针对供应商整个质量体系和过程而进行的。企业通常会选择ISO 9000标准或者是其他更适合企业自身的质量体系标准作为参考标准。

4.公司层次

公司层次审核是对供应商进行审核的最高层次，它不仅要考察供应商的质量体系，还要审核供应商经营管理水平、财务与成本控制、计划制造系统、信息系统和设计工程能力等各主要企业管理过程。

在实际情况中，对于那些普通型的供应商，采购方一般只限于前两个层次即产品层次和工艺过程层次的审核。但是，如果采购方要挑选合作伙伴，情况就大不一样了，特别是那些管理严格、技术先进的国际大公司通常都会大量采用质量保证体系和公司层次的审核来控制供应链管理体系。

5.3.2 审核方法

供应商审核方法分为主观和客观两种。通常所说的主观法就是采购方根据个人的印象和以往的经验对供应商进行评判，评判的依据也十分笼统，都是一些质化指标。而客观法则是依据采购方事先制定的标准或原则对供应商相应的情况进行量化考核和审定。客观法又可以具体分为调查表法、现场打分评比法、供应商绩效考评法、供应商综合审核以及总体成本法等。

1.调查表法

调查表法就是将事先准备好的标准格式的调查问卷发给不同的供应商填写，而后收回进行比较的方法，常用于招标、寻价以及对供应商情况的初步了解等场合。有些供应商为了突出自己或获得订单，并不如实回答问卷，从而使获得的信息失真，这种方法并不完善。

2.现场打分评比法

现场打分评比法是指预先准备好一些问题并格式化，而后组织有关人员到现场进行核查、确认。同调查问卷相比，这种方法获得的信息更加真实有效。

3.供应商绩效考评法

供应商绩效考评法是指对已经供货的现有供应商的供货及时性、质量、价格等进行跟踪、考核和评比。

4.供应商综合审核

供应商综合审核是针对供应商公司层次而组织的包括质量、工程、企划、采购等专业人员参与的全面审核，它通常需要将问卷调查与现场法结合起来进行。

5.总体成本法

总体成本法是一种耗资巨大但却十分有效的方法。该方法的着眼点是为了降低供应商的总体成本从而达到降低采购价格的目的。它需要供应商的通力合作，由采购商组织强有力的综合专家团队对供应商的财务及成本进行全面、细致分析，找出可以降低采购成本的方法并要求供应商付诸实施与改进，改进后的收益则由双方共享。少数跨国公司曾使用过总体成本法来降低成本并借此提升供应商的综合管理水平。

5.4 供应商考评

供应商考评是对现有供应商的日常表现进行定期监控和考核。虽然有些企业一直在进行供应商的考评工作，但是一般都只是对重要供应商的来货质量进行定期检查，没有一整套的规范和程序。随着采购管理在企业中的地位越来越重要，供应商管理水平也在不断上升，原有的考评方法已不再适应企业管理需求。本节将就供应商考评范围、考评标准等进行阐述。

5.4.1 供应商考评范围

1. 考评对象

供应商考评是对已经通过认证的、正在为企业提供服务的供应商进行的绩效考核。其目的是了解供应商的表现、促进供应商提升供应水平，并为供应商奖惩提供依据。由于供应商考评也要耗费企业的人力和物力，因此为了节约企业资源，避免不必要的浪费，只需选择企业认为对其产品质量有重要影响的供应商。例如，伙伴型供应商、优先型供应商等。如果管理成熟，供应商考评可以每月进行一次，并将考评结果及时通知该供应商以督促其加以改进。需要注意的是最后一步，企业必须牢记进行考评的目的是提升供应商绩效，保证企业供应的稳定。因此企业必须把考评结果通知到供应商，督促其加以改进。

2. 考评准备

供应商考评是一件十分繁琐但又必须尽量公正、完备进行的事情。如果考评做不到公正就会引发供应商的不满，其结果将适得其反。因此，要实施供应商考评，就必须制定一个供应商考评的严格完整的工作程序，有关部门或人员严格依文件实施。实施过程中要对供应商的表现如质量、交货、服务等进行监测记录，为考评提供量化依据。一般认为供应商考评的准备工作主要有以下几步：

（1）设定考评准则，考评准则应体现跨功能原则。

（2）设定考评指标，考评指标要明确、合理，与公司的大目标保持一致。

（3）确定考评的具体步骤并文件化。

（4）选择要进行考评的供应商，将考评做法、标准及要求同相应的供应商进行充分沟通。

（5）成立考评小组，小组成员要包括采购员、品质员、企划员、仓管员等。

3. 考评范围

不同的企业生产范围不同，供应商供应的商品也就不同，因此针对供应商表现的考评要求也不相同，相应的考评指标设置也不一样。一般来讲，最简单的做法就是衡量供应商的交货质量和及时性，这是最好衡量和评定的，而且不需要花费大量的时间和精力，只需在每次进货时做好记录即可。较先进的供应商考评系统则要进一步扩展到供应商的支持与服务、供应商参与本公司产品开发的表现等，也就是把考评订单交单实现过程延伸到产品开发过程。大型跨国公司对供应商进行考评时考虑的因素包括：

（1）确定供应商考评范围。

（2）制定考评文件，文件内容应包括考评什么、何时考评、怎样考评、由谁考评等。

（3）根据事先确定的考评指标和搜集的数据通过信息系统自动计算考评结果。

（4）组织供应商会议跟进相应的改善行动。

（5）设定明确的改进目标。

5.4.2　供应商考评指标

虽然供应商的考评指标很多，但是归纳起来基本上有四大类：质量指标、供应指标、经济指标以及支持、合作与服务指标。

1.质量指标

质量是用来衡量供应商的最基本的指标。每一采购方在这方面都有自己的标准，要求供应商遵从。供应商质量指标主要包括来料批次合格率、来料抽检缺陷率、来料在线报废率、来料免检率等，现分别叙述如下：

来料批次合格率=（合格来料批次/来料总批次）×100%

来料抽检缺陷率=（抽检缺陷总数/抽检样品总数）×100%

来料在线报废率=［来料总报废数（含在线生产时发现的）/来料总数］×100%

来料免检率=（来料免检的各类数/该供应商供应的产品总数）×100%

其中以来料批次合格率最为常用。此外，也有一些公司将供应商质量体系、供应商是否使用以及如何运用统计过程控制于质量控制等也纳入考核。例如，如果供应商通过了ISO 9000质量体系认证或供应商的质量体系审核达到某一水平则为其加分，否则不加分。还有一些公司要求供应商在提供产品的同时也要提供相应的质量文件，如过程质量检验报告、出货质量检验报告、产品成分性能测试报告等，并按照供应商提供信息的完整、及时与否给予考评。

2.供应指标

供应商的供应指标又称企业指标，是同供应商的交货表现以及供应商企划管理水平相关的考核因素，其中最主要的是准时交货率、交货周期、订单变化接受率等。

（1）准时交货率。

准时交货率=（按时按量交货的实际批次/订单确认的交货总批次）×100%

（2）交货周期。交货周期是指自订单开出之日到收货之时的时间长度，一般以天为单位来计算。

（3）订单变化接受率。订单变化接受率是衡量供应商对订单变化反应灵敏度的一个指标，是指在双方确认的交货周期中供应商可接受的订单增加或减少的比率。

订单变化接受率=（订单增加或减少的交货数量/订单原定的交货数量）×100%

值得注意的是，供应商能够接受的订单增加接受率与订单减少接受率往往并不相同。其原因在于前者取决于供应商生产能力的弹性、生产计划安排与反应快慢、库存多少与状态（原材料、半成品或成品）等；而后者则主要取决于供应商的反应、库存（包括原材料与在制品）多少以及因减少订单带来可能损失的承受力。

此外，有些公司还将本公司必须保持的供应商供应的原材料或零部件的最低库存量、供应商的企划体系水平、供应商所采用的信息系统如MRP、MRPII或ERP以及供应商是否同意实施“即时供应”（JIT供应）等也纳入考核体系。

3.经济指标

供应商考核的经济指标主要是考虑采购价格与成本。同质量与供应指标不同的是，质量与供应考核按月进行，而经济指标则常常按季度考核。另一个与质量和供应指标不同的是经济指标往往都是定性的，难以量化，而前两者则是量化的指标。

经济指标的具体考核点如下：

（1）价格水平。企业可以将自己的采购价格同本公司所掌握的市场行情比较，也可以根据供应商的实际成本结构及利润率等进行主观判断。

（2）报价行为。其主要包括报价是否及时，报价单是否客观、具体、透明（分解成原材料费用、人工费用、包装费用、运输费用、税费、利润以及相对应的交货与付款条件）。

（3）降低成本的态度与行动。其包括供应商是否自觉自愿地配合本公司或主动地开展降低成本活动，制订成本改进计划、实施改进行动，是否定期审查价格等。

（4）分享降价成果。这主要是指供应商是否将降低成本的利益与大家（如本企业）分享。

（5）付款。付款是指供应商是否积极配合、响应本公司提出的付款条件、付款要求以及付款办法，供应商开出付款发票是否准确、及时，是否符合有关财税要求。

有些单位还将供应商的财务管理水平与手段、财务状况以及对整体成本的认识也纳入考核范围。

4.支持、合作与服务指标

同经济类指标一样，考核供应商在支持、合作与服务方面的表现通常也都是定性的考核，一般来说可以每个季度考核一次。考核的内容主要有反应与沟通、合作态度、参与本公司的改进与开发项目、售后服务等。

（1）投诉灵敏度。供应商对订单、交货、质量投诉等反应是否及时、迅速，答复是否完整，对退货、挑选等要求是否及时处理。

（2）沟通。供应商是否派出合适的人员与本公司定期进行沟通，沟通手段是否符合本公司的要求（电话、传真、电子邮件以及文件书写所用软件与本公司的匹配程度等）。

（3）合作态度。供应商是否将本公司看成重要客户，供应商高层领导或关键人物是否重视本公司的要求，是否经常走访本公司，供应商内部沟通协作（如市场、生产、计划、工程、质量等部门）是否能整体理解并满足本公司的要求。

（4）共同改进。供应商是否积极参与或主动提出与本公司相关的质量、供应、成本等改进项目或活动，是否经常采用新的管理方法，是否积极组织参与本公司召开的供应商改进会议、配合本公司开展的质量体系审核等。

（5）售后服务。供应商是否主动征询顾客意见，是否主动走访本公司，是否主动解决或预防问题发生，是否及时安排技术人员对出现的问题进行处理。

（6）参与开发。供应商是否主动参与本公司的各种相关开发项目，其在参与本公司的产品或业务开发过程中表现如何。

（7）其他支持。供应商是否积极接纳本公司提出的有关参观、访问、实地调查等事宜，是否积极提供本公司要求的新产品报价与送样，是否妥善保存与本公司相关的机密文件等以免泄漏，是否保证不与影响本公司切身利益的相关公司或单位进行合作等。

5.5 供应商关系管理

在供应商管理中，必须将供应商关系分为不同的类别。企业的资源是有限的，因此必须根据个别供应商对本企业经营影响的大小设定优先次序，区别对待，以利于集中精力重点改进、发展对企业最重要的供应商。供应商关系管理的基础是供应商分类，本节介绍供应商关系的分类以及双赢供应商关系。

5.5.1 供应商关系的演变

传统的采购商和供应商之间是一种“零和”的竞争关系。在最近几十年，“双赢”的观念开始在企业中处于上风，而供应伙伴的观念也随之出现，表5-2描绘了供应商关系的演变阶段。

表5-2 供应商关系的演变

项目	20世纪60—70年代	20世纪80年代	20世纪90年代
特征	竞争对手	合作伙伴	探索/全球平衡
市场特点	许多货源，大量存货，买卖双方是竞争对手	合作的货源，少量存货，买卖双方互为伙伴，实现“双赢”	市场国际化，不断调整双方的伙伴关系，在全球经济中寻找平衡与发展
采购运作	以最低的价格买到所需产品	采购总成本最低 供应商关系管理 整体供应链管理 供应商参与产品开发	供应商策略管理 “上游”控制与管理 共同开发与发展 供应商优化 信息、网络化管理 全球“共同采购”

5.5.2 供应商关系的分类

企业与供应商之间的关系大致可以分为五种，即短期目标型、长期目标型、渗透型、联盟型、纵向集成型。

1.短期目标型

这种类型的最主要特征是双方之间的关系是交易关系，其希望彼此能保持比较长期的买卖关系，获得稳定的供应，但是双方所做的努力只停留在短期的交易合同上，各自关注的是如何谈判，如何提高自己的谈判技巧，不使自己吃亏，而不是如何改善自己的工作，使双方都获利。供应一方能够提供标准化的产品或服务，保证每一笔交易的信誉。当买卖完成时，双方关系也终止了。对于双方而言，只有业务人员和采购人员有联系，其他部门人员一般不参与双方之间的业务活动。

2.长期目标型

与供应商保持长期的关系是有好处的，双方有可能为了共同利益对改进各自的工作感兴趣，并在此基础上建立起超越买卖关系的合作。长期目标型的特征是建立一种合作伙伴关系，双方的工作重点是从长远利益出发，相互配合，不断改进产品质量与服务质量，共同的范围遍及各公司内的多个部门。由于是长期合作，企业可以对供应商提出新的技术要求，如果供应商目前还没有这种能力，采购商的技术创新和发展也会促进供应商改进产品，所以这样做有利于双方企业的长远利益。

3.渗透型

这种关系形式是在长期目标型基础上发展起来的。其管理思想是把对方公司看成自己公司的延伸，是自己的一部分，因此，对对方的关心程度大大提高了。为了能够参与对方的业务活动，企业有时会在产权关系上采取适当的措施，如互相投资、参股等，以保证双方派工作人员加入对方的有关业务活动。这样做的优点是可以更好地了解对方的情况，供应商可以了解自己的产品，所以容易发现改进的方向；采购方也可以知道供应商是如何制造的，对此可以提出相应的改进要求。

4.联盟型

联盟型是从供应链角度提出的。它的特点是在更长的纵向链条上管理成员之间的关系。在难度提高的前提下，要求也相应提高。另外，由于成员增加，往往需要一个处于供应链上核心地位的企业出面协调成员之间的关系，其常常被称为“盟王”。

5.纵向集成型

这种形式被认为是最复杂的关系类型，即把供应链上的成员整合起来，像一个企业一样，但各成员是完全独立的企业，决策权属于自己。在这种关系中，要求每个企业在充分了解供应链的目标、要求，以便在充分掌握信息的条件下，自觉做出有利于供应链整体利益的决策。

供应商分类管理策略具有重要的实践意义。为了保证企业的运营，企业需要对原材料、零部件、设备、办公用品以及其他产品或服务进行采购。由于采购内容的不同，供应商也相应地有不同的种类，对不同种类的供应商采取不同的管理策略才能做到有的放矢。

5.5.3 双赢供应关系的管理

1.两种供应关系模式

传统的供需双方之间的竞争关系与供应链管理下的双赢关系模式的采购特征有很大的不同，主要表现在以下几个方面：

竞争关系是价格驱动的，这种关系模式的采购策略表现为：

（1）买方同时向多处供应商购货，通过供应商之间的价格竞争获得价格好处，同时也保证了供应链的连续性。

（2）买方通过在供应商之间分配采购数量对供应商加以控制。

（3）买方与供应商保持的是一种短期合同关系。

双赢关系模式是供应商与生产商之间共同分享信息，合作和协商的相互行为。这种关系模式的采购策略表现为：

（1）制造商对供应商给予协助，帮助供应商降低成本、改进质量、加快产品开发进度。

（2）通过建立相互信任的关系，提高效率，降低交易管理成本。

（3）长期的信任合作取代短期的合同。

（4）比较多的信息交流。

2.双赢关系对企业采购的意义

供应商与制造商的合作关系对于准时化采购的实施是非常重要的，只有建立良好的供需合作关系，准时化采购策略才能得以彻底贯彻落实，并取得预期的效果。从供应商的角度来说，如果不实施准时化采购，由于缺乏和制造商的合作，库存、交货批量都比较大，而且在质量、需求方面都无法获得有效控制。通过建立准时化采购策略，把制造商的JIT思想扩展到供应商，能加强供需之间的联系与合作。在开放性的动态信息交互下，面对市场需求的变化，供应商能够做出快速反应，提高了供应商的应变能力。对制造商来说，通过和供应商建立合作关系，实施准时化采购，管理水平得到提高，制造过程与产品质量得到有效控制，成本就降低了，制造的敏捷性与柔性也增加了。

概括起来，双赢关系对于采购中供需双方的作用表现在：

（1）增加了对整个供应链业务活动的共同责任感和利益的分享。

（2）增加了对未来需求的可预见性和可控能力，长期的合同关系使供应计划更加稳定。

（3）成功的客户有助于提高供应商的竞争力。

（4）高质量的产品增强了供应商的竞争力。

（5）增强对采购业务的控制能力。

（6）通过长期的、有信任保证的订货合同保证了采购的要求。

（7）减少和消除了不必要的对购进产品的检查活动。

建立互惠互利的合同是巩固和发展供需合作关系的根本保证。互惠互利包括双方的承诺、信任、持久性。信守诺言是商业活动成功的一个重要原则。没有信任的供应商，或没有信任的采购客户都不可能产生长期的合作关系，即使建立起合作关系也是暂时的。持久性是保持合作关系的保证，没有长期的合作，双方就没有诚意进行更多改进和付出。机会主义和短期行为对供需合作关系将产生极大的破坏作用。

3.供应商关系的管理

双赢关系已经成为供应链企业间合作的典范，因此，要在采购管理中体现供应链思想，对供应商的管理就应集中在如何和供应商建立双赢关系以及维护和保持双赢关系上。

（1）信息交流与共享机制。信息交流有助于减少投机行为，有助于促进重要生产信息的自由流动。为加强供应商与制造商的信息交流，可以从以下几个方面着手：

①在制造商与供应商之间经常进行有关成本、作业计划、质量控制信息的交流与沟通，保持信息的一致性和准确性。

②让供应商参与实施过程。制造商在产品设计阶段让供应商参与进来，这样供应商可以在原材料和零部件的性能和功能方面提供有关信息，为实施质量功能配置的产品开发方法创造条件，把用户的价值需求及时地转化为供应商的原材料和零部件的质量与功能需求。

③建立联合的任务小组解决共同关心的问题。在供应商与制造商之间应建立一种基于团队的工作小组，双方的有关人员共同解决供应过程中以及制造过程中遇到的各种问题。

④供应商与制造商经常互访。供应商与制造商采购部门应经常性地互访，及时发现和解决各自在合作活动中出现的问题和困难，建立良好的合作气氛。

⑤使用电子数据交换和因特网技术进行快速的数据传输。

（2）激励机制。要保持长期的双赢关系，对供应商的激励是非常重要的，没有有效的激励机制，就不可能维持良好的供应关系。在激励机制的设计上，要体现公平、一致的原则，给予供应商价格折扣和柔性合同，以及采用赠送股权等方式，使供应商和制造商分享成功带来的利益，同时也使供应商从合作中体会到双赢机制的好处。

（3）合理的评价方法和手段。要实施供应商的激励机制，就必须对供应商的合作效果进行评价，使供应商不断提高业务水平。没有合理的评价方法，就不可能对供应商的合作效果进行评价，这将大大影响供应商的合作积极性和合作的稳定性。对供应商的评价要抓住主要指标和问题，比如交货质量是否改善了、订货的提前期是否缩短了、交货的准时率是否提高了等。通过评价，把结果反馈给供应商，和供应商共同探讨问题产生的根源，并采取相应的措施予以解决。

5.5.4 供应商关系管理中的信息管理

1.信息管理的内容

供应商关系管理的建立，涉及广泛的基础信息，例如，供应商（现在的，过去的，潜在的）的基础资料，包括组织、人员、联络方法、地址等；有关供货品种、价格、品质、周期等方面的信息；供货状态与历史数据，实际采购、供货情况的详细记录；潜在的供应品种，能力等；审核、评估的和改进的记录；重要的沟通或事件处理（如联络、退货、争议等）记录；双方合作的项目，未来的发展计划；双方交流的文件（例如合同、变更、设计资料、品质标准等）；供方的其他信息，如设计状态、进度，相关计划安排等；对状态趋势的预测等。

传统的企业管理系统（如许多由MRPII发展出来的ERP系统），虽然包括了有关供应商的基本信息和功能，但这些信息通常不够完整，不足以充分支持复杂完善的管理功能，要建立完善的供应商关系管理体系，首先要对上述的基础信息加以完善的管理。

对于小型的、产品简单、供应关系单纯的企业，供应商关系管理的难度可能不会充分体现出来，而稍大型的、产品构成复杂，尤其是注重竞争优势、品牌营销策略的企业，常需要与大量分散的供应商建立长久的合作关系。此时，首先需要一个良好的动态更新、充分共享、支持地理分散的应用与协同工作、易于管理的供应信息系统；进而在完整、准确、及时的信息基础上，就可以进一步开发和利用各种统计分析、信息挖掘或计划项目管理、业务规则管理与决策支持工具等，帮助各个层次的业务人员迅速准确地了解需要的信息，高效率地做出决策或反应。这样的系统，只有运用信息技术才能有效地实现。

2.实现信息管理解决方案的关键技术

（1）数据仓库。数据仓库是存储资源管理的基础，用于满足系统对各方面数据的要求。传统的数据库技术是以单一的数据资源，即数据库为中心，进行事务处理、批处理、决策分析等各种数据处理工作，主要划分为两大类：操作型处理和分析型处理或信息型处理。操作型处理也叫事务处理，是指对数据库联机的日常操作，通常是对一个或一组记录的查询和修改，主要为银行业务服务，注重响应时间，数据的安全性和完整性；分析型处理则用于管理人员的决策分析，经常要访问大量的历史数据。

（2）数据挖掘。在数据库中进行数据挖掘是存储资源管理系统的核心，是存储资源管理中实现数据分析的技术基础。数据仓库中信息数据量非常大，这些数据中大部分用于内部统计和账务核算，想找出与供应商相关的、有价值的信息，找出这些信息的关联，就需要从大量的数据中经过深层分析，从而获得有利于商业运作、提高竞争力的信息。数据挖掘就是从海量数据中抽取出潜在的、有价值的知识、模型或规则的过程，挖掘出更有价值的信息。

（3）商业智能，数据分析。数据挖掘可以把企业现有的供应商分成不同的类，每类里的供应商拥有相似的属性，而不同类里的供应商的属性不同。有了数据挖掘的基础，通过数据的分析就可以给企业带来一个令人满意的结果，能使企业对供应商的风格及习惯有非常深刻的了解。数据挖掘同样也可以帮助企业进行供应商分类，细致而切实可行的供应商分类对企业的经营策略有很大益处。通过对企业内各种业务（产品）的总投入产出分析、不同供应商在各种业务（产品）中的贡献分析，可协助制定针对性的供应策略。通过对不同分支机构经营业绩的分析和评价，可以发现特性，找出差距，分析原因，采取相应的措施，实现业绩的提升和发现新的改进方法。

（4）电子数据交换与电子商务。与供应商之间的电子数据交换，是供应商关系管理系统所追求的基本功能。企业的客户关系管理与存储资源管理应当包含接口功能，支持标准化的数据交换与业务规则，二者分别与上游及下游伙伴的系统连接，构成了完整的、企业间集成的供应链管理系统，这可以说是对所谓“B2B”电子商务的一个操作性诠释。真正的电子数据交换，需要建立在一些标准的商务模式，包括在信息交换的标准之上，传统的电子数据交换在这方面经过了多年的探索，但并没有向最初预期的那样迅速普及。目前，新一代的信息交换标准技术XML已经被确立，并正在迅速成熟与完善起来，可以预见，电子数据交换真正普及并实现，很可能将体现为基于XML技术、标准商务规则的存储资源管理与客户关系管理的集成。

互动课堂

红孩子：让供应商自己维护库存

红孩子CEO徐沛欣告诉记者，现在红孩子的库存周转率已经缩短到23天了，2010年的目标是20天。而要实现这一目标，红孩子采取了一种从上游控制下游的方法，即借助红孩子独有的“供货商自已维护库存”系统来加以实现。

电子商务企业在搭建供应链时，最大的难点都来自于供应链信息系统不发达，或者是信息系统不够开放。比如大的厂商，像联想、神州数码、海尔等都有比较庞大的信息系统，但是在徐沛欣看来，其开放度还不够。在国外，任何两家公司的合作，特别是在供应链上的合作，一定会伴随着双方系统的对接和开放。但是，这种开放性的对接对于中国企业来讲，却一直是一个难点。徐沛欣认为，经营者们有一个共同的恐惧心理，他们往往担心的是：合作者把我的商业机密外泄了，怎么办？

但是，要想与上下游合作伙伴取得共赢，开放几乎是不可回避的选择。徐沛欣说，没有尝试，自然不会知道效果如何。红孩子借鉴了国外的做法，不仅将自己的全国订货系统与供应链管理系统在公司内部各部门间开放，同时还对上游的6 000多家供应商开放。其具体操作是这样的：红孩子直接与品牌厂家或全国总代联系，消除了中间环节，将供货商的系统与自己的系统对接，同时向这些供应商开放了很多有价值的市场数据，比如某一天某一产品的销售情况、市场占有率、用户分析等，这些有效数据对供应商进行供货决策提供了极大的支持，可以及时减少退货率，并提高了热销产品的供货力度。通过这种让“供应商自己维护库存”的做法，保证了供应商的产品能够更快、更准确地“靶向”销售，对于顾客来说，也能够更快、更便宜地拿到产品。

徐沛欣还坦承，通过互联网把产品卖到全国，在一个地方接受订单，在全国进行销售，这是网上零售商在对供应链整合上最大的困难。为提升供应链的效率和质量，红孩子采取的是在全国各区域市场自建仓储与物流的办法，甚至试图将自营物流发展成为一项独立的第三方物流业务。

资料来源：佚名．红孩子供应链管理　让供应商自己维护库存［EB/OL］．［2019-02-28］．http：//b2b.toocle.com/detail--5015770.html.

请思考：

1.红孩子让供应商自己维持库存的做法给你什么样的启示？请评价其实施过程中可能遇到的困难。

2.请总结在供应商双赢关系的建立过程中应重点考虑哪些因素。

本章实训

实训项目1：选择手机供应商

◆实训目标

1.了解调查供应商的必要性。

2.掌握供应商的选择方法。

◆实训重点

能够正确选择供应商。

◆实训资料

手机供应商的选择：假定你需要换一部新手机，首先在众多手机中选出3款作为备选对象，这3款手机在价格、功能、外观等方面各有利弊，请建立相应的评价指标体系和选择方法，选择一款综合重要度最高的手机；然后针对这款手机搜索并初选出5个供应商，再建立相应的评价指标体系和选择方法，选择一家综合重要度最高的手机供应商。

◆实训任务

1.各组同学尽自己的搜索能力在互联网上（百度、阿里巴巴、淘宝以及其他一些专业性的网站，大家各尽所能）搜索这个产品的供应商（可以是手机的生产商、经销商和零售商），然后按自己的判断进行初选，初选出5家供应商（注意不要仅限于国内品牌），当然也可以使用其他途径，如打电话、参加展览会议等，方式不限，搜集供应商信息可参考一下供应商卡片，见表5-3。

表5-3　　　　供应商卡片

公司基本情况	公司名称					
	地址					
	企业性质					
	联系人			部门职务		
	电话			传真		
	E-mail			信誉程度		
产品情况	产品名	规格	质量	价格	生产规模	可供量
运输方式	代办托运	自提	送货上门	售后服务	系统升级	高价回收

2.在初选的5家供应商中，建立合适的评价指标体系并进行打分（可参照表5-4，对其供应价格、商品品质、运输方式、售后服务等项目进行考核）。

表5-4　　　　供应商评价表

评价指标	评价等级				得分
	A	B	C	D	
商品畅销程度	非常畅销（10）	畅销（8）	普通（6）	滞销（4）	
运输方式	送货上门（15）	代办托运（10）	提供方便（8）	自提（6）	
交货期	准时（15）	偶误（10）	有误（7）	常误（4）	
供应价格	优惠（20）	适中（15）	较高（10）	高（4）	
销售配合	极佳（10）	佳（8）	较差（6）	差（4）	
商品品质	佳（10）	可（8）	较差（6）	差（4）	
售后服务	准时（10）	偶误（8）	常误（6）	极差（4）	
厂商经营潜能	极佳（10）	佳（8）	普通（6）	小（4）	

3.统计得分情况，按分数段进行供应商评级。根据表5-4的得分情况，依据学过的采购知识，做出选择供应商的决策，可参照表5-5。

表5-5　　　　供应商评价汇总表

评价指标 供应商	供应商1	供应商2	供应商3	供应商4	供应商5
商品畅销程度					
运输方式					
交货期					
供应价格					
销售配合					
商品品质					
售后服务					
厂商经营潜能					
得分总计					

4.要明确本组实训解决问题的思路、步骤和结果，反映在实训报告里应包括完成任务的步骤、解决方案（要包含一些调查的资料内容），并分析所选供应商的优缺点。

实训项目2：调查和选择供应商

◆实训目标

1.掌握供应商调查方法。

2.能设计并制作一份供应商调查表。

◆实训重点

能对调查结果做对比分析。

◆实训资料

广东格兰仕集团有限公司是一家全球化家电专业生产、销售企业，是中国家电业最优秀的企业集团之一，为降低物流成本，提高物流质量，决定于近期对2019年度公路干线运输、零担运输、配送等进行公开、全面招标。现就招标有关事宜予以公告，竭诚欢迎国内外符合要求的各类物流供应商参加投标。

（1）招标项目内容：①从顺德及中山发往全国各地的公路干线运输；②从宁波发往全国各地的公路干线运输。

（2）主要承运产品：微波炉、空调、洗衣机、电饭煲、电磁炉、电水壶、电烤箱等小家电产品及相关赠品、宣传物料、售后配件等。

（3）投标资格要求：①物流项目的投标人注册资本不得少于人民币50万元；②本次招标不接受两家及以上供应商联合投标；③运输供应商必须是专业的物流企业，具有两年以上物流营运经验，并具有铁路或公路运输经营的相关资质证明；④自有车辆不低于10辆（需提供车辆行驶证复印件）；⑤提供装卸服务；⑥提供7天×24小时服务，具有流畅的信息沟通渠道；⑦具备抗运输风险能力和运输质量保障能力，能承担在运输中造成的损失。

资料来源：广东格兰仕集团有限公司. 广东格兰仕集团有限公司国内物流运输业务招标邀请公告[EB/OL].［2019-02-22］. http：//kitchen.ea3w.com/8/89368.html .

◆实训任务

1.请为广东格兰仕集团有限公司设计一份物流供应商调查表，要求明确物流企业的名称、地址、注册资本、开展物流业务的时间、曾经服务过的主要客户、自有车辆数量、信息化水平、装卸能力、物流质量保障能力等。

2.需至少调查3家符合要求的物流企业。

3.需在实训报告中写明物流企业的名称、地址、注册资本、开展物流业务的时间、曾经服务过的主要客户、自有车辆数量、信息化水平、装卸能力、物流质量保障能力等。

4.最后从中选择一家你认为最适合广东格兰仕集团有限公司的物流企业，并说明理由。

第6章
商品招标采购

学习目标

知识目标：➢ 明确商品招标采购的概念；
➢ 了解商品招标采购的适用范围；
➢ 掌握商品招标采购的方法和程序；
➢ 掌握商品招标采购的评标内容和方法。

能力目标：➢ 能够运用商品招标采购的理论和方法制作商品招标文件；
➢ 能够审核商品招标文件。

【案例导入】

某单位建造20层办公大楼需购置5部电梯，领导要求必须在10月1日前调试运行完毕。8月12日至9月3日，基建办某负责人为“慎重起见”，用拖延时间战术先后5次赴外省进行“市场考察”，并与某进口品牌代理商商谈，几次暗示要其与相关代理商沟通。9月10日，由于只有两家供应商投标，本次公开招标以流标处理。按规定，这5部电梯的采购预算已经达到了公开招标限额标准，但由于时间关系，最终只能采取非招标方式采购。9月17日，通过竞争性谈判，某品牌代理商以性价比最优一举成交，9月29日，电梯安装调试成功。

资料来源：作者根据相关资料整理。

这个案例的“经典”之处，是采购人以“市场考察”的策略拖延时间，以“暗示沟通”的方法规避招标。从表面上看，造成流标的原因是公开招标投标商不足3家，最终因为采购时间紧而不得不采用非公开招标方式。实际上，采购人正是利用了流标“合理合法”的因素，达到了定品牌、定厂商的真实意图。

在市场经济中，商品采购的方式是多种多样的，有招标采购方式、询价采购方式、直接采购方式、拍卖采购方式、谈判采购方式等。在这些采购方式中，招标采购作为采购的一种重要手段，将“公开、公平、公正”的市场机制引入到企业的采购工作中，通过竞争实现采购商品质量和价格的最优化，同时防止不正当交易给企业带来的损失，从而大大降低了企业的采购成本，提高了企业的经济效益。

6.1 商品招标采购概述

6.1.1 招标采购的概念

所谓招标，是指由招标人发出公告或通知，邀请潜在的投标商进行投标，然后由招标人对投标人所提出的价格、质量、交货期限和该投标人的技术水平、财务状况等因素进行综合比较评价，确定其中最佳的投标人为中标人，并与其签订合同的过程。

招标采购，就是通过招标方式寻找最好的供应商进行采购的方法。

在商业贸易中，特别是在国际贸易中，大宗商品的采购或大型建设项目承包等，通常采用招标的方法。在招标交易中，对采购企业来说，其进行的业务是招标；对供应商（或承包商）来说，其进行的业务是投标。所谓的投标，是指投标人接到招标通知后，根据招标通知的要求填写投标文件（也称标书），并将其送交招标人的行为。

招标采购具有招标程序公开、招标过程竞争、招标程序公平的特点。

6.1.2 招标采购的适用范围

招标采购是一项比较庞大的活动，涉及面广，耗费人力、物力、财力较多。因此，一般适用于比较重大的项目或者影响比较深远的项目。

（1）寻找长时期供应物资的供应商。例如，新成立的物流企业和工商企业，寻找未来长期物资供应伙伴时采用招标方式。

（2）寻找一次大批量的物资供应商。

（3）寻找一项比较大的建设工程的工程建设和物资采购的供应商。

对于小批量物资采购和比较小的建设工程，则不宜采用招标方法。

6.1.3 招标采购的方法

招标采购作为采购的基本方式，主要有以下方式：

1.公开招标

公开招标，又叫竞争性招标，指由招标人在国家指定的报刊、信息网络或其他媒体上发布招标公告，邀请不特定的单位参加投标竞争，招标人从中选择中标单位的招标方式。

按照竞争程度，公开招标又可分为国际竞争性招标和国内竞争性招标。

（1）国际竞争性招标。国际竞争性招标是指在世界范围内进行招标，国内外合格的投标商都可以投标。它要求制作完整的英文标书，在国际上通过各种宣传媒介刊登招标公告。世界银行规定，对我国利用世界银行贷款的工业项目在100万美元以上的，要采用国际竞争性招标来进行。

（2）国内竞争性招标。国内竞争性招标是指在国内进行招标。利用本国语言编写标书，在国内的媒体上登出广告，公开出售标书，公开开标，通常用于合同金额较小（世界银行规定项目为50万美元以下）、采购品种比较分散、分批交货时间较长、劳动密集型、商品成本较低而运费较高、当地价格明显低于国际市场价格等类型的采购。

2.邀请招标

邀请招标也称有限竞争性招标或选择性招标，指由招标单位选择一定数目的企业，向其发出投标邀请书，邀请其参加投标竞争，一般选择3~10家企业参加较为适宜。由于被邀请参加投标的竞争者有限，可以节约招标费用，缩短招标有效期，提高每个投标者的中标机会。

邀请招标与公开招标的不同之处在于，其允许招标人向有限数目的特定法人或其他组织（供应商或承包）发出投标邀请书。因此，邀请招标可以节约招标投标费用来提高效率。采用邀请招标的前提条件是：对市场供给情况比较了解，对供应商或承包情况比较了解。在此基础上，还要考虑招标项目的具体情况：一是招标项目的技术新而且复杂或专业性很强，只能从有限范围的供应商或承包商中选择；二是招标项目本身的价值低，招标人只能通过限制投标人数来达到节约成本和提高效率的目的。因此，邀请招标在实际工作中有其较大的适用性。

邀请招标有以下特点：

（1）邀请投标不使用公开的公告形式。

（2）接受邀请的企业才是合格投标人。

（3）投标人的数量有限。

6.1.4 招标的实施方式

招标采购的实施方式有两种：委托招标与自行招标。

1.委托招标

招标代理机构是依法设立、从事招标代理业务并提供相关服务的社会中介组织。招标代理机构受招标人委托，代为组织招标业务活动，并提供相关服务，因此招标代理机构只能在招标人委托的范围内办理招标事宜。招标人可以根据招标项目，如货物采购、工程建设和各类服务性招标项目的性质、内容和要求，确定委托范围。招标人如委托招标机构招标，必须委托给具有相应招标资格的招标代理机构，招标人具有选择招标代理机构的自主权。

2.自行招标

《中华人民共和国招标投标法》对招标人自行招标给予了肯定，同时对自行招标制定了一定的约束条件，即必须具有编制招标文件和组织评标能力，如果这两个基本条件能满足就可以不必委托招标代理机构办理。编制招标文件和组织评标是招标投标过程的关键环节，招标文件是整个招标过程所要遵循的基础性文件，也是投标和评标的依据。能否编制出完整、严谨、准确的招标文件，直接影响招标投标的质量和成败、组织评标能力、评标程序是否科学规范、投标文件的评审和比较以及中标人的确定是否公正、合理。

6.1.5 招标采购程序

招标采购是一个复杂的系统工程，它涉及各个方面和环节。一个完整的招标采购过程基本上可以分为以下几个阶段：

1.策划

开展招标活动，需要进行认真周密的策划，以确保招标的有序进行。招标策划主要有以下工作：

（1）对招标采购的必要性和可行性进行充分研究，明确招标的目标和内容。

（2）对招标的标底、方案、操作步骤、时间安排等进行仔细研究。例如，是采用公开招标还是邀请招标；是自立组织招标还是请人代理招标以及每一步怎么进行等。

（3）研究确定评标指标体系、评标方法和评标小组。

（4）把上述研究策划形成的方案写成文件，交由企业领导层决定，取得企业领导层的同意和支持。

2.招标

招标是指采购方根据已经确定的采购需求，提出招标采购项目的条件，向潜在的供应商或承包商发出投标邀请的行为，是招标方单独作为的行为。在这一阶段，采购方需要做的工作主要有：确定采购机构和采购要求，编制招标文件，确定标底，发布采购公告或发出投标邀请，进行投标资格预审，通知投标商参加投标并向其出售标书，组织召开标前会议等。

3.投标

投标是指投标人接到招标通知后，如果愿意投标，则根据要求填写投标文件，并将其送交采购单位的行为。在这一阶段，投标商所进行的工作主要有：申请投标资格，购买标书，考察现场，办理投标保函，算标，编制和投送标书等。

4.开标

开标是采购机构在预先规定的时间和地点将投标人的投标文件正式启封揭晓的行为。开标由招标人组织，邀请所有投标人参加。开标时，由投标人或者其推选的代表检查投标文件密封情况，经确认无误后，由工作人员当众拆封，宣读投标人名称、投标价格和投标文件的其他主要内容。开标结束后，由开标组织者编写一份开标纪要，并存档备查。

5.评标

评标是采购单位根据招标文件的要求，对所有的标书进行审查和评比的行为。评标是采购方的单独行为，由采购方组织进行。在这一阶段采购方要进行的工作主要有：审查标书是否符合招标文件的要求和有关规定，组织评标委员会成员对所有的标书按照一定的方法进行比较和评审，就初评阶段被选出的几份标书中存在的某些问题要求投标人加以澄清，最后评定并写出评标报告等。

6.决标

决标是采购方决定中标人的行为。决标是采购方的单独行为，但需要由使用机构或其他人一起进行裁决。在这一阶段采购方所要进行的工作主要有：决定中标人，通知中标人其投标已经被接受，向中标人发出授权意向书，通知所有未中标的投标人，并向其退还投标保函等。

7.签订合同

签订合同指由招标人将合同授予中标人并由双方签署的行为。在这一阶段双方对标书中的内容进行确认，并依据标书签订正式合同。为保证合同履行，签订合同后，中标的供应商应向采购方提交一定形式的担保书或保证金。

6.2　商品招标采购文件

6.2.1　招标文件概述

招标文件是招标人向投标人提供的为进行投标工作所必需的文件。它的作用在于：说明需要采购货物或工程的性质，通报招标依据的规则和程序，告知订立合同的条件。招标文件既是投标商准备投标文件和参加投标的依据，又是采购方与中标商签订合同的基础。因此，招标文件在整个招标投标活动中起着至关重要的作用。招标人应十分重视编制招标文件的工作，并本着公平互利的原则，使招标文件严密、周到、细致、内容正确。编制招标文件是一项十分重要而又烦琐的工作，应组织有关专家参与拟定，必要时还要聘请咨询专家参加。

6.2.2　招标文件包括的内容

《中华人民共和国招标投标法》第十九条规定：招标人应当根据招标项目的特点和需要编制招标文件。招标文件应当包括招标项目的技术要求、对投标人资格审查的标准、投标报价要求和评标标准等所有实质性要求和条件以及拟签订合同的主要条款。国家对招标项目的技术、标准有规定的，招标人应当按照其规定在招标文件中提出相应要求。

招标文件是招标人向供应商或承包商提供为编写投标文件所需的资料，向其通报招标投标将依据的规则和程序等内容的书面文件。招标人或其委托的招标代理机构应根据招标项目的特点和要求编制招标文件。

招标文件的内容大致可分为三类：第一类是关于编写和提交投标文件的规定，载入这些内容的目的是尽量降低符合资格的供应商或承包商由于不明确如何编写投标文件而处于不利地位或其投标遭到拒绝的可能性；第二类是关于投标文件的评审标准和方法，这是为了提高招标过程的透明度和公平性，因而是非常重要的，也是必不可少的；第三类是关于合同的主要条款，其中主要是商务性条款，有利于投标人了解中标后签订的合同的主要内容，明确双方的权利和义务。其中，技术要求、投标报价要求和主要合同条款等是招标文件的内容，统称实质性要求。所谓投标文件实质性响应招标文件的要求，就是投标文件应该与招标文件的所有实质性要求相符，无显著差异或保留。如果投标文件与招标文件规定的实质性要求不相符，即可认定投标文件不符合招标文件的要求，招标人可以拒绝该投标，并不允许投标人修改或撤销其不符合要求的差异，使之成为实质性响应的投标。

招标文件一般应至少包括下列内容：

（1）招标邀请书。招标邀请书，也称招标书，其主要内容是向未定的投标方说明招标的项目名称和简要内容、发出投标邀请，说明招标书编号、投标截止时间、投标地点、联系电话、传真、电子邮件等。招标书应当简短、明确，让读者一目了然，并得到基本信息。

（2）招标人须知。这是招标文件中反映招标人的招标意图的条款，每个条款都是投标人应该知晓和遵守的规则的说明。

（3）招标项目的性质、数量。

（4）技术规格。招标项目的技术规格或技术要求是招标文件中最重要的内容之一，是指招标项目在技术、质量方面的标准，如一定的重量、体积、精密度、性能等。技术规格或技术要求的确定，往往是招标能否具有竞争性、达到预期目的的技术制约因素。因此，世界各国和有关国际组织都普遍要求招标文件规定的技术规格应采用国际或国内公认、法定标准。“国家对招标项目的技术、标准有规定的，招标人应当按照其规定在招标文件中提出相应要求”，实质上就是国家对招标项目的技术规格有法定公认标准，招标人在招标文件中规定技术规格时应予遵循、采用。

（5）招标价格的要求及其计算方式。投标报价是招标人评标时衡量的重要因素，因此，招标人在招标文件中应事先提出报价的具体要求及计算方法。例如在货物招标时，国外的货物一般应报到岸价（CIF）或运费保险付至目的地的价格（CIP），国内的现货、制造或组装的货物，包括以前进口的货物报出厂价（Exworks）（出厂价或货架交货价）。如果要求招标人承担内陆运输、安装、调试或其他类似服务的话，比如供货与安装合同，还应要求投标人对这些服务另外报价。在工程招标时，一般应要求招标人报完成工程的各项单价和一揽子价格，该价格中应包括全部的关税和其他税。招标文件中应说明招标价格是固定不变的，或是采取调整价格。价格的调整方法及调整范围应在招标文件中明确。招标文件中还应列明投标价格的一种或几种货币。

（6）评标的标准和方法。评标时只能采用招标文件中已列明的标准和方法，不得另定。

（7）交货、竣工或提供服务的时间。

（8）投标人应当提供有关资格和资信证明的文件。

（9）投标保证金的数额或其他形式的担保。在招标投标程序中，如果投标人投标后擅自撤回招标，或者投标被接受后由于投标人的过错而不能缔结合同，那么招标人就可能遭受损失（如重新进行招标的费用和招标推迟而造成的损失等）。因此，招标人可以在招标文件中要求投标保证金或担保（如抵押、保证等），以防止投标人违约，并在投标人违约时得到补偿。投标保证金可以是现金、支票、信用证、银行汇票，也可以是银行保函等。投标保证金的金额不宜太高，现实操作中一般不超过投标总价的2%，以免影响投标人的积极性。中标人确定后，对落标的投标人应及时将其投标保证金退还。

（10）投标文件的编制要求。

（11）提供投标文件的方式、地点和截止时间。

（12）开标、评标的日程安排。

（13）合同条款。合同条款应标明将要完成的工程范围、供货的范围、招标人与中标人各自的权利和义务。除一般合同条款之外，合同中还应包括招标项目的特殊合同条款。《中华人民共和国招标投标法》第十九条还规定：招标项目需要划分标段、确定工期，并在招标文件中载明。这个规定主要是指在工程建设项目招标中，招标人不得把作为招标项目组成部分的标段划得过小。标段划分太小，一方面不利于那些经营规模大、技术力量强且经验丰富的承包商投标，另一方面会使招标达不到“物有所值”的目的。同时，为了保证工程质量，必须保持合理的工期，工期过短，容易发生偷工减料、粗制滥造现象，基础设施应具备的条件得不到保证。因此，在需要划分标段和确定工期时，招标人应当合理划分标段、确定工期，并在招标文件中载明。

例：北部湾职业技术学院校园网络管理设备项目采购投标邀请书。

北部湾职业技术学院是一所以工科为主、近万人的市属公办高职院校，因教育事业发展需要，现就校园网络管理设备项目公开征集符合条件的应标人，参加公开招标采购。

一、采购项目编号：HZY—0902。

二、项目名称：北部湾职业技术学院校园网络管理设备采购。

三、采购主要内容：

1.校园网络综合管理系统、上网行为管理系统、防火墙设备、日志服务器、工作站、交换机及机柜等配套器材（具体请见采购文件）。

2.分析需求、提出方案、安装、集成、调试等，直至投入正常运行。

四、合格的应标人应具备的基本资格要求：

1.注册资金人民币500万元（含）以上，具有独立法人资格；具有独立承担民事责任和履行合同能力，具有良好的商业信誉和健全的财务会计管理制度，依法缴纳税款和社会保障资金；参加本次采购活动前3年内没有违法经营等不良记录。

2.具有相应资质和较强的项目管理、技术服务和组织实施能力，能够独立承担本项目建设；有良好的工作业绩和履约记录，近2年内至少有3个以上（含）同类项目的成功案例，能切实履行合同；通过ISO 9000标准等认证优先。

3.具有较强的本地化服务能力，能确保驻场实施和售后现场服务，并保证售后服务在45分钟内响应处理，6小时内解决问题。

五、采购方式：公开招标。

六、报名及购买标书时间：2019年3月20日—31日（工作日8：30—17：00）。每份标书售价人民币300元整，售后不退。请携带营业执照及复印件、法人委托书、资质证明、成功案例等文件资料（均需加盖公章，资格后审）。

七、报名地点：北部湾职业技术学院行政楼219室设备科（北部湾市高教园区学区街89号，快速公交8路高教东区线“学区街文泽路口”站）。

八、应标截止时间与地点：2019年4月8日（周三）上午9：15，地点同上，同时提交2.5万元的投标保证金。

九、开标时间与地点：2019年4月8日上午9：30，地点：北部湾职业技术学院行政楼207会议室。

十、联系人：李老师、张老师，电话/传真××××××××，邮箱：ssde123@hzvtc.edu.cn。

北部湾职业技术学院

2019年3月18日

6.3 商品采购投标文件

投标与招标是一个过程的两个方面，其具体程序和步骤是相互衔接和对应的。投标一般包括以下主要阶段：投标资格申请、编制投标文件、递交投标文件。在招标企业实行资格预审时，投标商应及时向招标企业提出资格预审申请。如果通过申请，投标商应认真编写投标文件并及时递交投标书。投标书的递交是投标商参与投标程序的关键所在。采购企业应保证投标商有充足的时间来编写投标书。

6.3.1 投标资格申请

如果招标企业没有要求进行资格预审，投标商可以直接购买招标文件研究，并进行投标准备。但是现在大多数招标企业都要求进行资格预审，因此，投标商应及时向招标企业购买资格预审文件，经认真研究后填写资格预审申请书。资格预审申请书格式一般由招标企业拟定，并作为资格预审文件的组成部分提供给投标商。资格预审申请书的样式如下：

投标商资格预审申请书

我方研究了北部湾职业技术学院校园网络管理设备项目采购的资格预审文件后，愿意参加该项目招标的资格预审，兹作如下声明：

1.本资格预审书所提交的一切资料均为真实的。

2.我方理解贵单位对资格预审所进行的决定是最终的，贵单位不对申请人承担任何责任，也无义务将其决定的原因通知投标申请人。

3.在通过资格预审的条件下，我方理解，资格预审合格仅仅是取得了按时参加投标的权利，而招标条件及日期则完全由贵单位决定。

4.如我公司的技术和财务状况或执行合同能力在招标时发生变化，我方承诺将此情况通知贵单位，并理解贵单位有权对原资格预审的决定进行审查；如我方在招标时，未将公司的技术和财务或执行合同能力的变化通知贵单位，我方将承担一切由此引起的后果。

5.兹提交资格预审文件中所要求的一切文件和资料。

投标申请人名称（公章）：

授权代表签字：

日期：

资格预审表格见表6-1至表6-5。

表6-1　　强制性标准/条件

序号	内容	要求的标准/条件	申请人具备的条件
1	营业执照	具有独立法人资格，注册资金200万元及以上	
2	项目相关资质要求	具有信息安全服务资质或系统集成资质证书	
3	注册情况	在中国境内注册或中标后需在深圳市主管部门备案	
4	相关业绩	近3年内相关经验（附合同复印件）	
5	履约	申请人在过去3年中不曾在任何合同中违约、被逐或因申请人的原因而使任何合同被解除	

表6-2　　一般情况

申请单位全称		主要业务	
企业资质	1.等级：	2.证书号：	3.发证单位：
营业执照	1.编号：	2.营业范围：	3.发照单位：
建立日期		现有职工总人数（人）	
行政负责人	1.姓名：	2.职务：	3.职称：
技术负责人	1.姓名：	2.职务：	3.职称：
联系方式	1.地址： 4.电话：	2.邮编： 5.电传：	3.电挂： 6.传真：
开户银行	1.名称：		2.账号：
所属集团公司，母公司和控股公司的详细情况（专业、技术方向、年销售额等）			
组织机构框图			

（若为联营体，应附联营体有关资料）

表6-3　　人员配备与机构设置表

1.申请单位人员总数								
类别	技术人员				管理人员	其他人员	合计	备注
	小计	高级	中级	初级				
人数								

2.为本项目开发和服务的专业技术人员				
工作年限和人数专业	从事专业工作时间			
	合　计	5年以上	2年以上及5年以下	2年以下
技术人员				
其中：				
质量检验及测试人员				
其中：				
管理人员				
其中：信息系统项目管理师或其他相关认证				
3.为本项目开发和服务的机构与人员配备简述				

备注：此表可以根据不同的采购项目进行适当的内容调整。

表6-4　　已完成相关项目记录（近3年，同时请注明与我单位合作过的所有项目）

招标人名称/联系人/电话	项目名称/所在地及类别	业主单位/联系人/电话	合同价	质量评定情况/获奖情况

表6-5　　财务状况

项目或指标	单位	20××年	20××年
一、总资产	万元		
二、实际完成主营业务收入	万元		
三、实现利润总额	万元		
备注：1.请附上你认为有用的其他财务资料。 2.请附上能够提供资信证明的银行名称及地址。			

同时要提供相关证明材料和资质等（加盖企业公章）扫描件。其包括营业执照；各种资质或授权证书；法人身份证、授权委托书、被授权人身份证等；合同（几份有代表性的合同，合同首页和签字盖章页即可）。

资料来源：佚名．投标商资格预审申请书［EB/OL］．［2018-09-08］．http：//cache.baidu.com/cm.

招标企业将从技术、财务、人事等方面对投标商进行资格审查，审查合格的投标商准许投标。投标商便可以购买招标文件准备投标书。

6.3.2　编制投标书

投标书也叫投标文件，是投标商投标的全部依据，也是招标企业招标所希望得到的成果，投标商应当认真准备一份高水平的投标文件参加投标。

投标书是整个招投标过程中最重要的一环。投标书必须表达出使用单位的全部意愿，不能有疏漏。投标商必须对投标书的内容进行实质性的响应，否则将被判定为无效标（按废弃标处理）。投标书同样也是评标最重要的依据。

1.编制投标书的四项原则

（1）全面反映使用单位需求的原则。使用单位对招标企业的工程、项目、货物了解程度的差异非常大，再加上项目的复杂程度高，招标机构就要针对使用单位状况、项目复杂情况，组织好使用单位和相关专家编制好标书，做到全面反映使用单位的需求。

（2）科学合理的原则。技术要求和商务条件必须依据充分并切合实际。技术要求应根据项目现场实际情况、可行性报告、技术经济分析确立，不能盲目提高标准、设备精度、房屋装修标准等，否则会出现功能浪费的情况。

（3）公平竞争的原则（不含歧视性条款）。招标的原则是公开、公平、公正，只有公平、公开才能吸引真正感兴趣、有竞争力的投标厂商竞争，通过竞争达到采购目的，才能真正维护使用单位利益、维护国家利益。作为招标机构要编制、审定标书，而审定标书中是否含歧视性条款是其最重要的工作。作为政府招标管理部门，其主要管理监督招标工作，其中最重要的任务是审查招标文件中是否存有歧视性条款，这是保证招标能否公平、公正的关键环节。

（4）维护企业利益、政府利益的原则。招标书编制要注意保护使用单位的商业秘密（如相关企业给联想公司招标8条电脑生产线，为了保护联想公司电脑制造技术秘密而变换图纸），其不得损害国家利益和社会公众利益；再如，为了维护国家安全给广电部招标宽带分包项目，相关人员就要非常注意噪声污染问题，务必使其达标。

2.投标文件的组成

一份完整的投标文件应包括下述部分：①投标文件；②营业执照；③投标一览表；④投标分项报价表；⑤货物说明一览表；⑥技术规格偏离表；⑦商务条款偏离表；⑧投标保证金；⑨法人代表授权书；⑩资格声明；⑪银行资信证明；⑫售后服务说明；⑬培训计划；⑭各种注册证、许可证、相关认证；⑮产品样本资料；⑯合同主要条款。

6.4　商品采购评标体系

6.4.1　对投标书初步审查

投标书一经开标，即转送到评标委员会进行评标。

评标是招标企业的主权。招标企业要依法组建评标委员会，其成员由招标企业代表和有关技术、经济等方面的专家组成。成员人数为5人以上单数，其中技术、经济等方面专家不得少于成员总数的2/3。评标委员会成员名单在中标结果确定前应当保密。

在正式开标前，招标企业要对所有的投标书进行初步审查。其包括：

（1）审查投标书是否完整，有无计算上的错误，是否提交投标保证金，文件签署是否合格，投标书的总体编排是否有序。

（2）审查是否有计算错误。如果单价与数量的乘积与总价不一致，以单价为准修改总价，投标商不接受对其错误的更正，可以拒绝其投标书，没收其投标保证金。如果用文字表示的数值与用数字表示的数值不一致，以文字表示的数值为准。

（3）审查每份投标书是否实质上与招标文件要求的全部条款、条件和规格相符，没有重大偏差。对关键条文的偏离、反对，例如关于投标保证金、关税等偏高将被认为是实质上的偏离。如果投标书实质上没有响应招标文件的要求，招标企业将予以拒绝。

6.4.2　评标内容

评标的目的是根据招标文件中确定的标准和方法，对每个投标商的标书进行评价和比较，以评出最佳的投标商。评标必须以招标文件为依据，不得采用招标文件规定以外的标准和方法进行评标，凡是评标中需要考虑的因素都必须写入招标文件之中。

评标分为技术评审和商务评审两个方面：

1.技术评审内容

技术评审的目的在于确认备选的中标商完成本招标项目的技术能力以及其后提供方案的可靠性，投标商怎样实施本招标项目。

技术评审的主要内容有：

（1）标书是否包括招标文件要求提交的各项技术文件，其同招标文件中的技术说明和图纸是否一致。

（2）实施进度计划是否符合招标商的时间要求，计划是否科学和严谨。

（3）投标商准备用哪些措施来保证实施进度。

（4）如何控制和保证质量，措施是否可行。

（5）如果投标商在正式投标时已列出拟与之合作或分包的公司名称，则这些分公司是否具有足够的能力和经验保证项目的实施和顺利完成。

（6）投标商对招标项目在技术上有何种建议，其技术经济价值如何。

2.商务评审内容

商务评审的目的在于从成本、财务和经济分析等方面评定投标报价的合理性和可靠性，并估量授标给各投标商后的不同经济效果。

商务评审的主要内容有：

（1）将投标报价与标底进行对比分析，评价该报价是否可靠合理。

（2）投标报价构成是否合理。

（3）分析投标文件中所附现金流量表的合理性及其所列数字的依据。

（4）审查所有保函是否被接受。

（5）评审投标商的财务能力和资信程度。

（6）投标商对支付条件有何要求或给招标商何种优惠条件。

（7）分析投标商提出财务和付款方面建议的合理性。

6.4.3 评标方法

评标方法很多，具体评标方法取决于采购企业对采购对象的要求，货物采购常用的评标方法分为以下几种：

1.最低评标价法

企业在采购简单的商品、半成品、原材料以及其他性能质量相同或容易进行比较的货物时，价格可以作为评标考虑的唯一因素。以价格为尺度时，不是指最低报价，而是指最低评标价。最低评标价有其价格计算标准，即成本加利润。其中，利润为合理利润，成本也有其特定的计算口径：如果采购的货物是从国外进口的，报价应以包括成本、保险运费的到岸价（CIF）为基础。如果采购的货物是国内生产的，报价应以出厂价为基础来报。出厂价应包括：为生产、供应货物而从国内外购买的原材料和零配件所支付的费用以及各种税款，但不包括货物售出后所征收的销售性或与其类似的税款。如果提供的货物是国内投标商早已从国外进口、现已在境内的，应报仓库交货价或展室价，该价应包括进口货物时所交付的进口关税，但不包括销售性税款。

2.综合评标法

综合评标法是指以价格另加其他因素为基础的评标方法。在采购耐用货物如车辆、发动机以及其他设备时，可采用这种评标方法。在采用综合评标方法时，评标中除考虑价格因素外，还应考虑下列因素：①内陆运费、保险费及其他费用；②交货期；③付款条件；④零配件的供应及售后服务情况；⑤货物的性能、生产能力以及配套性和兼容性；⑥技术服务和培训费用等。

在实际运用中，要根据招标文件中的规定和不同的采购情况灵活掌握，但每个因素都必须量化。具体评标的处理办法分别为：

①内陆运费、保险费及其他费用。在计算内陆运费、保险费及其他费用时，可采用下列任一做法：第一，可按照铁路（公路）运输、保险公司以及其他部门发布的费用标准，来计算货物运抵最终目的地将要发生的运费、保险费以及其他费用，然后把这些费用加在投标报价上。第二，让投标商分别报出货物运抵最终目的地所要发生的运费、保险费以及其他费用，这部分费用要用当地货币来报，同时还要对所报的各种费用进行核对。

②交货期。在确定交货期时，可根据不同的情况采用下列办法：第一，可以按招标文件中规定的具体交货时间为基准交货时间，早于基准交货时间的，评标时也不给予优惠；若迟于基准时间，每迟交一个标准时间（一天、一周、十天或一个月等），可按报价的一定百分比换算为成本，然后再加在报价上。第二，如果根据招标文件的规定，货物在合同签字并开出信用证后若干日（月）内交货，对迟于规定时间、但又在可接受的时间范围内的，可按每日（月）一定的百分比乘以投标报价再乘以迟交货的日（月）数，或者按每日（月）一定金额乘以迟交货的时间来计算，评标时将这一金额加在报价上。

③付款条件。投标商必须按照合同条款中规定的付款条件来报价，对于不符合规定的投标，可视为非响应性投标予以拒绝。但对于采购大型成套设备可以允许投标商有不同的付款要求，提出有选择性的付款计划，这一选择性的付款计划只有在投标商愿意降低投标价的基础上才能考虑。投标商的付款要求偏离招标文件的规定不是很大，尚属可接受的范围，在这种情况下，可根据偏离条件给采购实体增加的费用，按标书中规定的贴现率算出其净现值，加在报价上，供评标时考虑。

④零配件的供应及售后服务情况。如果投标商已在境内建立了零配件和售后服务的供应网点，评标时可以在报价之外不另加费用，但是如果投标商没有提供上述招标文件中规定的有关服务，需由采购实体自行安排和解决的，在评标时可考虑将所要增加的费用加在报价上。

⑤设备性能、生产能力的配套性或兼容性。如果投标商所投设备的性能、生产能力没有达到技术规格要求的基准参数，凡每种技术参数比基准参数100点低的，将在报价基础上增加若干金额，以反映设备在寿命周期内额外增加的燃料、动力、营运的成本。

⑥技术服务和培训费用。投标商在标书中应报出设备安装、调试等方面的技术服务费用以及有关培训费，这些费用应加在报价上一并供评标时考虑。

3.以寿命周期的成本为依据评标

采购整套厂房、生产线或设备、车辆等在运行期内的各项后续费用（零配件、油料、燃料、维修等）很高的设备时，可采用以寿命周期成本为基础的评标方法。

在计算寿命周期内成本时，可以根据实际情况，评标时在标书报价的基础上加上一定运行年限的各项费用，再减去一定年限后设备的残值，即扣除这几年折旧费后的设备剩余值。在计算各项费用或残值时，应按标书中规定的贴现率折算成净现值。

下面以汽车为例，按寿命周期成本评标应计算的因素如下：①汽车价格；②根据标书偏离招标文件的各种情况，包括零配件短缺、交货延迟、付款条件等进行调整；③估算车辆行驶寿命期所需燃料费用；④估算车辆行驶寿命期所需零件及维修费用；⑤估算寿命期末的残值。以上③、④、⑤项都应按一定贴现率折算成现值。

4.打分法

评标时通常要考虑多种因素，为了既便于综合考虑，又利于比较，可以按这些因素的重要性确定其在评标时所占的比例，即给每个因素打分。

打分法考虑的因素包括：①投标价格；②内陆运费、保险费及其他费用；③交货期；④偏离合同条款规定的付款条件；⑤备件价格及售后服务；⑥设备性能、质量、生产能力；⑦技术服务和培训。

采用打分法评标时，首先确定每种因素所占的分值。通常来说，分值在每个因素的分配比例为：①投标价为60~70分；②零配件为10分；③技术性能、维修、运行费为10分；④售后服务为5分；⑤标准备件等为5分。总分为100分。

如果采用打分法评标，考虑的因素、分值的分配以及打分标准均应在招标文件中明确规定。打分法有利有弊。利在于综合考虑，方便易行，能从难以用金额表示的各个投标中选择最好的投标。弊在于难以合理确定不同技术性能的有关分值和每一性能应得的分数，有时会忽视一些重要的指标。

6.4.4 评标程序

评标程序分为以下几个阶段：

1.初步评标

初步评标工作比较简单，但却是非常重要的一步。初步评标的内容包括供应商资格是否符合要求，投标文件是否完整，是否按规定方式提交投标保证金，投标文件是否基本上符合招标文件的要求，有无计算上的错误等。如果供应商资格不符合规定，或投标文件未做出实质性的反应，都应作为无效投标处理，不得允许投标供应商通过修改投标文件或撤销不合要求的部分而使其投标具有响应性。

2.详细评标

在完成初步评标以后，下一步就进入详细评定和比较阶段。只有在初评中确定为基本合格的投标，才有资格进入详细评定和比较阶段。具体的评标方法取决于招标文件中的规定，并按评标价由低到高，评定出各投标的排列次序。

3.编写并上报评标报告

评标工作结束后，采购企业要编写评标报告，上报采购主管部门。评标报告包括以下内容：招标通告刊登的时间；购买招标文件的企业名称；开标日期；投标商名单；投标报价以及调整后的价格（包括重大计算错误的修改）；价格评比基础；评标的原则、标准和方法；授标建议。

4.资格后审

如果在投标前没有进行资格预审，在评标后则需要对最低评标价的投标商进行资格后审。如果审定结果认为投标商有资格、有能力承担合同任务，则应把合同授予该投标商；如果认为该投标商不符合要求，则应对下一个评标价最低的投标商进行类似的审查。

5.授标与合同签订

合同授予最低评标价投标商，并要求在投标有效期内进行。决标后，在向中标投标商发中标通知书时，也要通知其他没有中标的投标商，并及时退还其投标保证金。

6.4.5　开标管理

《中华人民共和国招标投标法》第三十六条规定：开标时，由投标人或者其推选的代表检查投标文件的密封情况，也可以由招标人委托的公证机构公证，经确认无误后，由工作人员当众拆封，宣读投标人名称、投标价格和投标文件的其他主要内容。招标人在招标文件要求提交投标文件的截止时间前收到的所有投标文件，开标时都应该当众予以拆封、宣读。开标过程应当记录，并存档备查。

1.开标的流程

开标时，首先应该当众检查投标文件的密封情况，招标人委托公证机构的，可由公证机构检查并公证。一般情况下，投标文件是以书面形式、加具签字并装入密封信袋内提交的。所以，无论是邮寄还是直接送到开标地点，所有的投标文件都应该是密封的。这是为了防止投标文件在未密封状况下失密，从而导致相互串标、更改投标报价等违法行为的发生。只有密封的投标，才被认为是形式上合格的投标（即是否实质上符合招标文件的要求暂且不论），才能被当众拆封，并公布有关的报价内容。投标文件如果没有密封，或发现曾有被拆开过的痕迹，应被认定为无效的投标，应不予宣读。

2.开标注意事项

为了保证投标人及其他参加人了解所有投标人的投标情况，增加开标程序的透明度，所有投标文件（指在招标文件要求提交投标文件的截止时间前收到的投标文件）的密封情况被确定无误后，应将投标文件中投标人的名称、投标价格和其他主要内容向在场者公开宣布。考虑到同样的目的，还需将开标的整个过程记录在案，并存档备查。

开标记录一般应记载下列事项，由主持人和其他工作人员签字确认：①案号；②招标项目的名称及数量摘要；③投标人的名称；④投标报价；⑤开标日期；⑥其他必要的事项。

互动课堂

车辆采购案例

1.案例背景

2010年10月中旬，甲局与高新区采购中心联系，委托采购中心对该局20辆公务用车进行招标采购。

2.招标准备工作

第一，由甲局报送所需采购车辆的具体型号，项目经办人根据定点采购积累的车型、价格等信息进行了核对。考虑到该项目具有一定批量且甲局需求比较紧迫等原因，确定采用邀请招标方式。

第二，中心办公室提供了A、B、C、D共4家供应商。

第三，制作招标文件。招标文件包括投标邀请、投标方须知、招标要求、合同条款、附件等内容。本次招标共分为两包，第一包为18辆Q型轿车；第二包为2辆B型轿车和高新区另一家单位的1辆P型轿车，这样分包旨在使供应商在具有竞争力的车型上充分发挥优势。

第四，确定评标原则。由于车辆具体型号、配置等都已经确定，所以采用符合性检查基础上的最低价中标法，由各包件报价最低的供应商中标。

3.招标过程

截止到2010年10月30日下午4点，有4家供应商前来购买标书。2010年11月2日，该项目正式开标，4家供应商投标。开标后采购中心和甲局代表进行了询标，在不对标书实质性内容做出变动的前提下要求供应商澄清有关细节性问题。在符合性检查的基础上，根据最低价中标的原则，第一包A公司中标，第二包由B公司中标。甲局本次车辆采购预算约为500万元，实际采购金额为470.42万元，节约率为5.9%。

4.决标后的插曲

决标后，C公司销售代表前往采购中心，出示了制造商“××汽车制造股份有限公司”的“限价令”，A公司的报价在制造商的限价之下，而A公司是C公司的分销商，根据“限价令”，C公司不得向A公司供货。采购中心认为这是汽车制造、销售厂商之间的内部协议，不影响本次招标结果。届时A公司如不能按时供货将承担违约责任，并由候选的C公司自然替补。A公司通过与各方进行沟通后，最终如期履约，决标后的插曲告一段落。

5.对本次采购工作的体会

（1）指定品牌对招投标的影响。《中华人民共和国招标投标法》第二十条规定：招标文件不得要求或者标明特定的生产供应者以及含有倾向或者排斥潜在投标人的其他内容。一旦确定品牌，采购机构很难有效组织招投标，并且会被供应商投诉。事实上，指定品牌后人为地造成了单一来源采购的局面，竞争仅局限于同一品牌的不同代理商，还会遇到生产商的“限价令”以及类似不利于购买方的举措，其弊端是非常明显的。

（2）中标通知书的法律效力。中标通知书一经发出就具有法律效力，签订合同或协议只不过是明确细节问题以及具体操作方式。招投标文件的有效期是事先约定的，只有通过签订合同明确招投标文件作为合同的组成部分，招投标文件的内容才能继续生效。按规定招标人和中标人应当自中标通知书发出之日起30天内，签订买卖合同或工程承包的书面合同。

（3）招标文件应当规范。招标文件的规范性和质量直接决定了采购工作的效果，招标文件的基本条款和格式应当固定，在此基础上根据项目的实际情况加入相应的内容，防止标书中出现漏洞。应当对各类物品的招标文件（包括合同、中标通知书等）进行系统总结，参考相关资料后进行修正，并由法律专家把关，形成规范的格式化文本，这样会对提高采购工作的质量和效率，产生事半功倍的效果。

（4）对供应商的管理应当加强。本案例中所邀请的4家供应商存在微妙的关系，C公司是××汽车制造股份有限公司在上海的3家总代理之一，A公司是C公司的分销商；B、D公司又是××公司在上海另外一家总代理的分销商。如果事先知道这种错综复杂的关系，直接邀请3家总代理前来竞标可能会取得更好的效果。对于邀请招标、询价等采购方式，供应商资质、信用的高低在某种程度上直接决定了采购工作的成败。

资料来源：佚名．车辆委托采购案例［EB/OL］．［2018-10-09］．http：//www.jy56.gov.cn/Info/InfoShow.aspx？id=56513&Page=1.

谈谈你对本案例的看法。

本章实训

实训项目1：审查采购资格

◆实训目标

1.掌握采购资格审查的内容。

2.掌握采购资格审查的方法。

◆实训重点

掌握采购资格审查的原则。

◆实训资料

某新建商品住宅小区需采购8台电梯，按照规格与技术参数分为I、II、III、IV共计4个规格型号，按一个标包招标。招标人决定以资格后审方式进行招标，按照相关规定在指定媒体上发布了招标公告。该项目招标文件规定："法定代表人为同一个人的两个及两个以上法人、母公司、全资子公司及其控股公司，都不得在同一类型的电梯招标中同时投标，否则均不得通过资格审查。同时，一个制造商对同一品牌同一型号的货物，仅能委托一个代理商投标，否则均按资格审查不合格处理。"在规定的提交投标文件截止时间前，共收到投标人A、B、C、D、E、F、G、H递交的计8份资格预审申请文件，其中A、B、C、D、E为代理商，F、G、H为生产厂商。

经过审查发现：D代理的I型电梯为某电梯厂X生产；E代理的II型电梯为某电梯厂X生产；F为G的全资子公司；C、E两个代理商的法定代表人为同一个自然人。

针对上述情况，审查委员会据此做出了D、E、F、G不能通过资格审查的结论，理由是D和E代理同一个生产厂商的产品，F为G的全资子公司，违反了招标文件中对投标人的资格规定。虽然C、E两个代理商的法定代表人为同一个自然人，但由于代理商E没有通过资格审查，这样，仅留下代理商C进入后续的评标不违反上述规定。

◆实训任务

1.评标委员会的评审结果和理由是否正确，为什么？

2.经过上述评审，是否可以直接确定剩下的投标人通过资格审查？

实训项目2：编制招标通告与网上采购

◆实训目标

1.学会制作招标通告。

2.熟悉招投标采购的整个过程。

3.能搜集整理网上的采购信息。

◆实训重点

熟悉编制招标通告的要点。

◆实训资料

招标通告的制作

2015年4月，某学院从实训设备经费中拨出80万元专款用于建设一个机房，要求8月底必须完工以备学生开学后使用。现在场地已经选好，初步估计需要服务器1台、投影仪1台、电脑120台、空调2台、电脑桌椅120套，相关附件若干。现在学校面向全社会进行招标。

招标通告

________单位，就________设备购买进行国内公开招标，欢迎投标人参加投标。

1.项目名称：自行拟定

2.项目编号：________

3.招标货物名称、数量：________

4.交货时间：________

5.交货地点：________

6.招标文件发售时间及截止时间：________

7.招标文件售价及发售地点：________

8.投标开始及截止时间：________

9.投标文件递送方式及地址：________

10.开标时间及地点：________

招标机构：________

地　　址：________

邮　　编：________

电　　话：________

传　　真：________

电子邮箱：________

联 系 人：________

网上采购实际操作（也可自拟题目）

1.请通过阿里巴巴或者其他网站寻找材质为PET，使用胶型为环保胶，印刷形式为丝印的不干胶标签的供应信息，并尝试与多家供应商联系，寻求一次性购买10 000个该类不干胶标签的报价。

2.通过互联网寻求7英寸（或其他尺寸）LCD（或TFT）液晶屏的供应商，并获得批量分别为200个、500个、1 000个的报价。

3.要求：均需提供网店地址或供应商的名称、地址、联系人、联系电话等，至少获得3家供应商的供应信息（3家供应商所供应的产品要相同或类似，每组的供应商信息要避免雷同）。

◆实训要求

1.参考示例编制一份招标通告。

2.通过互联网搜寻适合的供应商。

实训项目3：开展招投标工作

◆实训目标

1.掌握招投标方式。

2.掌握招标文件的内容。

◆实训重点

能够根据需要选择适合的招标方式。

◆实训资料

AB机电设备招标公司受北部湾大学的委托，为其所需采购的空调系统进行公开招标，兹邀请合格的投标企业对下述设备进行投标：

1.标书编号：CNTCB-SH2005672

2.简要内容：

（1）业主：北部湾大学；

（2）招标代理：AB机电设备招标公司；

（3）招标内容：空调系统（包件一：风冷热泵；包件二：变频中央空调；包件三：空调箱、风机盘管；包件四：风机；包件五：全热交换器）。

3.投标人资质要求：

（1）有工商行政管理部门核发的《企业法人营业执照》，注册资金不少于100万元人民币；

（2）设备生产商必须具备通过ISO9001：2000版认证的资质；

（3）投标人必须为设备的生产商，或取得生产商就本项目出具专项授权代理的一级代理商。

4.招标文件将在AB机电设备招标公司发售。

（1）发售时间：2010年11月1日至2010年11月15日止，工作时间，9：00~16：00（北京时间，节假日除外）；

（2）发售地点：滨海市长寿路285号20楼招标四处；

（3）联系人：×××、×××、×××；

（4）联系电话：××××××××、×××；

（5）传真：××××××××；

（6）开户银行：中国建设银行滨海市分行营业部；

（7）账号：×××-×××。

5.招标文件售价：包件一、二、三每份人民币500元，包件四、五每份人民币300元，售后不退。

6.投标截止时间：2010年11月28日14：00止（北京时间）。

7.投标地址：滨海市长寿路285号20楼招标四处。

8.开标时间：2010年11月28日14：00（北京时间）。

9.开标地点：滨海市长寿路285号20楼会议室。

◆实训任务

1.你认为这次招标适合使用哪种招标方式？为什么？

2.结合所给资料，你认为北部湾大学的这次招标活动，是否适合使用议标招标方式？请说明理由。

第7章 商品采购合同

学习目标

知识目标：
- 熟悉商品采购合同的内容和格式要求；
- 掌握商品采购合同的订立、审查、变更、解除的程序和方法；
- 掌握商品采购合同的执行跟踪过程。

能力目标：
- 能够按照法定要求进行商品采购合同的订立、审查；
- 能够按照法定要求进行商品采购合同的变更和解除等操作。

【案例导入】

2008年，某商店委托刘某前往某地采购白糖等商品。刘某利用该商店给他的介绍信和空白合同书（已盖章）与某贸易公司签订了购买蜂蜜的合同，刘某在合同上签字。七天后，某贸易公司经理将蜂蜜运到某商店，并依合同要求收取货款和运费。某商店认为该合同购买的不是白糖，且无商店经理签字，是无效合同，故拒付货款和运费。

资料来源：王志文. 物流采购管理［M］. 上海：上海交通大学出版，2009.

请思考：本案中的合同是否有效？该如何处理此类商品采购纠纷？

选定供应商之后，接下来的工作就是要同供应商签订正式的采购合同。

采购合同要根据采购商品的要求、供应商的情况、企业本身的管理需要等具体情况确定。采购合同要由具有法人资格的购销双方当事人共同商定，所定的条款必须符合合同法的有关规定。

7.1 商品采购合同的内容

商品采购合同，是作为需求方向供货厂商采购物资，按双方达成的协议签订的具有法律效力的书面文件。一份完整的采购合同通常是由首部、正文与尾部三部分组成。采购合同的条款见表7–1。

表7–1　　**采购合同的条款**

结构名称	具体内容
首页（face sheet）	• 合约日期与合约编号 • 商品标准号别（C.C.C） • 立约双方当事人名称与地址、电话等数据
基本条款（basic condition）	• 货品名称 • 质量与规格 • 单位与数量 • 价格（单价、总价、价格基础、货币） • 包装（原产地） • 交货期 • 物流 • 付款方式（信用证、远期L/C、D/P或D/A、分期付款） • 保险 • 检验方法
特别条款（special condition）	• 保证条款 • 安装及特殊检验条款 • 大宗物资条款 • 货价、运费及汇率变动协定 • 其他特别协议

7.1.1 首部

采购合同的首部主要包括：名称、编号、签约日期、签订地点、买卖双方的名称、合同序言等。

7.1.2 正文

1.主要内容

合同正文是购销双方议定的主要内容，是采购合同的必备条款，是购销双方履行合同的基本依据。合同的正文主要包括以下内容：

（1）商品名称。商品名称是指所要采购物品的名称。

（2）品质规格。品质规格是指商品所具有的内在质量与外观形态的结合，包括各种性能指标和外观造型。该条款的主要内容有：技术规范、质量标准、规格、品牌等。

对合同品质控制的方法有两种：使用实物或样品，使用设计图纸或说明书。在使用样品确定品质时，供应商提供的物品的品质要同样品完全一致。使用设计图纸或说明书确定品质时，供应商提供的物品的品质要符合设计图纸或说明书的要求。

（3）单价和总价。价格是指交易物品每一计量单位的货币数值。例如：一台电视机3 200元。该条款的主要内容包括：计量单位的价格金额、货币类型、交货地点、国际贸易术语（如FOB、CIF、CPT等）、物品定价方式（固定价格、滑动价格、后定价格等）。

（4）数量。数量是指采用一定的度量制度来确定买卖商品的重量、个数、长度、面积、容积等。它包括的主要内容有：交货数量、单位、计量方式等。必要时还应清楚地说明误差范围，如苹果10吨，误差范围2%。

（5）包装。包装是为了有效地保护商品在运输存放过程中的质量和数量要求，并有利于分拣和环保而把货物装进适当容器的操作。该条款的主要内容有：包装标识、包装方法、包装材料要求、包装容量、质量要求、环保要求、规格、成本、分拣运输成本等。

（6）装运。装运是指把货物装上运载工具并运送到交货地点。该条款的主要内容有：运输方式、装运时间、装运地与目的地、装运方式（分批、转运）和装运通知等。在FOB、CIF和CFR合同中，卖方只要履行合同中的交货义务即可。提单签发的时间和地点即为交货时间和地点。

（7）到货期限。到货期限是指约定的到货最晚时间，其要以不延误企业生产经营为标准。

（8）到货地点。到货地点是指货物到达的目的地。到货地点的确定并不一定总是以企业的生产经营所在地为标准。有时为了节约运输费用，在不影响企业生产的前提下，也可以选择交通便利的港口等。

（9）检验。在一般的买卖交易过程中，物品的检验是指按照事先约定的质量条款进行检查和验收，涉及质量、数量、包装等条款。

在国际贸易中，商品检验指由商品检验机构对进出口商品的品质、数量、重量、包装、标记、产地、残损、环保要求等进行检验分析与公证鉴定，并出具检验证明。其包括的内容有：检验机构，检验权与复检权，检验与复检的时间、地点，检验标准，检验方法，检验证书等。

（10）付款方式。国际贸易中的支付是指采用一定的手段，在指定的时间、地点、使用确定的方式支付货款。其包括的内容有：

①支付手段：货币或汇票，一般是汇票。

②付款方式：银行提供信用方式（如信用证）、银行不提供信用但可作为代理方式（如直接付款和托收）。

③支付时间：预付款、即期付款、延期付款。

④支付地点：付款人指定银行所在地。

（11）保险。保险是企业向保险公司投保，并交纳保险费，货物在运输过程中受到损失时，保险公司向企业提供经济上的补偿。该条款的主要内容包括：确定保险类别及保险金额，指明投保人并支付保险费。根据国际惯例，凡是按CIF和CIP条件成交的出口货物、一般由供应商投保，按FOB、CFR、CPT条件成交的进口物资由采购方办理保险。

（12）仲裁条款。仲裁条款是指买卖双方自愿将其争议事项提交第三方进行裁决。仲裁协议是仲裁条款的具体体现，它包括的主要内容有：仲裁机构、适用的仲裁程序、仲裁地点、解决效力等。

（13）不可抗力。不可抗力是指合同执行过程中发生的、不能预见的、人为难以控制的意外事故，如战争、洪水、台风、地震等，致使合同执行过程被迫中断。遭遇不可抗力的一方可因此免除合同责任。该条款包括的主要内容有：不可抗力的含义、适用范围、法律后果、双方的权利义务等。

2.选择内容

合同正文可以选择的部分有：①保值条款；②价格调整条款；③误差范围条款；④法律适用条款：买卖双方在合同中明确说明合同适应何国、何地法律的条款。

对大批量、大金额、重要设备及项目的采购合同，要求全面、详细地描述每一条款；对于金额不大、批量较多的小五金、土特产等，如果买卖双方已签订供货、分销、代理等长期协议（认证环节完成），则每次采购交易使用简单订单合同，索赔、仲裁和不可抗力等条款已经被包含在长期认证合同中。

对于企业的频繁采购，与供应商签订的合同分为两个部分：认证合同和订单合同。认证合同解决买卖双方之间长期需要遵守的协议条款，由认证人员在认证环节完成，是对企业采购环境的需求。订单合同就每次物料采购的需求数量、交货日期、其他特殊要求等条款进行表述。

7.1.3 尾部

合同的尾部主要包括的内容有：合同的份数、使用语言及效力、附件、合同的生效日期、双方的签字盖章。

互动课堂

以下是一份采购合同示例：

采购合同

甲方：　　　　　　　　　　联系电话：

乙方：　　　　　　　　　　联系电话：

合同编号：

签订地点：

签订时间：

甲方根据发展的需要，对标的物的采购于　年　月　日　时在北部湾职业技术学院五楼会议室进行了公开招标。为确保甲乙双方的合法权益得到保障，经双方认真协商达成合同如下：

第一条　采购标的物的名称、品牌、型号、厂家、数量、金额（见表7–2）。

表7–2　**采购标的物情况**

项目名称				产品类型			
设备名称	牌号商标	规格型号	生产厂家	企业	数量	单价	小计
金额（大写）							

第二条　设备、材料、物品质量要求及乙方对质量负责条件和限定供货期限：

（1）乙方必须在合同签订之日一次性交清履约保证金人民币大写________（标的物到货验收合格后无息退回）。

（2）乙方提供的设备应符合《招标文件》《评标结果确认书》规定的要求（特殊的商品，甲方须提供相关的技术资料和技术标准），严格按照设计要求和国家有关标准生产、检验、包装，确保产品质量。

（3）设备、物（产）品的到货验收包括：数量、外观、质量、随机备品、装箱单和资料及原包装完整无损。

（4）设备、物（产）品出现质量问题，乙方应负责三包（包修、包换、包退），每台设备、物（产）品上均应订铭牌（内容包括制造企业、设备名称、型号规格、出厂日期等）。

（5）限定在________年________月________日前交货并负责安装调试完毕。

第三条　交货地点、方式：送至甲方指定地点和位置________________________________
____。

第四条　包装费用、运输费用、搬运至甲方指定位置费用及安装调试费用均由乙方负责。

第五条　服务支持体系：

（1）设备或物（产）品在使用阶段如发现质量问题，乙方收到甲方使用部门的函电后，应在________小时内到达处理。

（2）乙方对设备提供质量保证：________________________。

（3）特殊设备的有关人员培训：________________________。

第六条　验收标准、方法：按合同第二款的规定，由甲方组织有关专家会同乙方在收到乙方验收通知后7个工作日内负责验收完毕。同时填写验收单及有关验收质量情况表。

第七条　随机备品、配件、工具数量及供应方法：应在交货地点，随机验收时如数交给甲方。

第八条　付款方式：设备、物（产）品到货并安装调试结束，甲乙双方共同验收。合格________日内付合同总价的________，即________元。同时退还履约保证金。投入正常运行使用满________个月付合同总价________%，即________元（原则按人民币报价格，若是进口设备则要注明付款方式及美元和人民币的比价）。

第九条　违约责任：

（1）如乙方到了合同规定的到货验收时间不能交付使用的，除人力不可抗拒的因素外，乙方应向甲方偿付延期违约金，每日支付合同总价的________%。同时乙方应出具书面情况说明，并征得甲方同意或签字。

（2）品种、规格、质量、安装等不符合本合同规定时，乙方应负责包修、包退、包换，由此而造成延误交货的，乙方也应按上述规定向甲方偿付违约金。

（3）由于甲方的原因要求延期交货验收时，应及时通知乙方，乙方的交货验收时间亦相应延期。

（4）乙方出现下列情形之一的，甲方有权单方面终止合同，按合同总价的________%没收履约保证金、乙方的任何损失甲方一概不承担：____。

第十条　其他约定：

（1）《招标文件》、《评标结果确认书》（包含评标记录）、《投标书》、履约保证金（如果有）和国家有关标准的规范视为合同附件，具有同等法律效力；

（2）售后服务：乙方应做到及时回访和优质服务，其他条款按投标服务承诺书执行；

（3）____；

（4）____。

第十一条　合同争议的解决方式：本合同未尽事宜，双方协商解决；协商不成，由金华市婺城区人民法院处理或交金华市仲裁委员会仲裁。

第十二条　本合同一式八份，甲方执七份，承包方执一份，同等生效。

第十三条　本合同自双方盖章之日起生效。

甲　方	乙　方
企业名称（住所）：北部湾职业技术学院（详细地址） 法定代表人： 开户银行：中行开发区支行 账号：018190190009 邮政编码：321007 委托代理人（签名）： 电话： 年　月　日 项目主管（使用）部门鉴（公）证意见： 年　月　日	企业名称（住所）： 法定代表人（签名）： 居民身份证号码： 委托代理人（签名）： 电话： 开户银行： 账号： 邮政编码： 年　月　日

资料来源：杨军．采购管理［M］．北京：高等教育出版社，2011.

请思考：一份完整的采购合同应该具备哪些主要内容？请用所学采购合同的知识判断这份采购合同是否符合要求？

7.2 商品采购合同的订立

7.2.1 商品采购合同的签订方式

采购合同的签订，是指当事人双方依据法律的规定就合同所规定的各项条款进行协商，达到意思表示一致而确立合司关系的法律行为。在实际签订过程中，合同的双方当事人必须针对合同的主要内容，反复磋商，直至取得一致意见，合同才告成立。

1.合同签订前的准备工作

合同双方当事人应调查对方的资信能力，了解对方是否有签订合同的资格，或者代理人是否有代理资格。具有法人资格的企业、农村集体经济组织、国家机关、事业单位、社会团体可以作为合同的当事人。而不具备法人资格的社会组织、车间、班组、总厂的分厂、总公司的分公司、学校内部的系以及科室均不能以当事人身份签订采购合同。个体经营户、农村专业户、承包经营户等独立承担经济责任的经济实体也可成为经济合同的主体。

2.签订采购合同的程序

签订合同，是当事人双方的法律行为。合同的成立，必须由当事人相互做出意思表示并达成合意。所以，《中华人民共和国合同法》（以下简称《合同法》）规定："当事人双方依法就合同的主要条款经过协商一致，合同就成立。"实践中，当事人相互协商签订合同的过程，通常分为两个阶段，即包括提出订立合同的建议和接受订立合同的建议，民法学上称为"要约"与"承诺"。

（1）要约。要约是订立合同的当事人一方向另一方发出的缔结合同的提议。发出该提议的人为要约人，另一方为受约人或相对人。要约的对象一般有三种：①指定的对象；②选定的对象；③任意的对象。

采购合同的要约具有下列特征：

①要约必须是向特定人发出的。要约的作用是换得相对人的承诺，引起与之订立合同，所以，要约必须对应相对人的行为。依照《合同法》的规定，订立合同的要约须向特定人明确提出，即向一个具体的法人、经济组织、个体工商户或农村承包经营户提出。

②要约是特定人的行为。根据《合同法》的相关规定，提出订立合同建议的，须是客观上已确定的法人或其他经济组织、个体工商户、农村承包经营户。上述特定人一般都由订立后的合同表示出来，如采购合同，提出要约的特定人即是合同中标的一方（供方或需方）当事人。

③要约必须含有可以订立合同的主要条款，如标的物的名称、规格、数量、价格等，这些内容须具体、明确、肯定和真实，若内容不明确、具体，相对人就难以表示肯定或否定，合同也就不能成立。

④要求受约人做出答复的期限。

要约的方式分口头方式与书面方式。一项要约有法律约束力且会产生法律后果。要约有效期间内，要约人不得随意撤销或变更要约。如要撤回或变更要约，其通知（新要约）应在受约人做出承诺之前送达。受要约人在接到要约后即有做出承诺的权利，但一般情况并不负有答复的义务，超过要约期限不予答复只是丧失承诺的资格，并不负什么责任。要约在出现下列情况时终止：要约人不再受约束；要约被有效地撤回；要约超过有效期；其他如要约人丧失民事行为能力、要约人死亡或法人解散等。

（2）承诺。承诺是受要约人向要约人做出的对要约完全无异议接受的意思表示。做出这种意思表示的人称为承诺人。要约人的要约一经受要约人即承诺人的承诺，合同即告成立。

采购合同的承诺具有下列特征：

①承诺必须是就要约做出的同意的答复。从合同制度的传统原则来说，承诺是无条件的，无任何异议的接受要约才能构成有效的承诺，与要约人构成合同关系。如果受要约人表示愿意与要约人订立合同，只是在承诺中对要约某些非要害条款做了增加、删改，即并非实质性改变要约，仍应视为承诺。如果受要约人对要约进行扩张、限制或者根本性改变的，则不是承诺，应视为拒绝原要约而提出新要约。

②承诺是受要约人向要约人做出的答复。如前所述，在采购合同中受要约人是特定人，因此，非受要约人做出的或受要约人向非要约人做出的意思表示都不是承诺。

③承诺必须在要约的有效期限内做出。如前所述，要约对于要约人是有约束力的，但这种约束力不是毫无限制的。通常把对要约人有约束力的期限，称为要约的有效期。因此，受要约人只有在要约的有效期限内做出同意要约的意思表示，才是承诺。一般情况下，要约没有规定期限者，属于对话要约，受要约人要立即承诺；属于非对话要约的，受要约人应在一般认为应做出答复的期限内承诺。承诺一经成立就发生法律效力，即要约人接到有效的承诺合同就成立。

承诺和要约一样，也是一种法律行为。承诺人必须立即承诺自己的义务。因此，承诺人在进行承诺时，必须严肃认真，在对要约的内容进行充分了解、考虑之后，再向要约人做出承诺。

在法律上承诺是允许撤回的。但是，承诺的撤回必须在要约人收到承诺之前进行。撤回的通知，必须在承诺到达之前送达，最晚应与承诺同时到达。如果承诺人撤回承诺的通知迟于承诺到达，则通知无效，承诺仍发生效力。

签订合同的谈判过程其实质就是当事人双方进行要约和承诺的过程。在实践中，往往不可能一次协商就达成协议，可能要经过反复协商，即要约—新要约—再新要约—直至承诺。

在谈判过程中，订约当事人应遵循下列原则：①必须遵守国家的法律、政策与计划，不得利用合同进行违法活动；②必须坚持平等互利、协商一致、公平合理的原则。任何一方不得强制把自己的意思强加于另一方，当事人的意思表示必须真实。

3.合同的草签与正式签订

合同主要条款协商确定后，当事人双方可以先草签合同。待其他次要条款约定后，再正式签订合同。

签订合同时应当确认对方当事人有权签订合同。法定代表人是法人组织的最高领导，其有权以法人的名义对外签订采购合同而不需要特别的授权委托，但法定代表人在签订合同时也必须具备合法的手续即法定代表人的身份证明。合法代理人也可签订采购合同，但代理人必须持有法人的授权委托书，方能以法人的名义签订合同。代理人签订采购合同必须在授权范围内进行，如超越代理权签订合同，被代理人（委托人）不承担由此产生的权利与义务关系。授权委托书必须包括：代理人姓名、年龄、单位、职务、委托代理事项、代理权限、有效期限、委托者的名称、营业执照号码、开户银行、账号、委托日期，委托者及其法定代表人的签章。

7.2.2 商品采购合同的公证与鉴证

1.合同的公证

为了确保合同的真实性与合法性，采购合同一般应予公证。

所谓合同的公证，就是国家公证机关即公证处，代表国家行使公证职能，根据当事人的申请和法律的规定，依照法律程序，证明采购合同真实性和合法性的活动。采购合同公证的意义在于：通过公证对合同进行法律审查，明确哪些内容是合法的，哪些内容是不合法的，避免合同的违法，有利于防止经济犯罪，维护合同当事人的合法权益。通过合同的公证，可以使合同规范化，对一些不明确或不具体的条款予以修改、完善，预防纠纷和减少诉讼。

采购合同的公证主要审查合同是否符合下列条件：①当事人必须具有行为能力；②合同的订立必须贯彻平等互利、协商一致、等价有偿的原则；③合同内容不得违反国家的政策、法律法令，公共利益和社会主义道德准则；④合同的内容必须清楚、具体、齐全。

合同的公证实行自愿原则，但合同必须是经过公证的，公证后合同才有法律效力。公证时，当事人双方应到公证处提出公证申请，公证员受理审查认为符合公证条件且合同真实、合法，制作公证书，发给当事人。如要变更、解除已经过公证的合同，则变更或解除仍应至公证处办理。公证处还可办理强制执行合同的公证，债权人可凭此直接向法院申请强制执行。

2.合同的鉴证

采购合同的鉴证是合同监督管理机关根据双方当事人的申请，依法证明合同的真实性和合法性的一项制度。鉴证的特点是：①鉴证行为主体是合同监督管理机关。其他机关和单位无权鉴证合同。②鉴证依据合同当事人双方的自愿申请实施。这里包括两层含义：一是合同监督管理机关不是主动鉴证，而是依据当事人的申请。二是双方当事人的申请，一方当事人的申请不能予以鉴证。③鉴定的内容是审查合同的真实性和合法性。所谓真实性，是指合同双方当事人意思表示真实，合同主要条款完备，文字表述准确。所谓合法性，是指合同双方当事人具有合法的主体资格，合同的内容符合国家的法律、政策和计划的要求。

除法律法规有特别规定外，采购合同的鉴证一般采取自愿原则。合同鉴证的意义在于：通过合同鉴证，可以及时发现和纠正在合同订立过程中出现的不合理、不合法现象，提醒当事人对合同中缺少的必备条款予以补充，对明显有失公平的内容予以修改，对利用合同进行违法活动的予以制止和制裁，对约定义务超过承担能力的予以消减，从而减少和避免许多不必要的纠纷，为合同的履行奠定基础。

合同的鉴证一般由合同签订地或履行地的工商行政管理局办理。合同鉴证收费标准通常为采购合同价款的0.2%。

7.2.3 采购合同变更和解除

1.采购合同变更和解除的概念

采购合同的变更，是指采购合同没有履行或没有完全履行时，由当事人依照法律规定的条件和程序，对原采购合同的条款进行修改、补充，使之更精确等，如标的物数量的变化、履行地或履行时间等的变化。采购合同变更后，原合同确定的当事人的权利和义务就发生了变化。

采购合同的解除，是指采购合同尚未开始履行或尚未全部履行的情况下，由当事人依据法律规定的条件和程序，终止原采购合同关系。采购合同解除后，原合同确定的当事人的权利义务关系就不再存在。

2.采购合同变更或解除的条件

采购合同能否变更或解除，必须依照法律的规定。因变更或解除采购合同使一方遭受损失的，除依法可以免除责任的以外，应由责任方负责赔偿。变更或解除合同的通知或协议，应采用书面形式（包括文书、电报等）。协议变更或解除合同的，协议达成之前，原采购合同仍然有效。变更成立则按新合同执行。经过公证的采购合同，变更或解除协议应送原公证处审查、备案。

7.2.4 无购货合同

当采购数量不大、货款不多时，常常采用不签订购货合同的采购方式，购销双方即时货、款两清，这种情况下，采购人员应注意：

（1）向商业信誉良好的厂商采购。

（2）检验物资外观的同时，注意有无生产厂家标志，有无产品合格证及生产日期等，防止采购到假冒伪劣产品。

（3）所购物资在使用过程中，一旦发生因质量问题而使买方蒙受人身伤亡或经济损失时，依照我国民法及有关的产品责任法律法规，产品的生产者及销售者对受害者构成了侵权行为，受害者或者家属及其他人都可起诉，追究其法律责任。

7.3 商品采购合同的跟踪

合同跟踪是采购人员的重要职责。合同跟踪的目的有三个方面：促进合同正常执行、满足企业的物料需求、保持合理的库存水平。在实际订单操作过程中，合同、需求、库存三者之间会产生矛盾，突出的表现为：因各种原因合同难以执行，需求不能满足导致缺料、库存难以控制。恰当地处理供应、需求、缓冲余量之间的关系是衡量采购人员能力的关键指标。

7.3.1 合同跟踪过程

1.合同执行前跟踪

当一个订单合同签订之后，供应商是否接受订单、是否及时签订合同等都是采购人员要及时了解的情况。在采购环境里，同一物料有几家供应商可供选择是十分正常的情况，独家供应的情况是很个别的。虽然每个供应商都有分配比例，但是在具体操作时还可能会遇到供应商因为各种原因拒绝订单的情况。由于时间的变化，供应商可能要提出改变“认证合同条款”，包括价格、质量等，作为采购人员应该充分与供应商进行沟通，确认可选择的供应商。如果供应商按时签订合同，则说明供应商的选择正确；如果供应商确实难以接受订单，千万不可勉强，可以在采购环境里选择其他供应商，必要时要求认证人员协助办理。与供应商正式签订过的合同要及时存档，为以后查阅做好准备。

2.合同执行过程跟踪

与供应商签订的合同具有法律效力，采购人员应该全力跟踪，合同确实需要变更时要征得供应商的同意，不可一意孤行。合同跟踪要把握以下方面：

（1）严密跟踪。严密跟踪供应商准备物料的详细过程，保证采购正常进行。如果发现问题要及时反馈，需要中途变更的要立即解决，不能在这方面耽误时间。不同种类的物料，其准备过程也不同，总体上可以分为两类：一类是供应商需要按照样品或图纸定制的物料，存在加工过程，周期比较长，出现问题的概率大；另一类是供应商有库存，不存在加工过程，周期也相对比较短，不容易出现问题。在这两类情况下，前者跟踪的过程就比较复杂，后者相对比较简单。

（2）紧密响应生产需求形式。如果因市场生产需求紧急，要求本批物料立即到货，采购人员就应该马上与供应商进行协调，必要时还应该帮助供应商解决疑难问题，保证需求物料的准时供应。企业现在常把供应商视为战略伙伴，这时正是“伙伴”表现友情的时候。如果出现滞销的情况，企业经过研究决定延缓或取消本次订单物料供应，采购人员也应该立即与供应商进行沟通，确认其可以承受的延缓时间，或者终止本次采购操作，同时应该给供应商相应的补偿。

（3）慎重处理库存控制。库存水平在某种程度上体现了企业管理人员的水平。既不能让生产缺料，又要保持最低的库存水平，这确实是一项非常具有挑战性的工作。采购人员的表现如何，从这一问题就可以看出来。当然，库存问题还与采购环境的柔性有关，这方面会反映出认证人员的水平，另外库存问题也与计划人员有关。

（4）控制好物料验收环节。物料到达订单规定的交货地点，对于国内供应商一般是指到达企业的材料库房，对境外供应商一般是指到达企业的国际物流中转中心。境外交货的情况下，供应商在交货之前会将到货情况表单传真给采购人员，采购人员必须按照原先所下的订单对到货的物品、批量、单价及总金额等进行确认，并录入归档，开始办理付款手续。这方面的常识是：境外物料的付款条件可能是预付款或即期付款，一般不采用延期付款方式。由于是与供应商一手交钱一手交货，因此要求采购人员必须在交货前把付款手续办妥。

3.合同执行后跟踪

在按照合同规定的支付条款对供应商付款后需要进行合同跟踪。订单执行完毕的条件之一是供应商收到本次订单的货款，如果供应商未收到货款，采购人员有责任督促财务人员按照流程规定加快操作，否则会影响企业的信誉。

另外，物料在运输或者检验过程中，可能会出现一些问题，偶发性的小问题可由采购人员或者现场检验人员与供应商联系解决。

在对订单的跟踪过程中可使用相关的采购追踪记录表（见表7–3）。

表 7-3 **采购追踪记录表**

年　月　　　　采购承办人

编号	请购单						报价厂商及价格			订购单							验收					备注
	请购总号	发出日期	收到日期	品名/规格	数量	需要日期	①	②	③	日期	编号	数量	单价	金额			交货日期	供应商	日期	数量	检验情形	
														货款	税额	总金额						

7.3.2 补充说明

合同跟踪还有几点需要进行以下补充说明：

（1）在合同跟踪过程中，要注意供应商的质量、货期等的变化情况。需要对认证合同的条款进行修改的，要及时提醒认证办理人员，以利于订单操作。

（2）注意把合同、各类经验数据的分类保存工作做好。有条件的，可以采用计算机软件管理系统进行管理，将合同进展情况录入计算机中，借助计算机自动处理跟踪合同。

（3）供应商的历史表现数据对订单下达以及合同跟踪具有重要的参考价值，因此应当注意利用好供应商的历史情况来决定对其实施的过程办法。掌握采购环境中供应商表现数据的多寡，是衡量采购人员水平的一个重要指标。

7.4 商品采购合同的争议与解决

在物资采购过程中，买卖双方往往会因彼此之间的责任和权利问题引起争议，并由此引发索赔、理赔、仲裁以及诉讼等。为了防止争议的产生，或在争议发生后能够妥善处理和解决，买卖双方通常都在签订合同时，对违约后的索赔、负责事项等内容事先做出明确的规定。这些内容反映在合同内，就是违约责任条款。

7.4.1 争议、索赔和理赔的含义

1.争议

争议是指买卖的一方认为另一方未能全部或部分履行合同规定的责任与义务所引起的纠纷。采购活动中的争议主要有下列三种原因：

（1）卖方违约，如拒不交货，未按合同规定的时间、品质、数量、包装交货，货物与单证不符等。

（2）买方违约，如未按合同规定时间付清货款，或未按合同规定的时间、地点组织提货、验收等。

（3）合同规定不明确、不具体，以致买卖双方对合同条款的理解或解释不一致。

2.索赔和理赔

无论是买方或卖方违反合同条款，在法律上均构成违约行为，都必须向受损害方承担赔偿因其违约而受到损失的责任。索赔就是指受损害的一方在争议发生后，向违约的一方提出赔偿的要求。理赔就是指违约的一方受理遭受损害一方提出的索赔要求。索赔和理赔其实就是一个问题的两个方面。

索赔和理赔是由于违约而产生的。购货合同中一般都订立了明确的违约处理方法，即受损害一方向对方要求赔付违约金。如果违约给对方造成的损失超过违约金的，还应进行赔偿，赔偿违约金不足的部分，对方要求继续履行合同的，应继续履行。

在国际贸易中，世界各国的法律对违约的后果及其处理办法有不同的规定，而且在解释上具有不确定性和任意性，所以，进出口合同中的违约责任条款，除了明确规定一方如违反合同，另一方有权提出索赔外，还规定了索赔的依据、索赔的期限、赔偿损失的部分和金额等项内容。

7.4.2 区分违反合同的责任

当购货合同履行过程中，未能按合同要求把采购物资送达买方时，首先应分清是供方责任还是运输方责任，认清索赔对象。

1.违反购货合同的责任

（1）供方的责任。①物资的品种、规格、数量、质量和包装等不符合合同的规定，或未按合同规定日期交货，应赔付违约金、赔偿金；②物资错发到货地点或接货单位（人），除按合同规定责任运到规定的到货地点或接货单位（人）外，还要承担因此而多支付的运杂费；如果造成逾期交货，要偿付逾期交货违约金。

（2）需方的责任。①中途退货应偿付违约金、赔偿金；②未按合同规定日期付款或提货，应偿付违约金；③填错或临时变更到货地点，要承担由此多支出的费用。

2.违反货物运输合同的责任

当物资需要从供方所在地托运到需方收货地点时，如果未按购货合同要求到货，应分清是货物承运方还是托运方的责任。

（1）承运方的责任。①不按运输合同规定的时间和要求发运的，赔付托运方违约金。②物资错运到货地点或接货人，应无偿运至合同规定的到货地点或接货人。如果货物逾期运到，应偿付逾期交货的违约金。③运输过程中物资的灭失、短少、变质、污染、损坏，应按其实际损失（包括包装费、运杂费）赔偿。④联运的物资发生灭失、短少、变质、污染、损坏，应由承运方承担赔偿责任的，具体由终点阶段的承运方先按照规定赔偿，再由终点阶段的承运方向负有责任的其他承运方追偿。⑤在符合法律和合同规定条件下的运输，由于不可抗力的地震、洪水、风暴等自然灾害，物资本身的自然性质，物资的合理损耗，托运方或收货方本身的过失等造成物资灭失、短少、变质、污染、损坏的，承运方不承担违约责任。

（2）托运方的责任。①未按运输合同规定的时间和要求提供货物运输，偿付承运方违约金。②在普通物资中夹带或匿报危险物资、错报笨重货物重量等而导致物资摔损、爆炸、腐蚀等事故，承担赔偿责任。③罐车发运的物资，因未随车附带规格、质量证明或化验报告，造成收货方无法卸货时，托运方必须偿付承运方卸车等费用及违约金。

3.已投财产保险时，保险方的责任

对于保险事故造成的损失和费用，在保险金额的范围内由保险方承担赔偿责任。被保险方为了避免或减少保险责任范围的损失而进行的施救、保护、整理、诉讼等所支出的合理费用，依据保险合同规定偿付。

7.4.3　索赔和理赔应注意的问题

发生合同争议后，应首先分清属供方、需方或运输方的责任。如需方在采购活动中因供方或运输方责任蒙受了经济损失，可以通过与其协商进行索赔。

索赔和理赔既是一项维护当事人权益和信誉的重要工作，又是一项涉及面广、业务技术性强的细致工作。因此，提出索赔和处理理赔时，必须注意下列问题：

1.索赔的期限

索赔的期限：争取索赔一方向违约一方提出索赔要求的违约期限。关于索赔期限，合同法有规定的必须依法执行，没有规定的，应根据不同物资的具体情况做出不同的规定。如果逾期提出索赔，对方可以不予理赔。一般农产品、食品等索赔期限短一些，对于一般物资索赔期限长一些，机器设备的索赔期限更长一些。

2.索赔的依据

提出索赔时，必须出具因对方违约而造成需方损失的证据（保险索赔另行规定），当争议条款为物资的质量条款或数量条款时，该证据要与合同中检验条款一致，处理时，应出示检验的出证机构所出具的检验结果证明。

如果提出索赔时证据不全，证据不足或不清，以及出证机构不符合规定，都可能遭到对方的拒赔。

3.索赔额及赔偿办法

处理索赔的办法和索赔的金额，除了个别情况外，通常在合同中只作一般笼统的规定，并不进行具体规定。因为违约的情况比较复杂，当事人在订立合同时往往难以预计。有关当事人双方应根据合同规定和违约事实，本着平等互利和实事求是的精神，合理确定损害赔偿的金额或其他处理办法，如退货、换货、补货、整修、延期付款、延期交货等。

确定赔偿额时，如果属于供方不能交货，应向采购方偿付违约金。通用物资的违约金为不能交货部分货款总值的1%~5%，专用物资的违约金为不能交货部分货款总值的10%~30%，具体比例可由供需双方在订立合同时商定。

当物资因质量与合同规定不符造成采购经济损失时，如果违约金能够补偿损失时，不再另外支付赔偿金；如果违约金不足以抵补损失时，应根据所蒙受经济损失的情况，支付赔偿金以补偿其差额部分。

在国际贸易中发生索赔时，应根据《联合国国际货物销售合同公约》的规定，一方当事人违反合同应付的损害赔偿额，应与另一方当事人因其违反合同而遭受的包括利润在内的损失额相等；如果合同被宣告无效，而在宣告无效后一段合理时间内，买方已经以合理方式购买替代货物，或者卖方已经以合理方式把货物转卖，则要求损害赔偿的一方可以取得合同价格和替代货物交易价格之间的差额。

7.4.4 仲裁

经济仲裁是指经济合同的当事人双方发生争议时，如果通过协商不能解决，当事人一方或双方自愿将有关争议提交给双方所同意的第三者，依照专门的裁决规则进行裁决，裁决的结果对双方都有约束力，双方必须依照执行。

当采购方与供应商发生纠纷需要仲裁时，可按照一般的仲裁程序到相应的受理机构提出仲裁申请，仲裁机构受理后，经调查取证，先行调解，如调解不成，进行庭审，开庭裁决。

1.仲裁的受理机构

根据我国实际和有关的法律规定：经济合同纠纷案件一般由合同履行地或合同签订地的仲裁机关管辖；凡是有涉外因素的经济纠纷或海事纠纷案件，即争议的一方或双方是外国法人或自然人的案件，以及中国商品、公司或其他经济组织间有关外贸合同和交易中所发生的争议案件，由民间性（非政府）的社会团体——中国国际贸易促进委员会附设的中国国际经济贸易仲裁委员会和中国海事仲裁委员会仲裁管辖，前者属于国内经济仲裁的范畴，后者则属于涉外经济仲裁的范畴。

（1）国内经济仲裁的受理机构。我国经济法规定，国内购货合同纠纷一般由购货合同履行地或者合同签订地的仲裁机关管辖，执行中有困难的，也可以由被诉方所在地的仲裁机关管辖。由购货合同履行地的仲裁机关管辖，便于查清发生纠纷的原因和事实，做出裁决之后也好执行。这里所说的合同履行地，通常是指不履行或不适合履行合同义务行为的地点。在一般情况下，也就是申诉方的所在地，但有时也可能并不一致。如果在执行中有困难，也可由被诉方所在地的仲裁机关管辖。

（2）涉外经济仲裁的受理机构。目前在我国的进出口业务所签订的购货合同中，仲裁受理地点主要有以下三种形式：

规定在我国由相关机构仲裁；规定在被诉方所在国家仲裁；规定在双方同意的第三国进行仲裁。至于同我国有贸易协定的国家，仲裁地点应按照协定的规定办理。

外企购货合同中不仅规定仲裁地点，而且规定仲裁机构、仲裁程序和仲裁费用等。

国际商事仲裁机构分为常设机构和临时性机构。前者又分为国际性或区域性的仲裁机关，如国际商会仲裁院；全国性仲裁机构，如瑞典斯德哥尔摩商会仲裁院、美国仲裁协会等。

2.仲裁的程序

（1）提出仲裁申请。向仲裁机关申请仲裁，应按仲裁规则的规定递交申请书，并按照被诉人数提交副本。当事人向仲裁机关申请仲裁，应从其知道或者应当知道权利被侵害之日起一年内提出。但侵权人愿意承担债务的不受该时效限制。否则，超过期限，一般不予受理。

仲裁申请人必须是与本案有直接利害关系的当事人。所写申请书应当写明以下事项：①申诉人名称、地址，法人代表姓名、职务；②被诉人名称、地址，法人代表姓名、职务；③申请的理由和要求；④证据、证人姓名和住址。

仲裁申请书的上述内容要明确具体，如有欠缺者，应责令补齐，否则将直接影响仲裁机关下一步的工作。

（2）立案受理。仲裁机关收到仲裁申请后，经过审查，符合仲裁条例规定的，应当在七日内立案，不符合规定的，应在七日内通知申诉人不予受理，并说明理由。

案件受理后，应当在五日内将申请书副本发送被诉人；被诉人收到申请书副本后，应当在十五日内提交答辩书和有关证据。

被诉人没有按时提交或者不提交答辩书的，不影响案件的受理。

（3）调查取证。仲裁员必须认真审阅申请书、答辩书，进行分析研究，确定调查方案及搜集证据的具体方法、步骤和手段。

为调查取证，仲裁机关可向有关单位查阅与案件有关的档案、资料和原始凭证。有关单位应当如实地提供材料，协助进行调查，必要时应出具证明。

仲裁机关在必要时可组织现场勘察或者对物证进行鉴定。

（4）先行调解。仲裁庭经过调查取证，在查明事实、分清责任的基础上，应当先行调解，促使当事人双方互谅互让、自愿达成和解协议。

调解达成协议，必须是双方自愿的，不得强迫。协议内容不得违背法律、行政法规和政策，不得损害公共利益和他人利益。

达成协议后，仲裁庭应当制作调解书，调解书应当写明当事人的名称、地址，代表人或者代理人姓名、职务，纠纷的主要事实，责任协议内容和费用的承担。调解书由当事人签字，仲裁员、书记员署名，并加盖仲裁机关的印章。

调解书送达后即发生法律效力，双方当事人必须自动履行。调解未达成协议或者调解书送达前一方或双方反悔，仲裁庭应当进行仲裁。

（5）开庭裁决。仲裁庭决定仲裁后，应当在开庭前，将开庭审理的时间、地点以书面形式通知当事人。在庭审过程中，当事人可以充分行使自己的诉讼权力，即申诉、答辩、反诉和变更诉讼请示的权力，委托律师代办诉讼的权力，申请回避的权力等。仲裁庭认真听取当事人陈述和辩论，出示有关证据，然后以申诉人、被诉人的顺序征询双方最后意见，可再行调解，调解未达成协议的，由仲裁庭评议后裁决，并宣布裁决结果。闭庭后十日内将裁决书送当事人。

互动课堂

宁波某建材集团是一家按现代企业制度运作的股份制企业，为中国建材二十强企业。企业生产经营涵盖水泥制品、PVC塑料异型材、塑料门窗、铝材、铝合金门窗、桩基基础施工等行业。为降低物流成本，提高物流质量，公司决定近期对下属子公司某水泥制品有限公司2019年水泥管桩公路运输业务（年承运量近100万吨）进行招标，竭诚欢迎符合要求的各地物流公司前来投标。

1.水泥制品有限公司2019年度从宁波市邱隘镇发往宁波及其周边地区管桩产品汽运项目。

2.投标资格要求：

（1）投标单位注册资本在100万元以上且资信良好。

（2）运输供应商须是专业的物流企业，具有2年以上物流营运经验，并具有公路运输经营的相关资质证明，能提供24小时运输服务，具有流畅的信息沟通渠道。

(3) 核载量30吨以上，自有车辆不低于30辆（需提供车辆行驶证复印件），车厢长度10米以上，车况良好，能长期在浙江宁波及周边地区从事管桩运输业务。

(4) 具备抗运输风险能力和运输质量保障能力，承担在运输中造成的损失。

(5) 本次招标不接受2家及以上运输供应商联合投标。

要求：

1. 请为宁波某建材集团设计并制作一份物流供应商调查表，要求明确供应商的名称、联系方式、业务项目、收费标准、车辆类型及数量、信息化水平、物流服务覆盖范围等信息。

2. 需至少调查3家符合要求的物流企业。

3. 需在实训报告中写明物流企业的名称、地址、注册资本、开展物流业务的时间、曾经服务过的主要客户、自有车辆数量、车辆吨位、信息化水平、物流服务覆盖范围、物流质量保障能力等。

4. 最后从中选择一家你认为最合适的物流企业，并说明理由。

5. 拟订一份服务采购合同。其中甲方为招标企业，乙方为某物流企业。

本章实训

实训项目1：编制采购合同

◆实训目标

1. 熟练查找、运用相关资源。

2. 熟悉采购合同的一般条款及特殊条款。

◆实训重点

能够根据需要起草合同。

◆实训资料

2019年4月11日，重庆金属有限公司与攀枝花钢厂达成采购意向，重庆金属有限公司将从攀枝花钢厂采购镀锌板180吨，采购价格为11 964.00元/吨，重庆金属有限公司希望三天内交货，所以必须选择公路运输。已知攀枝花钢厂与重庆金属物流仓库陆路距离为1 170公里，运费费率为1.5元/吨·公里，由攀枝花钢厂选择运输公司，运费到付。

◆实训任务

如果你是重庆金属有限公司的采购员，请起草一份采购合同文本。

实训项目2：拟订商品采购合同

◆实训目标

掌握商品采购合同包括的内容。

◆实训重点

能够熟练拟订商品采购合同。

◆实训资料

北部湾大学因扩大教学规模，根据教学的需要，拟在2019年5月前采购以下教学设备。详细采购清单见表7-4。

经公开招标，现选取同方电脑公司为供应商。

表 7-4　　采购教学设备表　　金额单位：元

序号	名称	品牌型号	数量	单价	合计
1	U盘	金士顿 64G	8个		
		三星 128G	5个		
2	移动硬盘	西部数据 2T	7个		
3	投影仪	索尼（SONY）VPL-EX430（标清 3200流明 1.2倍变焦）	1台		
4	DVD	先科	6台		
5	照相机	佳能（Canon）PowerShot SX720 HS 数码相机	15台		
6	录音笔	科大讯飞 智能录音笔SR501	25只		
7	电视机	海信（Hisense）H55E75A 55英寸	2台		
8	激光打印机	联想	4台		
9	录音机	熊猫（PANDA）6311E	3台		
10	讲台	钢制讲台	1台		
合计					

◆实训任务

请你根据所给资料，草拟一份采购合同，经学校领导审定后，再与供应商签订正式合同。

第8章 商品采购绩效评估

学习目标

知识目标：➢ 了解商品采购绩效评估的意义；

➢ 了解商品采购绩效评估的基本要求、目的和条件；

➢ 掌握商品采购绩效评估的概念、采购绩效评估指标体系和评估方式。

能力目标：➢ 能够设计采购绩效指标；

➢ 能够熟练运用各种采购质量管理方法；

➢ 能够依据采购绩效评估指标体系对某采购项目进行评估。

【案例导入】

一套完整的采购绩效考核评估体系是做好采购工作的必要保证，意识到这一点，很多企业都探索了一套自己的采购绩效考核管理办法。

中国石化物装部设立“比学赶帮超”指标体系，对各所属企业物资管理和采购业务操作部门进行考核。该考核指标体系共有11项指标，包括2项定性指标、2项定量指标。对所有企业按指标进行测算、排名和通报，好的挂红旗，差的挂黄旗。对个人的绩效考核由各个处室实施，并没有集团统一考核。

按时保供是考核壳牌采购部门的主要指标，成本的重要性则根据上下游的不同以及市场环境的差异波动。节省采购资金也是壳牌采购部门绩效考评中的重要指标，节省的资金从价格降低、交货周期缩短、库存降低等多方面进行考量。年度考核指标主要依据与竞争对手和内部单位的比较制定。节省资金的考核也促使采购部门不断整合资源，使用更加集约的方式进行管理。

天管集团采购部门将任务分解到科室，科室分解到岗位，内部考核分为两个部分：一是考核主要指标，指标体系包括价格、计划执行、合同、流动资金占用等，每季度考核一次，考核结果体现到薪酬，完成计划目标以外进行嘉奖；二是考核重点工作，即与上年、与同行、与市场价进行对比，在主要指标之外实现成本降低的给以嘉奖。同时对重点岗位采购业务人员实行轮岗制，同类物资的采购人员每三年轮岗一次，超过三年不准备轮岗的，须经过所有处级领导确认延期。人力资源部门每年对全体采购人员进行人力资源管理评价，采购部门提供绩效考核等数据，实行末位淘汰。

华为对采购部门进行KCP（关键控制点，Key Control Point）考核，KCP从部门到岗位逐级分解；联想对供应链进行KPI（关键绩效指标法，Key Performance Indicator）考核，主要体现在原材料成本节约和端到端单台成本节约上，由采购部门承担整条供应链的主要KPI。

从上面各个公司的绩效考核标准可以看出，采购绩效的初衷是构建奖优惩劣的有效机制。采购绩效管理的重点是梳理采购环节中的核心业务关键点，对各关键点设置关键绩效考核指标（KPI），并对关键绩效考核指标进行定期检验与更新，确保绩效考核充分支持采购战略与管理目标。

对采购人员的考核实际上集中在两方面：一是商业道德；二是专业技能。商业道德包括对公司的商业道德和商业行为规范的坚守，不超越授权，不违反流程，为了维护这种商业道德，轮岗成为一种客观有效的手段。专业绩效是对采购人员专业水平的考量，主要根据公司制定的战略目标分解到采购部门的绩效来定。

由于企业的经营运作方式有很大的不同，这些考评标准充分反映了不同行业、企业的采购管理特点以及绩效考量的侧重点。

资料来源：佚名. 华为公司采购KPI［EB/OL］.［2018-12-11］. http://news.qihuiwang.com/purchasingexperience/20171211172640.html.

请思考：对于企业来说提高采购绩效有什么益处？

从管理学角度讲，任何采购工作都要遵循PDCA（计划—实施—检查—总结）的过程。而企业在制定了采购方针、战略、目标以及行动计划后，在计划实施时还需制定相应的绩效指标，对采购进行检查控制，每完成一个阶段的工作进行一次总结，并在此基础上提出下一阶段的行动目标与计划，如此循环往复、不断改进。

8.1 商品采购绩效评估概述

8.1.1 采购绩效评估的概念

商品采购工作经过一系列的作业程序完成之后，是否达到了预期的目标、企业对采购的商品是否满意，是需要经过考核评估之后才能下结论的。商品采购绩效评估就是建立一套科学的评估指标体系，用来全面反映和检查采购部门的工作实绩、工作效率和效益。

对商品采购绩效的评估可以分为对整个采购部门的评估和对采购人员个人的评估。对采购部门绩效的评估可以由企业高层管理者来进行，也可以由外部客户来进行；而对采购人员的评估常由采购部门的负责人来进行。

认真评估采购部门的绩效是必需的，其主要体现在：

（1）将注意力集中在优先考虑的领域，使目标更加可能实现。

（2）如果需要，可以为采取正确的行动以改进工作提供数据。

（3）通过分离有问题的区域，它有助于与其他的职能部门发展良好的关系。

（4）能够使大家重视人员培训。

（5）提供最高管理部门对采赊进展保持了解所需信息。

（6）可以识别并奖励那些做得更好的人员，这可以增强组织的动力。

对商品采购绩效的评估是围绕采购的基本功能来进行的。采购的基本功能可以从两方面进行描述：第一，把所需的商品及时买回来，保证销售或生产的持续进行，就像一辆汽车加油以使其可连续奔驰一样；第二，开发更优秀的供应源，降低采购成本、实现最佳采购。

8.1.2 采购绩效评估的目的

通过商品采购绩效评估不仅可以清楚采购部门及个人的工作表现，从而找到现状与预设目标的差距，也可奖勤罚懒，提升工作效率以促进目标的早日实现。实际上，若能对采购工作做好绩效评估，通常可以达到下列目的：

1.确保采购目标的实现

各个企业采购目标各有不同，例如国有企业的采购除注重降低采购成本外，还偏重于“防弊”，采购作业以如期、如质、如量为目标；而民营企业的采购单位则注重利益，采购工作除了维持正常的产销活动外，非常注重产销成本的降低。因此，各个企业需要针对采购单位所追求的主要目标加以评估，并督促目标的实现。

2.提供改进绩效的依据

企业实行的绩效评估制度，可以提供客观的标准来衡量采购目标是否达成，也可以确定采购部门目前的工作绩效如何。正确的绩效评估，有助于指出采购作业的缺陷所在，从而据以拟订改善措施，起到惩前毖后的作用。

3.作为个人或部门奖惩的参考

良好的绩效评估方法，能将采购部门的绩效独立于其他部门而显示出来，并反映采购人员的个人表现，成为各种人事考核的参考资料。依据客观的绩效评估，达成公正的奖惩，可以激励采购人员不断前进，发挥团队合作精神，使整个部门发挥整体效能。

4.有助于对采购人员甄选与训练

根据绩效评估结果，可以针对现有采购人员的工作能力缺陷，提出改进计划，例如安排参加专业性的教育训练。如果在评估中发现整个部门缺乏某种特殊人才，可以另行由公司内部甄选或向外招募，例如成本分析员或专业营销人员等。

5.改善部门关系

采购部门的绩效，受其他部门配合程度的影响非常大。因此采购部门的职责是否明确，表单、流程是否简单、合理，付款条件及交货方式是否符合公司管理规章制度，各部门的目标是否一致等，都可以通过绩效评估予以判定，并可以改善部门之间的合作关系，提高企业整体运作效率。

6.提高采购人员的士气

有效且公平的绩效考核与评估制度，将使采购人员的努力成果获得适当回报与认定。采购人员通过绩效评估，将与业务人员或财务人员一样，对其对公司的利润贡献有客观的衡量尺度，成为受肯定的工作伙伴，对其士气提高大有帮助。

8.1.3　采购绩效评估的基本要求

美国采购专家威尔滋对采购绩效评估的问题，曾提出以下几点要求：

（1）采购主管必须具备对采购人员工作绩效进行评估的能力。

（2）采购绩效评估必须遵循以下基本原则：①绩效评估必须持续进行，要定期审视目标达成程度。当采购人员知道会定期评估绩效，自然能够致力于绩效的提升。②必须从企业整体目标的观点出发来进行绩效评估。③持续与长期化，评价必须持续不断而且长期进行。④评估尺度。评估时，可以使用过去的绩效尺度，也可以将其作为评估的基础，更可以用与其他企业的采购绩效比较的方式来进行评估。

8.1.4　采购绩效评估制度的条件

1.公开化

企业应该以公正无私的立场来制定采购绩效评估制度，绝对不能使绩效评估制度成为采购部门本位主义的产物。

2.有个性

必须带有企业个性色彩，切实符合企业特性。

3.评估的目的必须明确化

评估目的如下：

（1）企业采购最基本的评估目的是显示采购业务的重要性，主要包括提高对企业利益的贡献度和促进业务营运绩效（生产、销售等）的提高（例如，减少缺货等）。

（2）物料采购业务的改善与发展。评估绩效的结果，能够展示现在应加以改善的缺陷所在，以利于业务改善与发展的实施。

（3）作为人事考评、目标管理的基础。

8.1.5 采购绩效评估的标准

有了绩效评估指标之后，必须考虑将何种标准设为与目前实际绩效比较的基础。一般常见的标准有以下几种：

1.历史绩效

选择公司历史绩效作为评估目前绩效的基础，是相当可行、有效的做法。但是只有当公司的采购部门，无论是组织、职责或人员等，均没有重大变动的情况下，才适合使用此项标准。

2.预算或标准绩效

如果历史绩效难以取得或采购业务变化比较大，企业可以使用预算标准绩效作为衡量的基础。标准绩效的设定，要符合下列三种原则：

（1）固定标准。固定标准是指企业确定标准后，在一般情况下不能随意变动。这种标准比较简单，与以往指标作比较容易找出差距。但是企业、市场的情况是千变万化的，这种标准很难适应环境的变化。

（2）挑战标准。挑战标准是指标准的实现具有一定的难度，采购部门和人员必须经过努力才能完成。这种标准可以激励员工的工作积极性。

（3）可实现标准。可实现标准是指在现有内外环境和条件下经过努力，确实应该可以达到的水平，通常依据当前的绩效加以衡量设定。

3.行业平均绩效

如果其他同行业公司在采购组织、职责以及人员等方面与本企业相似，则可与其绩效进行比较，以辨别彼此在采购工作成就上的优劣。数据资料既可以使用个别公司的相关采购结果，也可以应用整个行业绩效的平均水准。

4.目标绩效

预算或标准绩效是指在现有情况下，应该可以达成的工作绩效；而目标绩效则是在现状下，除非经过一番特别的努力，否则无法完成的较高境界。目标绩效代表公司管理当局对工作人员追求最佳绩效的期望值。

8.2 商品采购绩效评估指标体系和评估方式

企业内部的采购人员支配着占总成本60%~80%的采购费用（对于制造类企业来说），其绩效提高10%（成本降低10%），往往意味着企业的绩效提高6%~8%。强化企业的采购管理在市场经济的新形势下，有其特别重要的意义。

对一个企业进行管理咨询诊断的时候，需要考察采购环节：是否存在不按照采购计划规定的数量采购、盲目大批量购进，造成资金积压，增加了储存费用？采购人员是否对市场价格没有进行调查、不了解市场价格而使进价增加？不少企业对于采购订单无法进行控制，当财务能够对库存的数量、单价及金额进行统计时，采购业务已完成，变成了事后统计与监督，对于企业采购计划的控制较薄弱。或者因为没有使用ERP系统管理，当生产的产品种类较多，并缺乏历史采购数据与横向市场数据比较的时候，对采购价格监控力度就弱。

强化采购管理的第一步，就是制定好采购部门以及人员的考核标准与商品采购绩效指标体系。

8.2.1　采购绩效的衡量

西方有位管理学家曾经说过“你永远控制不了不能衡量的事情”。因此，要控制采购过程，必须制定商品采购绩效衡量指标，而这首先要对采购过程有深入的了解。

商品采购绩效的衡量可根据采购工作范围、采购能力与采购结果等概括成采购效率指标及采购效果指标两大类。采购效率指标是与采购能力相关的行政机构、方针目标、程序规章等指标；而采购效果指标是指与采购结果如采购成本、原材料质量、交货等相关的指标。商品采购绩效衡量的主要范围如图8-1所示。

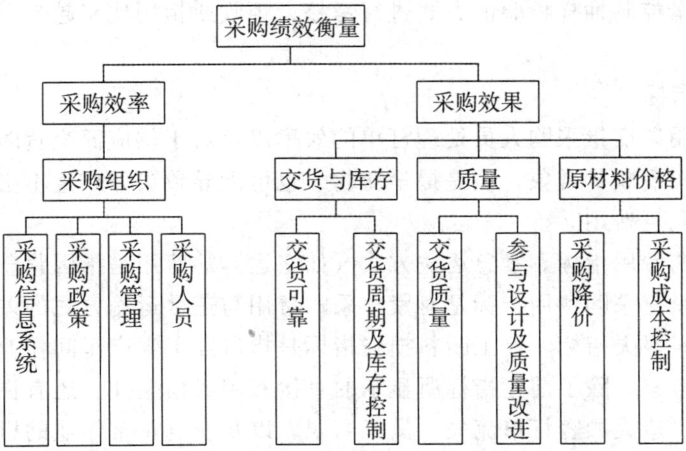

图8-1　商品采购绩效衡量的主要范围

8.2.2　采购绩效评估指标体系

采购人员在其工作职责上，应该达到“适时、适量、适质、适价及适地”等目标，因此，其绩效评估应以“五适”为中心，并以数量化的指标作为衡量绩效的尺度。根据采购专家的经验，具体可以把采购部门及人员的考核指标划分为以下五大类。

1.数量绩效指标

当采购人员为争取数量折扣，以达到降低价格的目的时，却可能导致存货过多，甚至出现呆料、废料的情况。

（1）储存费用指标。储存费用是指存货利息及保管费用之和。企业应当经常对现有存货利息及保管费用与正常存货利息及保管费用之差额进行考核。

（2）呆料、废料处理损失指标。呆料、废料处理损失是指处理呆料、废料的收入与其取得成本的差额。存货积压的利息及保管的费用越大，呆料、废料处理的损失越高，显示采购人员的数量绩效越差。不过此项数量绩效有时受到公司营业状况、物料管理绩效、生产技术变更或投机采购的影响，并不一定完全归咎于采购人员。

2.质量绩效指标

质量绩效指标主要是指供应商的质量水平以及供应商所提供的产品或服务的质量表现，其包括供应商来料质量、质量体系等方面。

（1）来料质量。来料质量包括批次质量合格率、来料抽检缺陷率、来料在线报废率、来料免检率、来料返工率、退货率、对供应投诉率及处理时间等。

（2）质量体系。质量体系有通过ISO 9000标准的供应商比例、实行来料质量免检的供应商比例、来料免检的价值比例、实施SPC的供应商比例、PSC控制的物料数比例、开展专项质量改进（围绕本公司的产品或服务）的供应商数目及比例、参与本公司质量改进小组的供应商人数及供应商比例等。

同时，采购的质量绩效可由验收记录及生产记录来判断。验收记录指供应商交货时，为公司所接受（或拒收）的采购项目数量或百分比；生产记录是指交货后，在生产过程中发现质量不合格的项目数量或百分比。

进料验收指标=合格（或拒收）数量/检验数量

若以进料质量控制抽样检验的方式进行考核，拒收或拒用比率越高，显示采购人员的质量绩效越差。

3.时间绩效指标

这项指标是用以衡量采购人员处理订单的效率以及对于供应商交货时间的控制。延迟交货，固然可能出现缺货现象，但是提早交货，也可能导致买方产生不必要的存货储存费用或提前付款的利息费用。

（1）紧急采购费用指标。紧急运输方式（如空运）的费用是指因紧急情况采用紧急运输方式的费用。紧急采购费用指标是对紧急采购费用与正常运输方式的差额进行考核。

（2）停工断料损失指标。停工断料损失指标是指对停工生产车间作业人员工资及有关费用的损失进行考核。除了前述指标所显示的直接费用或损失外，还有许多间接损失。例如经常停工断料，造成顾客订单流失，员工离职，以及恢复正常作业的机器必须做的各项调整（包括温度、压力等）；紧急采购会使购入材料的价格偏高，质量欠佳，连带也会产生赶工时间必须支付额外的加班费用。这些费用与损失，通常都没有估算在此项标的内。

4.价格绩效指标

价格绩效是企业最重视及最常见的衡量标准。通过价格绩效指标，可以衡量采购人员议价能力以及供需双方势力的消长情形。采购价差的指标，通常有下列数种：

（1）实际价格与标准成本的差额。实际价格与标准成本的差额是指企业采购商品的实际价格与企业事先确定的商品采购标准成本的差额，它反映企业在采购商品过程中实际采购成本与采购标准成本的超出或节约额。

（2）实际价格与过去移动平均价格的差额。实际价格与过去移动平均价格的差额是指企业采购商品的实际价格与已经发生的商品采购移动平均价格的差额，它反映企业在采购过程中实际采购成本与过去采购成本的超出或节约额。

（3）使用时的价格与采购时的价格之间的差额。使用时的价格与采购时的价格之间的差额是指企业在使用材料时的价格与采购时的价格的差额。它反映企业采购材料物资时是否考虑市场价格的走势，如果企业预测未来市场的价格走势是上涨的，企业应该在前期多储存材料物资；如果企业预测未来市场的价格走势是下跌的，企业不宜多储存材料物资。

（4）将当期采购价格与基期采购价格之比率与当期物价指数与基期物价指数之比率相互比较。这个指标是动态指标，主要反映企业材料物资价格的变化趋势。实行物资采购比价管理，一般可以取得明显的经济效益。

5.采购效率指标

以上质量、数量、时间及价格绩效是就采购人员的工作效果来衡量的，还可就采购效率来衡量。

（1）年采购金额。年采购金额是企业一个年度商品或物资的采购总金额。其包括生产性原材料与零部件采购总额、非生产采购总额（包括设备、备件、生产辅料、软件、服务等）、原材料采购总额占总成本的比例等。其中最重要的是原材料采购总额，其还可以按不同的材料进一步细分为包装材料、电子类零部件、塑胶件、五金件等，也可按采购付款的币种分为人民币采购额及其比例。原材料采购总额按采购成本结构又可划分为基本价值额、运输费用及保险额、税额等。此外，年采购额还可分解到各个采购员及供应商，算出每个采购人员的年采购额、年人均采购额、各供应商年采购额、供应商年平均采购额等。

（2）年采购金额占销售收入的百分比。年采购金额占销售收入的百分比是指企业在一个年度里商品或物资采购总额占年销售收入的比例，它反映企业采购资金的合理性。

（3）订购单的件数。订购单的件数是指企业在一定时期内采购商品的数量，主要是按ABC管理法对A类商品的数量进行反映。

（4）采购人员的人数。采购人员的人数是指反映企业专门从事采购业务的人数，它是反映企业劳动效率指标的重要因素。

（5）采购部门的费用。采购部门的费用是一定时期采购部门的经费支出，它是反映采购部门经济效益的指标。

（6）新供应商开发个数。新供应商开发个数是指企业在一定期间采购部门合作的新的供应商的数量，它反映企业采购部门的工作效率。

（7）采购计划完成率。采购计划完成率是指一定期间内企业商品实际采购额与计划采购额的比率，它反映企业采购部门采购计划的完成情况。

（8）错误采购次数。错误采购次数是指一定时期内企业采购部门因工作失职等原因造成错误采购的数量，它反映企业采购部门工作质量的好坏。

（9）订单处理的时间。订单处理的时间是指企业在处理采购订单的过程中所需要的平均时间，它反映企业采购部门的工作效率。

8.2.3　采购绩效指标体系的设定

采购绩效指标体系的设定包括以下几个方面的内容：一是要选择合适的衡量指标；二是绩效指标的目标值要充分考虑；三是确定绩效指标要符合有关原则。

采购绩效指标的选择要同企业的总体采购水平相适应。对于采购体系尚不健全的企业，刚开始可以选择批次质量合格率、准时交货等来控制和考核供应商的供应表现，而平均降价幅度则可用于考核采购部门的采购成本业绩。随着供应商管理程序的逐步健全、采购管理制度的日益完善、采购人员的专业水平及供应商管理水平的不断提高，商品采购绩效指标也就可以相应地系统化、整体化并且不断深化。

确定商品采购绩效指标目标值时要考虑以下前提：一是内外顾客的需求，尤其是要满足下游如生产部门、品质管理部门等的需要。原则上，供应商的平均质量、交货期等综合表现应好于本公司内部的质量与生产计划要求，只有这样供应商才不至于影响本公司内部的生产与质量，这也是“上游控制”原则的体现。二是所选择的目标以及绩效指标要同本公司的大目标保持一致。三是具体设定目标时既要实事求是、切实可行，又要具有挑战性，要以过去的表现作为参考，更加重要的是与同行的佼佼者进行比较。

商品采购绩效指标体系的选择是否适当，可应用相关检查进行，即符合明确、可测量性（即尽量量化）、可接受性（即能让自己、顾客及相关的人员认同）、现实可行以及时间性要求等。

8.2.4 采购绩效评估的方式

定期合理地评价采购部门的绩效可以节省费用，直接增加企业利润。采购人员工作绩效的评估方式，可以分为定期和不定期两种评估方式。

1.定期评估

定期评估是配合公司年度人事考核制度进行的。一般而言，如果能以目标管理的方式，也就是从各种工作绩效指标中选择年度重要性比较高的项目中的几个来定位绩效目标，年终按实际达到的程度加以考核，那么一定能够提升个人或部门的采购绩效。这种方法因为摒除了“人”的抽象因素，以“事”的具体成就为考核重点，也就比较客观、公正。

2.不定期评估

不定期评估，是以专案的方式进行的。比如公司要求某项特定产品的采购成本降低10%。当设定期限一到，评估实际的成果高于或低于10%，并就此成果给予采购人员适当的奖励或处分。此种评估方法对采购人员的士气有巨大的提升作用，此种不定期的绩效评估方式，特别适用于新产品开发计划、资本支出预算、成本降低的专案。

8.2.5 采购绩效评估人员及部门与方法

1.采购绩效评估人员及部门

（1）采购部门主管。采购主管对所管辖的采购人员最为熟悉，而且所有工作任务的指派，以及工作绩效的优劣，都在其直接监督之下。因此，由采购主管负责评估，可以注意到采购人员的表现，体现公平客观的原则。但是由采购主管进行评估会包含很多个人情感因素，有时因为“人情”，会使评估结果出现偏颇。

（2）财务部门。当采购金额占公司总支出的比例较高时，采购成本的节约对公司利润的贡献非常大。尤其在经济不景气时，采购成本节约对资金周转的影响也十分明显。财务部门不但掌握公司产销成本数据，对资金的获得与付出也进行全盘管制，因此，财务部门也可以对采购部门的工作绩效进行评估。

（3）工程部门或生产主管人员。当采购项目的品质与数量对企业的最终产品质量与生产影响重大时，也可以由工程或生产主管人员评估采购部门绩效。

（4）供应商。有些企业通过正式或非正式渠道，向供应商探询其对本企业采购部门或人员的意见，以间接了解采购作业绩效和采购人员素质。

（5）外部专家或管理顾问。为避免公司各部门之间的本位主义或门户之见，可以特别聘请外部采购专家或管理顾问，针对企业全盘的采购制度、组织、人员及工作绩效，做客观的分析与建议。

2.采购绩效评估方式

对采购人员进行工作绩效评估的方式，可分为定期和不定期式两种。定期评估配合公司年度人事考核制度进行，有时难免落入俗套。一般而言，以“人”的表现，如工作态度、学习能力、协调精神、忠诚程度等为考核内容，对采购人员的激励以及工作绩效的提升，并无太大作用。如果企业能以目标管理的方式，即从各种绩效指标当中，选择当年重要性比较大的项目作为考核目标，年终按目标实际达成程度加以考核，则必能提升个人或部门的采购绩效。使用这种方法可以摒除“人”的抽象因素，以“事”的具体成就为考核重点，因此，比较客观公正。由于使用这种方法时人们会特意追求考核目标的提高而忽略其他方面，因此对目标选择的要求比较高，要求目标选择全面。

至于不定期的绩效评估，则是以特定项目方式进行。例如公司要求某项特定产品的采购成本降低5%，当设定的期限一到，即评估实际的成果高于或低于5%，并就此成果给予采购人员适当的奖惩。这种评估方式，特别适用于新产品开发计划、资本支出预算、成本降低专项方案等。

3.采购绩效评估方法

采购绩效评估方法直接影响评估计划的成效和评估结果的正确与否。常用的评估方法有：

（1）排序法。在直接排序法中，主管按绩效表现从好到坏的顺序给员工排序，这种绩效表现既可以是整体绩效，也可以是某项特定工作的绩效。

（2）两两比较法。两两比较法指在某一绩效标准的基础上把每个员工都与其他员工相比较来判断谁“更好”，记录每个员工和其他员工比较时被认为“更好”的次数，根据次数的高低给员工排序。

（3）等级分配法。等级分配法能够克服上述两种方法的弊病。这种方法由评估小组或主管先拟定有关的评估项目，按评估项目对员工的绩效进行粗略排序。

8.3 采购质量管理基本方法

建立并保持纪录，从而提供符合要求和使采购质量管理体系有效运行的证据，是采购质量管理非常重要的一个环节。在采购质量管理工作中，需了解采购工作过程中物料的质量状况。找出影响物料质量波动的原因，就要搜集物料的质量数据记录，然后采用相应的方法进行采购质量问题分析，从而解决采购质量问题，达到提高采购质量的目的。

8.3.1 调查表法

调查表也叫检查表，它是利用统计图表进行数据搜集、数据整理和粗略原因分析的一种工具。其格式多样，常用的调查表有缺陷位置调查表、不合格品项目调查表、矩阵调查表等。下面介绍几种有代表性的调查表。

1.缺陷位置调查表

对于供应商所提供的物料，其外观质量是考核的指标之一。外观的缺陷可能发生在不同的部位，有多种类型。缺陷位置调查表就是先画出物料示意图，把图面划分成若干小区域。调查时，按照物料的缺陷位置在平面图的相应小区域内做记号，最后归纳成统计记号，可得出某一缺陷比较集中在哪个部位上的规律。这为进一步与供应商协商找出解决问题的办法提供了可靠的依据。

2.不合格品项目调查表

对于供应商提供的物料，其中的不合格品需要调查其项目，以及这些项目所占的比率大小。例如把预先设计好的表格放在验收的现场，让验收人员随时在相应栏里面画上记号，填上数据，然后再进行统计，就可以及时地掌握情况。

表8-1是一张不合格品项目调查表，这张表的日期、供应商、供应量、不合格品数、不合格品率栏等是用来填写所搜集数据的，不合格率必须通过计算得出，故可以说是对数据进行了整理。不合格品经过分门别类填写，就可以对产生不合格品的原因进行粗略分析。

表8-1 **不合格品项目调查表**

日期	供应商	供应量（个）	不合格品数（个）	不合格品率（%）	不合格项目							
					（1）	（2）	（3）	（4）	（5）	（6）	（7）	其他
	A	100	8	8	2		2			4		
	B	200	12	6		3		3	5		1	
	C	100	8	8			2			6		
合计		400	28		2	3	4	3	5	10	1	

3.矩阵调查表

矩阵调查表是把造成采购质量问题的成对因素，分别排成行和列，在其交叉点上标出调查的问题。这是一种多元问题的调查法。

8.3.2 分类法

分类法是一种把记录的原始质量数据按照一定标准加以分类整理，以便分析采购质量问题及影响因素的方法。分类的目的，是通过分类把性质不同的数据和错综复杂的影响因素分析清楚，找到问题的症结所在，以便对症下药，解决问题。

将数据分类时，不能随意地划分，而应是根据分析的目的，按照一定的标准加以区分，把性质相同、在同一条件下搜集的数据归纳在一起。分类时，应使同一层内的数据波动幅度尽可能小、不同类别的差距尽可能大。这是做好分类的关键所在。质量数据分类的标准多种多样，一般按照以下原则进行分类。

（1）按检验时间分：如按不同的班次、不同的日期进行分类；

（2）按供应商分：如按不同的供应商进行分类；

（3）按运输方式分：如按海运、公路、航空、铁路进行分类；

（4）按进货时间分：如按不同的进货日期进行分类；

（5）按检验方法分：如按全检、抽样检验等进行分类；

（6）按型号分：如按不同的型号、新旧程度进行分类；

（7）其他分类方法。

分类法广泛运用于各个行业的采购活动中，既可以用于工业企业，也适用于商业企业和服务行业；既可以用表格表示，也可以用图形表示，见表8-2。

表8-2　**某供应商不合格品分类**

商品类型 / 供应商名称	不合格品数量（个）			
	A	B	C	合计
甲	5	6	7	18
乙	7	8	5	20
丙	3	6	3	12
小计	15	20	15	50

8.3.3　因果分析图法

1.因果分析图的概念

因果分析图是表示质量特性与原因关系的图，也叫特性要因图。其形状像树枝和鱼刺，因此，又叫树枝图或鱼刺图。在采购过程中，影响采购质量的因素是错综复杂、多种多样的，因果分析图可作为整理和分析影响采购质量（结果）各因素（原因）之间关系的一种工具。它是通过带箭头的线，将采购质量问题与原因之间的关系表示出来。

2.因果分析图作图步骤

（1）先明确要分析的采购质量特性和确定需要解决的采购质量问题。

（2）召集同该采购质量问题有关的人员开会讨论，充分发扬民主精神，集思广益，各抒己见，分析产生采购质量问题的原因。

（3）采购质量问题写在图的右边，画一条带箭头的主干，箭头瞄向右端，确定造成采购质量问题的大原因。因为影响采购质量的一般有若干因素，可以就影响采购质量的因素画图，根据具体情况增减项目，把大原因用箭头排列在主干线的两侧。

（4）按各大原因引导大家展开分析。将大家提出的看法按中小原因及相互之间的关系，用长短不等的箭头线画在图上，展开分析到能采取措施为止。

（5）按重要的、关键的原因分别用粗线或其他颜色的线标出来，或者加上边框。这类原因只能有2~3项，用投票法、排列图法或评分法确定。

（6）记下必要的有关事项，如绘制日期、制图者、制作单位、参加讨论的人员及其他可参考的注意事项。

3.制作因果分析图的注意事项

（1）所确定的采购质量问题应尽量具体。

（2）要发扬民主精神，尽可能把与问题有关的人员都召集来开会，与会者要充分发表意见，把各种意见都记录下来，包括不同的意见。

（3）原因分析要紧扣问题，针对性强，力求详细、全面，原因分析要细到能采取措施。

（4）主要原因一定要标出。主要原因的确定可采用投票法、排列图法或评分法。

（5）为了图形的美观，线段之间的倾斜角度约为60°。

(6) 因果分析图画好后要到现场落实原因项目、制定措施，措施实施后，与排列图相结合，检查其效果。

(7) 大、中、小原因混乱，归类混乱，只有大原因或采购质量问题不明确等是常见的问题，应特别注意。

8.4 改进商品采购绩效的途径

随着中国加入WTO，国内企业将与国外企业在同样的游戏规则下展开竞争，优胜劣汰将不可避免。在这种大背景下，采购部门所承担的责任越来越大，这将迫使采购人员想办法提高绩效。同时，具有丰富经营知识和经营经验的专家，要深入到经营现场和采购人员密切配合，运用科学方法，根据一定指标体系，对商品采购绩效做出定量评价或具有论证的定性分析，以便企业对商品采购活动进行改进。

8.4.1 营造商品采购绩效改进的工作氛围

如果采购组织内部存在很大的矛盾，采购人员与供应商之间互相不信任，缺乏合作诚意，采购人员首先的感觉是“如履薄冰，处处小心行事”，本来全部精力应投在工作上，但实际上却分散了注意力。采购人员要经常把自己的业绩与同行高水平职员相比，特别是有跨国采购经验的高级职员，他们的经验值得借鉴学习。

采购组织的管理职能部门，应定期将采购人员的业绩进行评估，并进行排名，再配以相应的奖励制度，使采购业务不断改善。

8.4.2 通过强化内部管理来提升商品采购绩效

不同企业的管理方式及水平有很大的不同或差距，一般来说跨国公司由于有较长的在市场经济下经营的历史及较健全的企业制度，故跨国公司或外企在管理方面有很多值得国内企业（特别是国有企业）借鉴的地方。当然，少部分在国内土生土长的企业（如青岛海尔等）也有一套行之有效的先进管理方案。不管怎么样，“拿来主义”有时是必需的，“他山之石，可以攻玉”是一句千古不变的箴言。

管理的根本是管人，一个企业最宝贵的资产是它的雇员，而不是价值上亿元的先进设备或雄伟气派的厂房，再先进的设备若没有合格的人去操作不过是一堆废铜烂铁，我们时常看到这样一句话：科技以人为本。这句话的根本在于在企业实际运作中如何操作，而不是喊喊口号这么简单。与其他部门相比较，采购部门对人的依赖性更大，采购工作的大部分内容是人与人的交往。

从管理角度去提升商品采购绩效主要有以下几个方面：

(1) 在企业内建立合格的采购队伍（团队），提供必要的资源；

(2) 选聘合格人员担任采购人员，给予必要的培训；

(3) 给采购部门及采购人员设立有挑战性，但又可行的工作目标；

(4) 对表现突出的采购人员给予物质及精神上的奖励。

表8-3为某企业采购部绩效考核表，请考虑该企业是否能调动采购部人员的积极性。

表8-3 **采购部绩效考核表**

序号	考核项目	绩效评估比例	绩效评价标准及办法	评价结果
1	采购管理	20%	1.根据公司生产的需要开发和维护供应商，使A类、B类的每个原料的供应商始终保持2~3家，未完成扣50元，每多开发一家稳定供货半年以上的A类、B类的每个原料的供应商则奖100元 2.对供方供货业绩进行跟踪，及时处理业务关系，如因供货关系处理不当，造成供应不及时延误交货一天，则扣50元 3.建立完整的供应商企业信息及其供货记录（含业绩评定），少一份记录则扣20元	
2	供货量及库存的控制	30%	1.根据月材料需求和生产任务组织采购，因A类原料供应不及时，延误交货一天扣50元，两天以上扣100元；因B类原料供应不及时，延误交货一天扣50元，两天以上扣100元；因C类原料供应不及时，延误交货一天扣20元，两天以上扣50元 2.在保证供应生产的同时，按月材料需求合理控制库存，丙烯、牛皮纸、涂膜料、热熔胶带、吊带、油墨为2%~5%，实际库存超过指标达1%~2%扣50元，实际库存超过2%以上扣100元；其他A类、B类材料的库存控制在5%以下，否则扣100元 3.保证生产需要的同时，五金配件、电器常用件、易损易耗件及用油类按月耗用量的105%~110%控制库存，超出或不足则扣50元 4.其他加工件、非标准件在生产车间申请加工或采购后一周内到货，否则延误生产一天则扣20元 5.临时要求采购原材料及五金配件、电器在相关部门申请加工或采购后三天内到货，否则延误产品开发或生产一天则扣20元 6.办公用品及其他非生产材料在相关部门申请采购后两周内到货，否则扣50元	
3	供货质量的控制	30%	1.采购物资进厂时，通知质量部门进行验证，如发生未经验证进入仓库或车间现场，每批次扣50元 2.根据采购规范质量要求组织采购，因A、B类原料质量问题造成产品物理性能指标一般不合格则每批扣100元，严重不合格或批量不合格则扣完该项工资，造成产品外观质量指标严重不合格或批量不合格则扣50元；因C类原料质量问题造成严重不合格或批量不合格则扣20元 3.因原料质量问题造成顾客批量不合格投诉或退货则扣完该项工资 4.因五金配件、电器及用油类等质量问题造成严重或批量不合格、设备严重故障或安全事故则：直接经济损失在5 000元以下的扣100~200元，超出5 000元的则扣完该项工资 5.及时按要求在不合格判定之日起一周内处理完不合格材料（含退货），否则扣50元，如退货货款未同时收回或抵货，则：实际金额在10 000元内扣200元，超出10 000元扣完该项工资	

续表

序号	考核项目	绩效评估比例	绩效评价标准及办法	评价结果
4	供货价格、成本及资金管理	20%	1.供货价格：按公司的采购价格控制指标或年度合同给定价格要求控制，丙烯、牛皮纸、涂膜料、热熔胶带、吊带、油墨和月采购量达10 000元以上的其他设备及原材料，采购价格超标2%及以上的则扣100元，直至扣完本项工资 2.应付资金：在保证正常供应的前提下，应付资金应控制在月采购总额的1.5倍但不得低于0.5倍，每超过0.5倍则扣100元，节约50万元以上则奖50~150元 3.预付资金：预付资金不得高于当批采购额的15%，否则扣超出部分的10%，直至扣完本项工资 4.主要原料的市场价格的预测分析：每月根据市场动态预测市场价格，准确性达5%~15%奖200元；否则，按造成经济损失扣100元以上扣除，直至扣完本项工资	

8.4.3 通过应用科学技术来提升商品采购绩效

在信息化程度相当高的今天，仍有相当一部分企业（以中小型企业为主）还在采用“刀耕火种”的原始采购作业方式，其工作效率、反应速度、成本控制已不能适应白热化的市场竞争。20世纪80年代以后，越来越多的新技术被采购行业所采纳并取得了良好的经济效益，最典型的就是MRP系统的推广使用及被视为新经济时代作业方式的电子商务在采购业的应用。

传统通信技术，如电话、传真、信函等虽已被使用了几十年甚至上百年，但在今天仍发挥着重要作用，有的企业的采购部到今天为止能够称得上现代化工具的还是它们。科学技术的发展为这些古老的通信手段增添了新的生命力。新技术，如电子邮件、电子数据交换、电子商务采购等则令采购作业方式紧随时代步伐。

1.电话

人们每天都在使用电话，电话是除了面对面交谈之外的最直接最迅捷的沟通方式，电话在使用一百多年后的今天起码有两项新增功能令它再创辉煌：第一是语音信箱，受话者在事后可从语音信箱中提取出对方的留言而不致错过或延误需处理的事情，并且可以省去电话直接沟通中的寒暄或客套话，即使是在手提电话日益普及的今天仍有它的生命力；第二是基于互联网或专线的可视电话的出现更是将古老的电话提升为前沿科技，它可将大洋彼岸变成天涯咫尺，几乎与面对面沟通无异。

2.信函

特快专递的出现给日常的采购工作带来了不少的方便，如向供应商索要的少量样品、需交付给供应商的盖有文控中心“受控”章的工程图纸、技术文件等，这些都可通过特快专递获得或交付到对方的手里。

3.建立企业内部网及使用国际互联网

企业规模越大，就越有必要建立内部网络，一个上万人的大企业如果还靠贴通知或广播方式来传递信息是不可想象的。内部网络的建立使得众多部门之间不用见面但又能迅速沟通变成可能，特别是一个部门或高级管理者要向企业大部分人发布消息且又不想兴师动众时，电子邮件便成了最好的选择。不能否认电子邮件已成为沟通的一种重要手段，虽然其效果没有面对面沟通那么好。电子邮件对于采购人员来说作用是非常明显的，因为采购人员的大部分工作就是与企业内部相关人员及供应商沟通，从内部来讲，它免去了频繁召集会议的辛苦，同时也方便了需获得信息的人；对外部来说，用电子邮件传送工程图纸或技术文件给供应商不仅快而且能让供应商获得清晰的文件。目前，企业虽能在各大网站非常容易地申请到免费或收费的邮箱，但在企业内这种邮箱的使用者是相互独立的（邮箱地址无专人管理），企业员工很难知道别的同事的邮箱地址，所以这种邮箱并无太大作用。企业应该根据需要设置一些公共邮箱，重要信息可以发到这些邮箱，让员工或供应商经常打开查阅。

如今，很多企业办公室的电脑能方便地访问国际互联网，特别是近来推出的宽频上网，让上网者如鱼得水，这对经常从网上获取供应商信息或发布求购信息的采购人员来说实在是如虎添翼，如果一个对互联网产生了“依赖性”的采购人员失去了使用互联网的条件，他会感到犹如失去了左膀右臂，工作难以顺利开展。国际互联网为采购人员展示了一个巨大的虚实结合的市场，合理利用它会有效提升采购绩效。电子商务采购虽然还有很多方面亟待完善，在短期还不能取代传统采购方式的地位，但是它必将成为一种主要的采购方式。

使用好网上采购，受益将主要体现在以下几个方面：

（1）节约采购成本。其视产品的不同，将至少节约2%~25%的采购成本，节省与采购相关的多项开支。

（2）缩短采购周期。其提供的专业化服务将使企业的原有采购周期缩短10%~50%，大幅提高采购效率，将过去几周或几个月的采购流程与业务谈判压缩到现在的几天或几周。

（3）透明采购流程。其与政府的“阳光采购计划”不谋而合，通过先进的电子商务手段可以滤除采购中的不良因素。对于已有的固定供应渠道，可能会获得更低的价格。

（4）增加有效供应商。全国背景的专业数据库帮企业跳出本地域、本行业的限制，在全国范围内提供更适于企业的供应商。对于难以采购到的产品或服务，可能会找到更多的供应渠道。

（5）促进企业现代化。用电子商务的手段改造企业内及企业间的每个沟通环节是时代的必然。企业可以用ECantata的服务作为突破口，追上时代的步伐，全面改造企业的供应链。对于具有大量供应渠道的产品或服务的企业，可以对众多的供应商进行资格预审和优化。

（6）市场信息千变万化，知己知彼，方能百战百胜。充足的市场信息是采购人员决策的重要依据。企业相关人员可以根据近万种产品的分类、几百万家商家的资料信息进行有效决策。

8.4.4 普及微型计算机及推行MRP系统

令人遗憾的是，时至今日仍有一些企业的采购部门还见不到几台电脑，没有电脑，前面所说的可视电话、Internet就是空中楼阁；没有电脑，所有数据与资料必须依靠笔写手抄，这样不仅容易出错，而且数据与资料难于整理、检索和保管。采购人员无电脑，不得不将相当部分时间耗在繁琐的日常公文处理上，这样不仅效率低下而且出错率高。如果想提升采购绩效，就必须将采购人员从费时的机械性事务中解脱出来，把精力与时间放到可以增值的采购活动上去。

推行物料需求计划对提升整个企业的管理水平有至关重要的作用，谁也不相信一个连物料需求计划都没有的企业是一个现代化的企业。物料需求计划中的数据不仅全面而且实时性好，许多采购人员所需的数据如采购历史数据（以前采购量、历史价格、以前向哪家供应商采购等）、一种物料有几个可以采购的合格供应商、供应商的基本情况（地址、联系方式等）、采购前置时间、采购申请单、收货状态、库存量、供应商货款的支付状况等均可从物料需求计划中查询到，这些数据对采购人员（特别是新进企业的采购人员）实在是太重要了，没有这些数据就无法进行适宜有效的采购决策，甚至无法开展工作。物料需求计划的推行与采购有很大关系的另一个原因是供应商的货款支付。在没有物料需求计划的企业中的采购人员要花很多时间在“该不该付款及何时付款”上，并且要和财务人员频繁沟通。有了物料需求计划就大不一样，什么时候付款、可不可以付款这些问题物料需求计划会自动提示财务人员，采购人员也可从系统中查到某供应商的某笔款项有没有支付，也可免去月底对账工作，从而把采购人员从付款这项本属于财务部门的工作中解放出来。物料需求计划的使用对规范采购作业、提升采购绩效有不可替代的作用。

8.4.5 使用条形码及与供应商进行电子数据交换

目前，越来越多的产品的包装上使用了条形码，这一串排列整齐的小线条可能包含物料名称、物料编号、价格、制造商等信息，工作人员只需用读码器扫描一下便可得到这些信息并自动输入到计算机中，对于采购来说，条形码在收货时特别有用，不仅迅速快捷而且避免了手工输入容易出错的缺点。

与供应商之间建立电子数据交换可极大地缩小采供双方的时空距离，从而更容易将企业内部的优秀管理延伸到供应商，把供应商作为企业的一个部门来管理。

实行电子数据交换的好处可以归纳为“多、快、好、省”四个字：

（1）多。这里所说的“多”有两方面的含义。第一，传递的信息多，采购方可以通过电子数据交换获得供应商的报价、查询供应商的库存、发放订单、发布需求量或交货期更改计划、发送通知或备忘录以及电子合同等；第二，采购人员可以做更多的事，由于采购人员从繁琐机械的文书工作中得到了一定的解放，所以采购人员能把更多的精力与时间用在可以增值的采购活动上，从而把采购工作做得更多更好。

（2）快。电子传输速度之快，其他任何方式都不可能超越。信息能更迅速地在采供双方之间交换，所以采购人员及供方业务人员能更快地处理相关事务，这样为采购工作赢得了宝贵的时间，由于某些事务的及时处理可以避免一些不必要的损失。在国际采购业务中，电子数据交换更有效果。

（3）好。使用电子数据交换能大幅减少数据的重复输入，从而出错的情况变少，保证了资料或数据的准确性。

（4）省。向无纸化采购靠拢，符合国际环保潮流。电子数据交换的使用可降低采供双方的库存量，供应商能根据采购方的最新需求来生产与交货，货款支付也可采用电子转账，从而可降低采购总成本。

8.4.6 通过与供应商开展更好的合作来实现商品采购绩效的提升

采购部门的合作对象——供应商的表现在很大程度上制约着采购绩效的提升，而供应商的表现与采供双方之间是一种什么关系又有很大的联系。一般来说，与企业建立了长期合作伙伴关系的供应商能有较好的表现，这种供应商能较好地配合企业的降价计划，如果该种降价计划是合理的话。

与供应商联手实现降低商品采购成本的途径有：

1.与供应商共同制订可行的成本降低计划

如果供应商的利润已达到一个非常合理的水平，要供应商降低售价的前提是供应商自己的成本能降低。企业想达到降价目的就必须与供应商共同制订一个成本降低计划，并且与供应商一起去寻找可行的途径，譬如：与供应商一道开发更便宜的原材料、互相探讨生产设备及工艺、同意供应商采用便宜的包装材料等。

2.与供应商签订长期的采购协议

长期的采购协议会大大激发供应商的合作欲望，任何一个企业都知道一个长期的客户是何等的重要。如果采购方不能给予供应商具体的需求预测，而又要求供应商购买原材料进行储备或要求供应商生产较大数量的库存等着出货时，一旦采购方的产品停产，采购方应与供应商共同承担这些库存原材料或零部件带来的损失。

3.供应商参与到产品设计中去

由于供应商对企业要购买的物料可能有数年甚至几十年的经验，如果供应商能更早地参与到产品设计中去，就有可能提出一些合理的建议，如简化产品结构、使用更便宜的原材料等。

8.4.7 通过开发优秀新供应商来降低采购总成本

为了降低采购总成本，许多采购人员把相当部分精力放到了开发优秀新供应源上，许多大企业的采购部成立了“供应商开发小组”，甚至有的企业把它作为一个独立的部门来运作。一般要求新供应商的地理位置在采购方所在地附近，这样有助于解决开发过程中的问题。如果一个企业因历史原因致使大部分或主要供应商在海外，那么它的供应商开发工作其实就是“本地化”，本地化不仅可大大缩短交货期，而且采购单价一般可降低20%~40%。对大部分物料（商品）而言，国内廉价的制造成本已使得海外制造企业在价格上无法和国内企业进行竞争。

互动课堂

某礼品公司是一家专门生产贺卡和其他礼仪产品的公司。其下属机构一直是各自独立运作，缺乏统一采购的功能。在公司总经理的领导下，公司制定了采购管理的远景目标和改变采购能力的规划，并深化采购管理绩效改革，开发并实施采购绩效评估。

新的采购机制注意平衡全球战略和本地实施，提高配合优秀供应商和执行战略采购合同的能力，确定聘雇的绩效类型、制定KPI指标等，以及通过招聘、培训和提供恰当的工具等改善采购人员的工作绩效，提高了采购部的整体绩效水平。3年后，该公司节省了3 200万元的采购费用。

资料来源：佚名. 某礼品公司的采购绩效管理［EB/OL］.［2018-10-12］. http://edu.21cn.com/qy/Learn/42811.htm.

请思考：

1.该公司节省大量采购费用的原因有哪些？

2.该公司具体实施采购绩效改善的方法或途径有哪些？

本章实训

实训项目1：评估采购绩效（一）

◆实训目标

1.掌握商品采购绩效评估的条件。

2.掌握商品采购绩效评估和指标体系。

◆实训重点

能够根据相关指标评估采购绩效。

◆实训资料

作为中国汽车品牌的代表之一，奇瑞凭着“摸着石头过河”的探索精神，将摸过的石头变成自身发展的基石，同时为中国汽车企业蹚出了一条发展之路。如今，借力汽车智能化、共享化、新能源化等趋势，奇瑞正在整合优势资源，积极布局，为进入新一轮市场竞争做准备。

在奇瑞看来，传统汽车企业布局未来出行，关键是要以用户需求为驱动，实现汽车全价值链的智能化蜕变升级。因此不仅要满足用户目前的需求，还要预判未来可能产生和衍生的其他需求，实现传统汽车实现不了的场景功能。

新能源方面，奇瑞是国内首批获得新能源汽车生产许可证的汽车企业，多年来已经逐步建成了拥有整车集成、核心技术、核心零部件开发能力的新能源技术研发体系。目前仅新能源方面就拥有900多项专利，其中发明600多项。预计到2020年，奇瑞汽车将实现全部车型电动化。

自动驾驶方面，奇瑞已完成第一代、第二代无人驾驶产品的研发，并预计在2020年实现Level 3级别的有条件自动驾驶。Level 4级高度自动驾驶和Level 5级完全自动驾驶则分别计划在2025年以及2026年之后实现。

国际化方面，奇瑞全球出口量超过140万辆，占中国同期品牌出口量的30%左右，出口到了80多个国家和地区，全球有10个生产基地，有1 500多家销售服务网点。目前奇瑞在美国硅谷、德国法兰克福都有研发中心，巴西的研发中心正在建设中。按照“三步走”战略，进入3.0阶段的奇瑞将深化全球市场布局，计划在3~5年后进入欧美主流市场。

在这一串串的数字与成绩背后，依靠的是自主品牌的老将奇瑞二十余年的造车积累与坚持不懈的自我提升；也基于奇瑞站在战略高度，对于整个汽车行业变革趋势的预判与打造中国品牌金字招牌的使命感。

资料来源：宝刀愈锋迎变革.《了不起的中国制造》走进奇瑞［EB/OL］.［2018-12-10］. http://auto.163.com/18/1210/14/E2M00Q89000882UN.html.

◆实训任务

根据上面资料制订调研计划：

1. 调研目的：按照实训要求调查与采购相关的人员以及物料采购绩效方面的内容。

2. 调查对象：奇瑞汽车股份有限公司采购部人员。

3. 调查内容：结合网上资料，对奇瑞汽车股份有限公司的采购部进行采购绩效评价，从以下指标体系进行分析：

（1）采购成本是否降低了？卖方市场的条件下是否维持了原有的成本水平？

（2）采购质量是否提高了？质量事故造成的损失是否得到了有效控制？

（3）供应商的服务是否增值了？

（4）采购是否有效地支持了其他部门，尤其是营运部门？

实训项目2：评估采购绩效（二）

◆实训目标

1. 掌握采购绩效评估的指标。

2. 掌握采购绩效评估的方法。

◆实训重点

能够根据需要设计采购绩效评估表。

◆实训资料

某单位采购人员绩效考核评分表见表8-4。

表8-4　**采购人员绩效考核评分表**

考核期间：　　年　月

姓名				岗位					
业绩考核70%	序号	考核项目		权重	指标要求	评分等级	得分		
							自评	上级	结果
	1	采购业绩（80%）	采购及时性	20%	自提出需求7小时	7小时内完成20分 每超出1小时扣3分，最低0分			
	2		资金支付后滞期	20%	比上一个周期延迟1天以上	比上一周期延迟10分 与上一周期持平5分 短于上一周期0分			
	3		费用节省率	20%	比上期降低	比上期降低1%以上20分 与上期持平10分 高于上期0分			
	4		次品率	20%	在1%以内	1%以内 20分 高于1%0分			
	5	供应商管理（20%）	供应商资料库建设	50%	每月5日前上交资料，不少于3家新供应商	准时上交，数量超过3家为10分 延时上交或数量不足单项为5分 两项均未满足为0分			
	6		供应商意向合作协议书	50%	行业供应商不低于70%	行业供应商>70%为10分 行业供应商在60%~70%为5分 行业供应商<60%为0分			
	加权合计								

续表

姓名				岗位				
岗位职责考核20%	序号	岗位职责考核指标	权重	指标说明	考核评分	自评	上级	结果
	1	清财	40%	1级：不违反财务制度 2级：没有任何财务问题，并主动接受监督 3级：不因自身利益而破坏规则 4级：主动节省费用，并不影响工作质量 5级：因为财务清白，对其他成员产生影响力	1级5分 2级10分 3级15分 4级20分 5级25分			
	2	人际关系	30%	1级：接受邀请，维持正常工作关系 2级：建立融洽关系讨论非工作事例 3级：社会交往普遍发生 4级：成为密友并能正当拓展业务 5级：亲和力强，感染不同层次社会伙伴成为战略合作方	1级5分 2级10分 3级15分 4级20分 5级25分			
	3	承担责任	30%	1级：承认结果，而不是强调愿望 2级：承担责任，不推卸，不指责 3级：着手解决问题，减少业务流程 4级：举一反三，改进业务流程 5级：做事有预见，有防误设计	1级5分 2级10分 3级15分 4级20分 5级25分			
	加权合计							
报表考核10%								
	加权合计							
例外事件考核								
总分	总分=业绩考核得分×70%+岗位考核得分×20%+报表考核得分×10%+例外考核得分							
考核人	签字： 年 月 日							

资料来源：佚名．采购人员绩效考核评分表［EB/OL］．［2018-07-02］．https：//wenku.baidu.com/view/48a3b63fce2f0066f433228d.html.

◆实训任务

1.分析表8-4是否符合采购绩效评估的要求。

2.设计一张采购部经理的绩效评估考核表。

第9章
商品采购监督与控制

学习目标

知识目标：➢ 了解商品采购涉及有关法律的规定；

➢ 掌握商品采购的财务、审计监督的程序；

➢ 掌握常见的商品采购作弊方式与防范方法。

能力目标：➢ 掌握商品采购实物与信息流程控制的流程和要求；

➢ 能够针对商品采购产生回扣的原因提出杜绝采购回扣的方法措施。

【案例导入】

长春长生流入山东的不合格百白破疫苗，是如何通过公开招标流程中标的？

《疫苗流通和预防接种管理条例》规定，疫苗生产企业应当按照政府采购合同的约定，向省级疾病预防控制机构或者其指定的其他疾病预防控制机构供应第一类疫苗，不得向其他单位或者个人供应。而百白破疫苗作为一类疫苗，采购单位也基本只能是省级疾病预防控制机构。

在中国政府采购网上，红星新闻记者查到了一份2017年3月1日开标的山东省疾病控制中心人用疫苗中标公告。其中A2包正是吸附无细胞百白破疫苗，中标者为长春长生和武汉生物，金额在1 485万元左右。而评标委员会成员最终给长春长生打出的分数分别为94.82分、95.82分、96.82分、97.82分、98.82分。

7月24日，红星新闻记者联系到山东省政府采购中心的一位相关工作人员。这名工作人员向红星新闻记者介绍了这批疫苗的公开招标过程。该工作人员表示，评审是按照采购计划，请几名专家组成论证小组，对采购需求、供应商的资格、评分方法、评分细则进行论证。论证之后，制作采购文件，然后发招标公告，向全社会公告，有异议的可以质疑，公示无异议，企业开标。

这名工作人员表示，邀请的评标专家，都是统一从省财政厅政府采购专家库里语音自动抽取的，通过语音自动拨到专家手机上。评审的时候，统一根据投标供应商提供的投标文件书面审查，按照采购文件规定的方法进行综合打分。专家打分是根据各个投标人、疫苗公司提供的投标文件进行综合评审，按照评分方法和评分细则独立打分。之后按照所有专家的打分情况进行排名，排名前两名的是中标人。

那么，为什么长春长生中标后的打分，各项指标得分的尾数都一样？对于这个问题，该工作人员表示，对大体的项目、价格分，通常按照固定公式来计算，会牵扯到小数点，会根据一个最低价的评标基准价，专家给出一个打分区间，区间内结合招标文件的情况评分，区间里专家有一定的自由裁量权。招标文件也会有公式，会明确价格分怎么计算。投标价格最低的，作为评标基准价，最后得出价格分，会出现小数点。

而我国资深免疫学家、中国免疫学会常务理事中山大学医学院免疫学教研室主任、教授、博士生导师吴长有也告诉红星新闻记者，疫苗项目公开招标的专家评审打分，某种程度只是看说明、看价格。这些专家不是去搞评价，而是根据报的材料、报价来判断。专家看的其实都是表面材料，看材料显示效果，是否容易应用以及价格因素等，并不会专门进实验室做检测。

资料来源：佚名．“问题疫苗”如何中标？山东省政府采购人员披露招标过程［EB/OL］．［2018-07-24］．https：//baijiahao.baidu.com/s？id=1606879105821504048&wfr=spider&for=pc.

请思考：为什么要进行采购监督与控制？

商品采购环节往往是企业经营管理中最薄弱的一环。其一是容易滋生暗箱操作、以权谋私、弄虚作假、舍贱求贵、以次充好、收受回扣等现象；二是容易“跑、冒、滴、漏”。在许多企业中，采购成本占企业总成本的60%以上。本章主要讲述企业采购的一些控制制度，尽量杜绝或减少违纪违法和不遵守职业道德的行为。

9.1 商品采购实物与信息流程控制

商品采购控制要处理包括商品实际入库、根据入库商品内容做库存管理、根据需求商品向供应商下订单等一系列作业。具体而言，其工作内容包括：入库作业处理、库存控制、采购管理系统、应付账款系统及信息流程等。在整个作业过程中，实物与信息是同步控制的。所谓实物就是企业所采购的原材料或设备等，信息就是有关账款和动态的库存数据等。如果实物和信息两者不同步控制，就会有浪费、暗箱操作、数量与需求不符合等问题发生。可以说，采购内部控制的关键是信息控制。

完善的采购控制系统要能够为采购人员提供快速而准确的信息，以使采购人员能向供应商适时、适量地开立采购单，使商品能在出货前准时入库并且杜绝库存不足或积压过多等情况的发生。采购控制系统包括四个子系统：采购预警系统、供应商管理系统、采购单据打印系统、采购稽催系统。

当库存控制系统建立了采购时间文件后，仓管人员应检索供应商报价数据、以往交货记录、交货质量等信息作为采购参考。系统所提供的报表通常可以是商品供应商报价分析报表、供应商交货报表等。

根据上述报表，仓管人员可按采购需求向供应商下达采购单。此时，仓管人员需要输入商品数据、供应商名称、采购数量、商品等级等，并由系统自动获取日期来建立采购数据库。系统可以打印出采购单以供配送中心对外采购时使用。当配送中心与供应商通过电子订货系统采购商品时，系统还需具备计算机网络数据接收、转换与传送功能。

采购单发出后，仓管人员可用采购稽催系统打印预定入库报表及已购未入库商品报表，进行商品入库稽催或商品入库日期核准等作业。系统不需要再输入特殊数据，只需要选择欲打印报表的名称，而后由系统根据当天日期与采购数据库进行比较，打印未入库数据。采购系统最好具备材料结构数据，在组合产品采购时可据此计算各商品需求量。采购单可由单笔或多笔商品组成，且允许有不同进货日期。

采购物品抵达后，接着就是入库作业。入库作业处理系统包括预定入库数据处理和实际入库作业。预定入库数据处理为入库月台调度及机器设备资源调配提供参考。其数据信息主要来自：采购单上的预定入库日期、入库商品、入库数量；供应商预先通告的进货日期、商品及入库数量。实际入库作业则发生在厂商交货之时，输入数据包括采购单号、厂商名称、商品名称、商品数量等。企业可以输入采购单号来查询商品名称、内容及数量是否符合采购内容并用以确定入库月台，然后由仓管人员指定卸货地点及摆放方式。仓管人员检验后将修正入库数据输入，包括修正采购单并转入库存入库数据库。对退货入库的商品也要检验，只有可用品方可入库。

商品入库后有两种处理方式：立即出库或上架出库。在立即出库的情况下，系统需具备待出库数据查询并连接派车计划及出货配送系统。当入库数据输入后即访问订单数据库，取出该商品待出货数据，将此数据转入出货配送数据库，并修正库存可调用量。如果采用上架入库再出库的方式，入库系统需具备货位指定功能或货位管理功能。货位指定功能是指当入库数据输入时即启动货位指定系统，由货位数据库、产品明细数据库来计算入库商品所需货位大小，根据商品特性及货位储存现状来指定最佳货位。货位的判断可根据最短搬运距离、最佳储运分类等原则来选用。货位管理系统则主要完成商品货位登记、商品跟踪并提供现行使用货位报表、空货位报表等作为货位分配的参考。企业也可以不使用货位批示系统，由人工先行将商品入库，然后将储存位置登入货位数据库，以便商品出库及商品跟踪。货位跟踪可根据编码或入库指示单、商品货位报表、可用货位报表、各时间段入库一览表、入库统计数据等信息进行。货位指定系统还需具备人工操作的功能，以方便仓管人员调整货位，还能根据多个特性查询入库数据。

采购商品入库后，采购数据即由采购数据库转入应付账款数据库。会计管理人员为供应商开立发票时即可使用此系统，按供应商进行应付款数据登录，并更改应付账款文件内容。高层主管人员可由此系统制作应付账款一览表、应付账款已付款统计报表等。商品入库后系统可用随即过账的功能，使商品随入库变化而过入总账。

9.2 商品采购的财务、审计监督

商品采购是实体转移和价值转移的统一过程，因此容易产生作弊问题。商品采购控制要实现下列目标：

（1）保证采购业务合法有效；

（2）保证采购材料物美价廉；

（3）保证采购成本核算准确；

（4）保证采购记录真实完整。

9.2.1 建立控制关键点

企业为了实现上述控制目标，应当建立请购制度、经济合同、结算凭证和入库单据为载体的控制系统，并在该系统中设置下列控制点和关键控制点：①审批；②签约；③登记；④承付；⑤验收；⑥审核；⑦记账。其中“承付”、“验收”和“审核”为关键控制点，见表9-1。

以上海海洋油气分公司为例，具体流程如图9-1所示。

9.2.2 实行职务分离

各企业应当根据国家有关法律法规和《内部会计控制规范——采购与付款（试行）》的规定，建立适合本单位业务特点和管理要求的采购与付款内部控制制度，单位负责人对本单位采购与付款内部控制的建立健全和有效实施以及采购与付款业务的真实性、合法性负责。单位应当建立采购与付款业务的岗位责任制，明确相关部门和岗位的职责、权限，确保办理采购与付款业务的不相容岗位相互分离、制约和监督。

商品采购业务环节中所需处理的主要业务有：确定需求，寻求能满足供应商的适宜价格，向供应商发出订单，检验收到的货物，确定是否接受货物，向供应商退回货物，储存或使用货物，会计记录，核准付款等。在这些业务中，需要进行职务分离的有：

（1）需求与采购进行分离，即生产和销售对原料、物品和商品的需要必须由生产或销售部门提出，采购部门负责采购；

（2）付款审批人和付款执行人不能同时办理寻求供应商和询价业务；

（3）检验与采购分离，即货物的采购员不能同时从事货物的验收工作；

（4）记录和采购分离，即货物的采购、储存和使用人员不能从事账务的记录工作；

表9-1　　采购控制系统流程图说明

控制点	控制目标	控制措施
审批	保证经济业务在授权上进行	供应部门提出采购计划，主管计划的负责人批准采购计划并签章
签约	保证供货在约定的条件下执行	采购人员根据授权按计划签订合同，大额、大宗材料采购的重要合同要经内部审计部门审核
登记	保证及时正确地处理托收承付事项	财务部门收到供应商银行转来的托收凭证后，立即进行登记，并及时转送采购部门，以备承付时核实
承付	保证货款支付正确、适当	供应部门检查托收凭证及有关合同是否承付
验收	保证材料的品种、数量、质量等符合约定的要求	仓储部门检验收到材料的品种、数量，填写入库单；质检部门检查材料质量，并在入库单上签署意见
审核	保证材料采购的有效性、合理性和完整性	财务部门审核托收凭证，承付意见书及入库单等凭证，如果无误即可作为结算、记账的依据
记账	保证会计核算资料真实完整	会计人员根据原始凭证编制记账凭证，登记有关账簿

（5）接受各种劳务的部门或主管应适当地同账务记录人分离；

（6）审核与付款分离，即审核付款人应同付款人职务分离；

（7）记录应付账款的人不能同时办理付款业务。

9.2.3　加强采购业务的内部审计

1.主要凭证和会计记录

采购与付款业务通常要经过“请购→订货→验收→付款”这样的程序。典型的采购与付款循环所涉及的主要凭证和会计记录有以下几种：（1）请购单；（2）订购单；（3）验收单；（4）卖方发票；（5）付款凭单；（6）记账凭证；（7）应付账款明细账；（8）库存现金、银行存款日记账；（9）卖方对账单等。

2.采购与付款循环中的主要业务活动

（1）请购商品和劳务，请购单必须经主管预算的人员签字。

（2）商品采购部门编制订购单。

（3）验收商品，其中验收单是支持资产或费用以及与采购有关负债的“存在或发生”认定的重要凭证。

（4）储存已验收的商品存货。

（5）编制付款凭单。

这项功能的控制包括：

（1）确定供应商发票的内容与相关的验收单、订购单的一致性；

（2）确定供应商发票计算的正确性；

（3）编制有预先编号的付款凭单，并附上支持性凭证（如订购单、验收单和供应商发票等），这些支持性凭证的种类因交易对象的不同而不同；

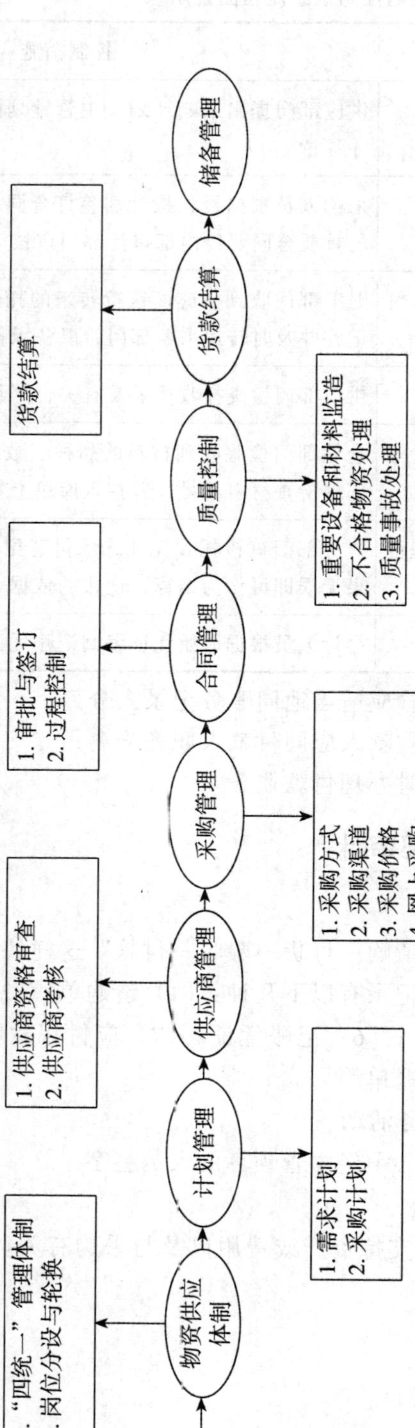

图 9-1 上海海洋油气分公司一般物资采购供应业务监督工作流程

（4）独立检查付款凭单计算的正确性；

（5）在付款凭单上填入应借记的资产或费用账户名称；

（6）由被授权人员在凭单上签字，以示批准照此凭单要求付款；

（7）确认与记录负债；

（8）支付负债。

编制和签署支票的有关控制包括：

（1）独立检查已签发支票的总额与所处理的那批付款凭单的总额的一致性；

（2）应由被授权的财务部门的人员负责签署支票；

（3）被授权签署支票的人员应确定每张支票都附有一张已经经过批准的未付款凭单，还应确定支票收款人姓名和金额与凭单内容的一致性；

（4）支票一经签署就应在其凭单和支持性凭证上用加盖印戳或通过打洞等方式将其注销，以免重复付款；

（5）支票签署人不应签发无记名甚至空白的支票；

（6）支票应预先连续编号，保证支出支票存根的完整性和作废支票处理的恰当性；

（7）应确保只有被授权的人员才能接触未经使用的空白支票；

（8）记录库存现金、银行存款支出。

3.内部控制测试和交易的实质性测试

（1）商品采购与付款循环的内部控制的内容。一个健全有效的采购与付款循环的内部控制应该包括以下内容：

①采购、验收、储存、会计及财务部门在人员安排及职责分工等方面应相互独立，偿还债务应经上述部门进行相应确认或批准；

②购货交易→填写订货单→签章批准→订货单副本，应及时提交会计、财务部门；

③编制按顺序编号的验收单→副本送交采购、会计等部门；

④采购部门将购货发票、订货单及验收单进行比较；

⑤采购部门填制应付凭单→批准→支付货款；

⑥采购部门应对所收各种单据、文件加盖收件日期、时刻章；

⑦应付账款总分类账和明细分类账应按月结账，并相互核对；

⑧供货方取得对账单，与应付账款明细分类账和未付凭单明细表相互调节；

⑨采用总价法记录现金折扣，并制定严格的复核制度审查是否发生折扣损失。

（2）采购业务的内部控制、控制测试和交易的实质性测试。符合性测试是指为了确定内部控制制度的设计和执行是否有效而实施的审计程序。购货与付款循环涉及的业务与凭证很多，在正常的审计中，如果购货与付款循环的内部控制良好，企业往往忽视这一循环控制的符合性测试，仅仅依赖对与之相关的会计报表项目的实质性测试，这样就比较费时、费力。

9.2.4 常见的商品采购作弊方式及防范

在商品采购工作中，常见的作弊方法有虚列采购、押金抵物、有单无货、涂改发票单价等。

1.虚列采购

虚列采购是指会计人员或采购人员利用材料采购业务管理及核算上的漏洞，伪造材料采购业务事项，从而达到支取货款、中饱私囊的目的。其主要作弊手法有：

（1）伪造原始凭证，用其代替购货发票以支取货款；

（2）本单位人员与客户内外勾结，以假发票、假进货等作弊；

（3）会计员、保管员、采购员相互勾结开具假发票及假入库单入账，共同获得好处；

（4）会计人员无证记账、虚支货款；

（5）涂改以前年份的采购发票，在本期支取货款和入账。

为防止类似事情的发生，企业审计部门在进行审计时应注意从以下几个方面进行审查：

（1）审查商品采购业务原始凭证的真实性，以落实是否采取伪造或涂改凭证的手法进行作弊；

（2）审查商品采购业务原始凭证的合法性，以落实是否用自制凭证或假发票进行作弊；

（3）审查商品采购业务记账依据的完整性，以落实是否采取无证记账的方法进行作弊；

（4）审查商品采购业务处理的正确性，以落实是否利用账务处理技巧套取现金或转移资金等。

2.押金抵物

押金抵物是指会计人员利用材料核算及管理上的可乘之机，把应向客户收回的保证金作为材料采购入账，并将其款项侵吞为己有的一种作弊技巧。例如，某厂会计张某把采购设备时借用的设备备件保证金2 000元作包装物采购处理：

借：材料采购——包装物	2 000	
贷：银行存款		2 000

而正确的会计处理是：

借：其他应收款——存出保证金	2 000	
贷：银行存款		2 000

由于张某已将应收回的押金作为包装物采购支出报账，而在收回押金时，便采取收款不记账的办法直接侵吞现金。为了应对该作弊方法，企业可以采取以下的审计对策：

（1）审查材料采购的记账依据是否真实、合法，以落实是否将押金收据作为采购成本入账的依据；

（2）材料采购的价格是否合理，以落实是否应退的包装物价格一并计入的情况；

（3）审查押金核算的账务处理是否正确，以落实是否不通过往来科目而直接作采购支出报账；

（4）向客户有关部门及人员进行询证，以落实押金是否退回，是否直接侵吞等。

3.有单无货

有单无货是指采购人员、会计人员或保管人员之间勾结，利用采购管理上的漏洞和可乘之机，虽有正式的采购单据，但却将实物据为己有的一种作弊技巧。

这种作弊方法大都发生在内部控制不完善、材料验收入库及报账制度（不附入库单）

不严格的单位，在内部控制较为严密的单位则表现为合伙作弊，即采购员与验收员（保管员）或会计相互勾结，采取开假入库单等方法报账。

为了防止这种情况的发生，企业审计部门在进行审计时应注意从下述几个方面进行审查：

（1）审查采购业务内部控制的严密性，以判断其是否存在薄弱环节和漏洞，进而分析是否有发生作弊的可能性；

（2）审查采购业务原始凭证的真实性及合法性，以落实其是否以伪造、涂改原始凭证的手法进行作弊；

（3）审查财物验收制度是否严密，以落实是否存在有单无货的情况；

（4）审查采购业务记账依据的完整性以及账务处理的正确性，以落实是否有套取现金的现象。

4.涂改发票单价

涂改发票单价是指商品采购员利用经营或经办购物业务的职务便利条件，擅自涂改供货方开具的发票单价及金额，采取虚报货款的手段骗取会计部门的信任，使会计部门多付货款将其差额侵吞为己有的一种作弊技巧。

应对这种作弊手法的审计对策有下列几种：

（1）鉴别发票的真实性，看其数字有无涂改痕迹；

（2）了解市场价格，看其商品价格是否合理；

（3）向供应商调查询证商品价格。

9.3　商品采购中涉及的法律问题

9.3.1　有关采购主管权责的法律规定

1.采购主管的法定代理权

什么是采购主管的法律地位呢？简单地讲，就是他（她）有权根据雇主的指示开展采购业务。可以假定，采购主管尽其所能来履行这些指定的义务，并且有权从雇主那里知道自己的权利和义务。另外，雇主则希望采购主管能以一种忠诚、认真的态度去履行这些义务，只要他（她）做到了这些，从法律的角度来看雇主安排的任务也就完成了。在同意为雇主服务方面，什么错误都不犯的默示协议是根本不存在的，因为对于任何职业来讲，都会存在一些偶然过失。

采购人员有义务将其为履行采购职能而采取的特别行为及将这些行为所产生的最终结果报告他（她）的雇主。此外，其对所处理的资金和财产必须进行记录和会计处理。如果采购人员没有履行这些职责，他（她）的雇主就可能会为所受的损失而提起诉讼。

采购主管作为所在公司的代理，具有一定的权力。这种权力可能远远超过了其所应有的权力，因此，应对其进行限定，使之与实际代理权相一致。然而，与委托人相关的权力却有明显的限定，这对于大多数采购主管来说已经相当宽泛了。未被授权的采购者，例如一位工程师，同意从一位销售人员那里购买产品，只要公司同意收货并支付货款即批准了购买，那么工程师便获得了明显的代理权。工程师就有不受限制的明显代理权，可以从同一供应商那里以同样金额购买相似的产品。公司每批准一次没有授权的购买活动，就有一份有效的合同产生，明显的代理权也同时被赋予。为无权采购者赋予有限权力的采购计划是一种有效的、合法的方法，用此方法可以给采购部门以外的人有限的权力，因此可以让专职采购人员把精力集中在对关键货物和服务的采购上。

更进一步讲，为了避免个人责任，企业必须向交易对方说清楚采购人员正充当着代理人的角色。企业不仅要说明代理人的身份，而且与其交易的人也必须负主要责任，即使后者当时并不知情。

代理人实际得到的代理权并不局限于那些被授权应做的工作。每一个实际代理权，不管是一般的还是特别的，都暗含着对于完成相关的主要的任务是必需的、恰当的授权。代理人所暗含的权力范围必须由所要交易的事务的性质所决定。当代理人作为总代理人或主管时这些权力会很广泛。查明代理人的权力范围是与代理人开展业务的第三方的义务。代理人关于权力范围的陈述不可能取决于第三方。任何第三方所了解的代理人权力的限制都对第三方有约束力。

2.采购主管个人责任的法律规定

当采购主管签订合同时，在下列情况下会负个人责任。这些情况包括：

（1）当他（她）以欺骗为目的就职权范围进行了错误的陈述，或者这种谎言自然或可能对结果产生误导作用；

（2）当代理人未经授权采取的行为导致了损失，即使他们自以为有这种权力；

（3）虽然得到雇主的授权，但他所进行的活动非法；

（4）当他有意采取的行为损害了他人利益；

（5）以向雇主提供一项有价值的服务为目的，在职权范围之外进行的活动导致了损失。

在上述任一情况下，供应商通常不能向雇用此代理人的公司追索，因为供应商和该公司的合同无效，所以供应商只能向代理人个人追索。

对于一份看似在代理人的权力范围之内但实际上已超越权限的合同，关于谁应被起诉的问题就会产生。因为存在着这样一个事实，即卖方不知道采购人员已超出了其职权范围，因此委托人也应负责。在这些情况下，代理人当然有责任，应该对委托人负责。在下列情况下，采购人员也应对卖方负责：出于欺骗的目的，其是真正的签约方，违背了代理权，即其应签订对委托人有利的详细合同。

此外，当卖方发现采购主管的委托人因为某些原因而无法支付货款时，其会提出诉讼。例如：

（1）雇主无力偿还债务而破产；

（2）雇主竭力逃避接受采购主管所购货物及付款的法律义务，雇主陷入与卖方的诉讼之中，因为其律师认为采购主管轻率地接受了合同中的价格。

如前所述，采购主管应对任何非法活动负责任，即使其没有意识到活动是非法的，并且非法活动甚至是在雇主的授意之下进行。采购人员不可能有意进行非法活动，但是在激烈的竞争压力之下，为了尽可能地为公司争取到可观的利益，他们会无意识地触犯法律。例如，在美国，反垄断法案适用于交易双方。美国高级法院认为此项法案适用于所有企图限制贸易的行为，即使限制行为并未在同一项贸易业务中实施或者是以购买活动而不是以销售活动为基础——假定行为的最终结果是为了限制竞争。

9.3.2 商品采购合同的效力、修改、取消与终止

1.商品采购合同的效力

采购时购买者和供应商之间要签订合同。合同是一个或一系列承诺，它产生了可能要由法庭强制执行的义务。法庭一般以两种方式执行合同：(1）特定行为；(2）赔偿金。当命令做出特定行为时，法庭是在要求违约方（没有履行承诺的一方）做其承诺要做的事情，而实际的情况常常使这样的命令难以执行。因此，实行赔偿金赔偿的情况要普遍得多。赔偿金是违约方向非违约方支付的一笔资金，用以补偿违约所造成的损害。其试图将非违约方放在与假定违约方已完成合同义务时相同的位置。但是在做出任何命令前，法庭将检查是否存在有效的合同可以执行。有效的合同具有以下效力：

(1）买卖行为若仅凭当事人的口头约定，则缺乏具体的凭据。一项交易行为，如其交易内容很单纯并且在短时间内即可完成交货者，出现问题的可能性当然不大。但是交易条件繁杂而完成交易期限较长时，倘无书面之合同书为凭，则双方对于彼此应履行的事项，可能发生认知上的偏差，所以必须订立书面合同书，以确定双方权利和义务。

(2）合同书内会明确规定买卖双方的权利与义务，以及发生纠纷时之解决方法，故一旦卖方不能依规定交货或履行合同行为发生差异时，便可根据合同书条文，迅速采取补救措施。

(3）交易行为发生纠纷，而买卖双方未能协商解决，必须诉诸法律诉讼方式时，除非合同书内容违法，合同书将优先被法院采纳为证明文件。

(4）国外采购案件，买卖双方所涉及的，常是两个或两个以上不同国家之法律，并无统一的法律制度共同遵守，因此以当事人间所订立的自治条款作为履行合同的重要依据。譬如指明诉讼的法院所在地。

在涉及国际合同的时候，会遇到相互开展贸易的不同国家的法律。每个国家都有其合同法，但是为了促进可预测的、可靠的业务开展，许多国家通过合同联合在一起制定了共同的合同原则——《联合国国际货物销售合同公约》，用来管理国际业务。属于缔约国的各方签订的国际销售合同适用此公约，除非会同各方明确指出“宣布放弃”。这意味着如果与一个公司签订了合同，而该公司所在国家是《联合国国际货物销售合同公约》的签约国，那么《联合国国际货物销售合同公约》将适用双方的合同，除非有书面的协议明确说明《联合国国际货物销售合同公约》不适用。正因为如此，当与其他国家的企业签订合同的时候，相关人员明确适用什么法律以及法律的内容是十分重要的。其他一些法律和条约也与国际合同有关，包括各种国际贸易协定，各国进出口法律、银行法、货币兑换、信用法、税法和反商业贿赂法。

2.商品采购合同的修改、取消与终止

(1）合同的修改。合同的修改，必须为买卖任何一方所提出并经双方同意。

①国内采购合同的修改。其一般有交货日期及工程造价的修改两种。例如：

在合同签订后，卖方工厂因受风灾影响，生产设备受损或停工待料，无法于预定进度内完工交验；而卖方又不愿接受违约罚款的损失，经买方同意延期交货，此同意文件视为合同附件之一。

在施工期间，基于事实需要，工程的若干部分应增加或修改时，其工作仍交由原签约

之卖方施工，此项追加或修改工程的约定亦视为合同附件之一，并办理加减账款手续。

由于工资及材料价格上涨，按工程合同造价，卖方无法履行交货义务，而解约重购对买卖双方均属不利时，可协调修订合同价格。

②国外采购合同的修改。其一般有下列三种：

A.运期的修改。此种修改方式通常由卖方提出。由于原料短缺、延误生产或其他原因，卖方无法于约定日期内将货品装运，来函要求买方修改装运日期。

B.船运改空运。卖方迟延交货的特殊急需货品（如某机器的重要零件、医疗用品）、季节性销售货品等，涉及时效性货品，必须改用空运者。

C.一次装运改分批装运。由于制造日程或船只舱位问题，卖方无法一次将货品装运完成，要求买方修改并允许分批装运。

以上事项的修改，如与输入许可证及I/C有关，应该一并修改进口许可证及信用证。

（2）合同的取消。一般合同的取消，有下列3种情形：

①违约。其原因有二：一是卖方违约，例如所交货品不符合规格或不能按规定日期交货而取消合同。二是买方违约，例如不依约定开出信用证而取消合同。此二者皆属不正常的取消合同。

②需求变更。因市场不景气，买方临时决定取消部分货品的采购而取消合同，但卖方因而遭受损失应由买方负责赔偿。若以信用证方式付款并订明卖方收到信用证若干日起为交货时间，则在信用证尚未开出前，合同并未具体生效。故买方因需求变更而于尚未开出信用证之前，要求终止合同，不负任何赔偿责任。

③协商。出于天灾人祸或不可抗力因素，经调查确实而无能力履约，经双方同意取消合同，均不负赔偿责任。

（3）合同的终止。为维护买卖双方权益，合同中要订明终止的措施。一般有下列两种情形：

①合同因期间届满而终止，但订明有效期间者，不另外记载合同终止日期。例如国内制造工程合同，合同期间届满，合同即自动消失，但承包商（卖方）对该工程的保证责任，不因合同的终止而消失。

②合同因解除条件的具备、法定解除权的行使或约定解除权的行使而终止。其说明如下：

A.合同有效期内，除合同另有规定外，经双方同意，可终止合同。否则视实际需要，可要求对方赔偿损失。

B.买方因卖方所交货品有瑕疵，要解除合同或请求减少价金。但其解除权或请求权于货品交付后6个月内，不行使而消灭。

C.信用证规定单据提示的有效期限将至，而卖方仍未能在有效期限内提示货品装运文件并办理押汇手续时，买方以不同意展期为由终止合同，不负担任何责任。

9.3.3 接受货物与拒收

接受货物表明买方同意成为卖方所交付货物的所有人。如果买方拥有了货物或对货物实施了所有权，那么即使买方直接表示拒绝接收货物，货物事实上也属被接受了。如果交付的货物与销售合同不一致，买方没有义务接受它们；但是如果买方接受了货物，表示其因此放弃对卖方违约进行索赔的权利。如果买方接受了与合同不一致的货物，就必须在合理的时间内就违约一事通知卖方。所谓“合理的时间”由通常的商业标准来确定。

如果卖方交付的货物未能与合同规定的一致，买方有做出以下选择的权利：拒收全部货物；接受全部货物；接受部分货物，拒收次品。当然，拒绝接收货物必须在交付货物后的合理时间内，并且卖方必须被及时通知。买方必须采用合理的方法保存货物直到卖方有足够的时间收回。在特殊订单中，拒绝接受已交付货物可能是由于多种不同的原因造成的，也会有多种解决办法。例如，货物可能晚到，可能发错数量或者不符合规格。需要记住的一点是采购商希望得到货物。因此，诉讼是不可取的，即使买方可能获得任何被公认的违约赔偿，例如经济赔偿或坚持履约。而且诉诸法律的结果也很难确定，其通常代价高昂，需要占用大量的时间甚至可能失去一个好的供应商。

因此，通常采购主管会寻求其他解决途径，有几种方法是可以用的。先看违约结果的严重程度，如果不严重，对供应商提出简单的警告就足够。如果想采取些稍严厉的行动，并且接收到的货物可以移作他用，那么即使并不十分适合规格，也可以在价格方面进行商量以使买方与卖方都满意。有时即使货物规格不合适，也可以让供应商再加工或进行其他处理，或者由卖方出资由买方进行再加工；如果货物是构件，可以由供应商进行更换；如果设备很复杂，或者加工过的材料以现有的规格不能有效运作，供应商可以让其他工厂对缺陷进行修补。最终还可以拒收货物并退给供应商，通常这些费用由供应商承担。

1.接受货物

按一般原则，卖方交付货物和买方支付货款是对流的条件。也就是说，卖方必须根据合同备好货物将其交付给买方以换取货款，而买方则必须根据合同准备好货款并将其支付给卖方，以换取货物。买方支付货款的义务涉及许多方面的问题，如履行必要的付款手续，合理确定货物的价格，确定付款的时间和地点等。这是买方的第一个基本义务。

收取货物是买方的第二个基本义务，它包含两个方面的内容：

（1）采取一切理应采取的行动，以便卖方能交付货物。这项规定主要是要求买方合作，采取必要的行动，如及时指定交货地点或按合同规定安排有关运输事宜，以便使卖方能履行其交货义务。

（2）接收货物。买方有义务在卖方交货时接收货物。如买方不及时接收货物，有时可能会对卖方的利益产生直接影响，因为当卖方有义务将货物运送给买方时，卖方一般都要求买方及时卸货并提走货物。如果买方不及时提货，卖方可能要向承运人支付滞期费及仓储费、保险费等费用。对此买方亦应承担责任。

买方有权利在接受货物之前进行检验，以便鉴定交付的货物是否与合同中描述的相符。显然在签收前检查货物的买方会很谨慎并且就物品的数量、质量及其他性质做出自己的判断。有规定指出：“在签收前买方已经按其所需充分检查货物、样品、模型或拒绝检查货物时，并不意味着这种检查可以揭露出货物的缺陷。”

在检验后采购主管同意接收货物时，双方通常不会再在数量和质量方面出现争议。另外，如果买方只向卖方提出了货物规格而并未向卖方指明设备或货物的使用目的，则卖方不必对设备未能完成买方所期望的工作而负责。一些采购合同可能要求买方在检验货物之前付款。例如，要求买方在卖方实际发送货物前付款。在这种情况下，付款并不意味着接受货物或剥夺了买方检查货物或变更合同的权利。

法庭通常认为，如果采购主管没有足够的经验去判断所要检验的货物，或者他（她）因为依赖卖方欺骗性的描述进行了购买，买方可终止合同并让卖方赔偿损失。

2.订货的取消与违约

拒绝收货是买方拒收卖方交付的货物。拒绝收货，不宜称为中途退货。中途退货的概念，容易产生歧义，使人误以为收货后退货。因拒绝收货而构成违约责任，要看拒收有无正当理由。卖方交货、买方收货一般要有验收程序。在验收过程中，发现货物与样品差距较大、货物质量与合同约定严重不符、品种与合同约定不一致等情况，买方可以拒绝收货，并追究卖方的违约责任。但因买方资金周转不灵，因动机上的错误，使履行买卖合同达不到预期的效益或利益等原因而拒绝收货的，构成违约责任。

拒绝收货有各种各样的表现方式。例如卖方如期交货时，拒绝受领；提货期时，拒绝提货等。

履行期满而拒绝收货，是以行为毁约。拒绝收货的行为并不导致合同的解除。也就是说，其并不导致合同效力丧失的结果。毁约，构成根本违约，被违约方有解除权。

履行期尚未届至，买方就通知对方将拒绝收货，此为预期违约。卖方确知对方预期违约，可以向法院提起诉讼或根据仲裁协议申请仲裁，也可以通知买方解除合同，同时保留要求赔偿损失的权利。从理论上来看，卖方可以到期发货，待买方实际违约后再主张权利。此举在实务中会遗留许多问题。试想，明知道对方将拒绝收货而如期发货，岂不导致损失的扩大？若买方预期违约，卖方在履行期前即主张权利，对双方都有好处。

卖方有时会碰到买方有意违约的情况，因此在销售合同中可能发现以下条款："此合同不能取消。"事实上，这样一项条款对实际没有什么影响，除非是为了向买方指明如果他（她）试图取消合同，则会因违约而被起诉。

但是，在一个非常强大的卖方市场中，卖方违约与不能在规定期限内交付货物或不能遵守约定的价格有关，对于买方来讲寻找替代者几乎是不可能的。买方仍希望得到这些货物并且不可能及时或以更好的价格从其他供应商那里得到。事实上，同样的情况也会发生在买方市场中买方希望得到货物的情况下，没有损失或不要取消合同。因为及时从其他供应商那里获得货物的机会很小，买方将尽其所能与最初的供应商建立良好的关系。当然，不包括那些在价格及交货期上信誉极差的供应商。

9.3.4 商业仲裁

1.商业仲裁及其优点

不论哪种类型的采购合同都有可能发生争议。由于某些原因，这种争议不适合在法庭上解决。大多数的案例是通过互让解决的，当互让不起作用时，就会发生特殊事件。为了适应这种情况并避免诉诸法庭，商业合同内经常会包括仲裁条款。这些条款提供公平的仲裁人或仲裁团，其会聆听各种证据并做出裁决。这种裁决两方都会没有异议地接受。这种方法比在法庭上解决费用低且耗时少。

涉外经济仲裁是指在涉外经济关系中，由第三者对双方当事人所发生的争议，在事实上做出判断，在权利义务上做出裁决的一种解决纠纷的办法。它与调解不同，调解是由第三者对双方的争议进行调停，促使双方当事人和解的一种办法。调解人不能对争议双方施加压力，不能形成公断或裁决，争议双方是否和解取决于双方的自愿，而仲裁则不考虑当事人的自愿，只要当事人同意仲裁，就必须受仲裁裁决的约束。仲裁与诉讼也不同。法院是国家机构，具有法定的管辖权，而仲裁机构是民间组织，没有法定的管辖权，仲裁机构对纠纷的管辖权取决于当事人的仲裁协议。

采用仲裁有许多好处：

（1）仲裁结案迅速，以一次裁决为终局裁决，不会造成拖延。

（2）保密性好，仲裁的审理一般不公开。

（3）灵活性强，仲裁员不必像法官那样严格适用法律，可以按照商业惯例或“公平合理”原则对争议做出裁决。仲裁的这些优点使仲裁成为处理涉外经济纠纷最受欢迎的方式。

2.商业仲裁的程序

根据《中国国际经济贸易仲裁委员会仲裁规则》（2015版），当事人在仲裁协议中订明由中国国际贸易促进委员会/中国国际商会仲裁，或由中国国际贸易促进委员会/中国国际商会的仲裁委员会或仲裁院仲裁的，或使用仲裁委员会原名称为仲裁机构的，均视为同意由中国国际经济贸易仲裁委员会仲裁。

（1）仲裁协议

①仲裁协议指当事人在合同中订明的仲裁条款或以其他方式达成的提交仲裁的书面协议。

②仲裁协议应当采取书面形式。书面形式包括合同书、信件、电报、电传、传真、电子数据交换和电子邮件等可以有形地表现所载内容的形式。在仲裁申请书和仲裁答辩书的交换中，一方当事人声称有仲裁协议而另一方当事人不做否认表示的，视为存在书面仲裁协议。

③仲裁协议的适用法对仲裁协议的形式及效力另有规定的，从其规定。

④合同中的仲裁条款应视为与合同其他条款分离的、独立存在的条款，附属于合同的仲裁协议也应视为与合同其他条款分离的、独立存在的一个部分；合同的变更、解除、终止、转让、失效、无效、未生效、被撤销以及成立与否，均不影响仲裁条款或仲裁协议的效力。

（2）申请仲裁

当事人依据本规则申请仲裁时应：

①提交由申请人或申请人授权的代理人签名及/或盖章的仲裁申请书。仲裁申请书应写明：A.申请人和被申请人的名称和住所，包括邮政编码、电话、传真、电子邮箱或其他电子通讯方式；B.申请仲裁所依据的仲裁协议；C.案情和争议要点；D.申请人的仲裁请求；E.仲裁请求所依据的事实和理由。

②在提交仲裁申请书时，附具申请人请求所依据的证据材料以及其他证明文件。

③按照仲裁委员会制定的仲裁费用表的规定预缴仲裁费。

（3）案件的受理

①仲裁委员会根据当事人在争议发生之前或在争议发生之后达成的将争议提交仲裁委员会仲裁的仲裁协议和一方当事人的书面申请，受理案件。

②仲裁委员会仲裁院收到申请人的仲裁申请书及其附件后，经审查，认为申请仲裁的手续完备的，应将仲裁通知、仲裁委员会仲裁规则和仲裁员名册各一份发送给双方当事

人；申请人的仲裁申请书及其附件也应同时发送给被申请人。

③仲裁委员会仲裁院经审查认为申请仲裁的手续不完备的，可以要求申请人在一定的期限内予以完备。申请人未能在规定期限内完备申请仲裁手续的，视同申请人未提出仲裁申请；申请人的仲裁申请书及其附件，仲裁委员会仲裁院不予留存。

④仲裁委员会受理案件后，仲裁委员会仲裁院应指定一名案件秘书协助仲裁案件的程序管理。

（4）答辩

①被申请人应自收到仲裁通知后45天内提交答辩书。被申请人确有正当理由请求延长提交答辩期限的，由仲裁庭决定是否延长答辩期限；仲裁庭尚未组成的，由仲裁委员会仲裁院作出决定。

②答辩书由被申请人或被申请人授权的代理人签名及/或盖章，并应包括下列内容及附件：A.被申请人的名称和住所，包括邮政编码、电话、传真、电子邮箱或其他电子通讯方式；B.对仲裁申请书的答辩及所依据的事实和理由；C.答辩所依据的证据材料以及其他证明文件。

③仲裁庭有权决定是否接受逾期提交的答辩书。

④被申请人未提交答辩书，不影响仲裁程序的进行。

（5）反请求

①被申请人如有反请求，应自收到仲裁通知后45天内以书面形式提交。被申请人确有正当理由请求延长提交反请求期限的，由仲裁庭决定是否延长反请求期限；仲裁庭尚未组成的，由仲裁委员会仲裁院作出决定。

②被申请人提出反请求时，应在其反请求申请书中写明具体的反请求事项及其所依据的事实和理由，并附具有关的证据材料以及其他证明文件。

③被申请人提出反请求，应按照仲裁委员会制定的仲裁费用表在规定的时间内预缴仲裁费。被申请人未按期缴纳反请求仲裁费的，视同未提出反请求申请。

④仲裁委员会仲裁院认为被申请人提出反请求的手续已完备的，应向双方当事人发出反请求受理通知。申请人应在收到反请求受理通知后30天内针对被申请人的反请求提交答辩。申请人确有正当理由请求延长提交答辩期限的，由仲裁庭决定是否延长答辩期限；仲裁庭尚未组成的，由仲裁委员会仲裁院作出决定。

⑤仲裁庭有权决定是否接受逾期提交的反请求和反请求答辩书。

⑥申请人对被申请人的反请求未提出书面答辩的，不影响仲裁程序的进行。

（6）保全及临时措施

①当事人依据中国法律申请保全的，仲裁委员会应当依法将当事人的保全申请转交当事人指明的有管辖权的法院。

②根据所适用的法律或当事人的约定，当事人可以依据《中国国际经济贸易仲裁委员会紧急仲裁员程序》（本规则附件三）向仲裁委员会仲裁院申请紧急性临时救济。紧急仲裁员可以决定采取必要或适当的紧急性临时救济措施。紧急仲裁员的决定对双方当事人具有约束力。

③经一方当事人请求，仲裁庭依据所适用的法律或当事人的约定可以决定采取其认为必要或适当的临时措施，并有权决定由请求临时措施的一方当事人提供适当的担保。

3.裁决

（1）作出裁决的期限

①仲裁庭应在组庭后6个月内作出裁决书。

②经仲裁庭请求，仲裁委员会仲裁院院长认为确有正当理由和必要的，可以延长该期限。

③程序中止的期间不计入上述第一款规定的裁决期限。

（2）裁决的作出

①仲裁庭应当根据事实和合同约定，依照法律规定，参考国际惯例，公平合理、独立公正地作出裁决。

②当事人对于案件实体适用法有约定的，从其约定。当事人没有约定或其约定与法律强制性规定相抵触的，由仲裁庭决定案件实体的法律适用。

③仲裁庭在裁决书中应写明仲裁请求、争议事实、裁决理由、裁决结果、仲裁费用的承担、裁决的日期和地点。当事人协议不写明争议事实和裁决理由的，以及按照双方当事人和解协议的内容作出裁决书的，可以不写明争议事实和裁决理由。仲裁庭有权在裁决书中确定当事人履行裁决的具体期限及逾期履行所应承担的责任。

④裁决书应加盖“中国国际经济贸易仲裁委员会”印章。

⑤由三名仲裁员组成的仲裁庭审理的案件，裁决依全体仲裁员或多数仲裁员的意见作出。少数仲裁员的书面意见应附卷，并可以附在裁决书后，该书面意见不构成裁决书的组成部分。

⑥仲裁庭不能形成多数意见的，裁决依首席仲裁员的意见作出。其他仲裁员的书面意见应附卷，并可以附在裁决书后，该书面意见不构成裁决书的组成部分。

⑦除非裁决依首席仲裁员意见或独任仲裁员意见作出并由其署名，裁决书应由多数仲裁员署名。持有不同意见的仲裁员可以在裁决书上署名，也可以不署名。

⑧作出裁决书的日期，即为裁决发生法律效力的日期。

⑨裁决是终局的，对双方当事人均有约束力。任何一方当事人均不得向法院起诉，也不得向其他任何机构提出变更仲裁裁决的请求。

9.4　杜绝采购回扣的方法

9.4.1　商品采购产生回扣的原因

商品采购过程中的回扣问题一直是一个不容易杜绝的现象，令所有的企业头痛不已，却又无可奈何。回扣有两方面的定义，一是指卖方企业非法支付给买方企业或买方企业员工的贿赂金；二是买方企业向卖方企业或卖方企业员工支付回扣以期取得卖方企业员工的欺诈性合作，借以提高利润，而这一切是以买方企业的损失为代价的。卖方企业支付回扣给买方企业员工进行串通欺诈时，通常意在获取以下两种利益：

1.非法争取业务

一些企业运用回扣，先于竞争对手获得有关买方企业计划和战略方案信息以及买方企业估价小组所使用的未公开的投标估价准则，偷看竞争对手的密封投标，向竞争对手提供误导性信息从中破坏，使其不具备资格，笼络买方企业有影响的要员否决其他竞争对手，或者使标的设计要求只有支付了回扣的卖方企业才能达到，以此来达到自己企业的目的。

2.非法提高利润率

提高利润率是卖方企业支付回扣的目的所在。卖方企业通过支付回扣给买方企业有关的员工，使其同意不正当的订单变动、价格上涨；买通买方企业的检验和质量控制部门，使低于标准的材料和不符合规格要求的产品得以使用，并设法避开其他买方企业职能部门对质量和价格的抱怨。

9.4.2 回扣资金的支付方式

卖方企业所支付的回扣资金不能在账上有所体现，回扣资金通常是通过以下非法经济活动取得和支付的：

1.非现金贿赂

非现金贿赂可以作为公司一项正常开支来报销予以掩盖。例如公司为其工作人员购买或租用汽车时，可以为那些曾经对公司有“帮助”的买方企业公司员工赠送若干飞机票、支付旅行账单。其中最易掩盖贿赂的就是卖方企业提供的产品或劳务，如修建或装修员工的住宅，增加员工福利设施等。

2.现金贿赂

现金贿赂是按照卖方企业的意思使用现金对相关人员进行贿赂。例如向不诚实的顾问、律师和会计人员支付虚构的业务费。卖方企业在支付对方的支票上，只注明是一笔应付给受贿人或一家并不存在的公司或串谋者的款项，并同时将其作为销售费用、咨询费用等列支。这样，可以在某种程度上掩盖这种支付行为。其通过将未记录的收入和剩余产品、过期报废的设备以及废料变现后，以货币形式储存起来用以行贿；从公司员工手里收集各种公司可以报销但实际并未支出的费用发票，可以通过抵减税收的方式抵减回扣的费用，如收集火车票、飞机票等。

9.4.3 卖方企业欺诈的促成因素

了解卖方企业欺诈的促成因素是及时识别卖方欺诈的一个重要前提。任何企业都可能发生卖方欺诈事件，但具有以下情形之一的企业更易发生卖方企业欺诈事件：

1.企业自身存在欺诈行为或不道德行为

促成卖方企业欺诈发生的重要原因，就是买方企业本身具有欺诈行为或不道德行为。企业的自身风纪很重要，如果企业本身行为不道德或容忍不道德行为的发生，那么员工接受卖方企业回扣或参与其他利益争夺的现象就会频繁发生。

2.企业灵敏度低

企业对卖方企业欺诈事件的先兆一无所知。对于那些对卖方企业欺诈的先兆一无所知的企业来说，发生欺诈的可能性更大且不易察觉。企业对卖方企业的欺诈方式不了解或不具备相关的知识，又无明确地对卖方企业欺诈行为进行制约的制度，很容易成为卖方企业欺诈的对象。

9.4.4 卖方企业欺诈的审计线索

有哪些信号说明卖方企业欺诈可能正在发生呢？下面就是管理部门和注册会计师揭示

的卖方企业欺诈的审计线索：

1.买方企业员工的奢侈生活方式

买方企业员工的奢侈生活方式往往是其受贿以及发生卖方企业欺诈的一个强烈信号。员工的奢侈生活方式和其收入明显不符，特别是那些有权决定供应商或掌握了大量对供应商有帮助的信息的员工，他们的奢侈生活方式往往隐含着受贿和卖方企业欺诈活动。只要多加注意，不难发觉这些异常信息。

2.对卖方企业欺诈没有设立良好的防范制度

这种企业未向卖方企业公开或根本就没有相关规范欺诈的政策，也未明确表明企业不能容忍任何卖方企业欺诈行为发生的态度。

3.不正当的单一供应商渠道

如果达到了一名好的供应商所具备的一切条件，被选为企业单一渠道的供应商是很正常的一件事情。但是对单一渠道的供应商必须要有一定的防范制约制度，如安排定期的检查等，以确认货物的质量是否达到规定的要求，并在合同条款中明确指出。一旦供应商的产品供应出现了问题，如不适当的价格上涨或质量达不到要求，买方应当能及时采取应变措施，而不是过分依赖单一供应商。如果缺乏以上这些控制制度，而采用单一供应商渠道可能就是欺诈行为发生的先兆。

4.其他卖方企业的抱怨和申诉

对于竞争者而言，自然不愿看见其他企业以不正当的手段夺去其业务。当利益发生显著冲突时，它们会向买方企业进行抱怨或申诉。这种抱怨或申诉可能说明卖方企业正在进行欺诈活动。如果不诚实的卖方企业成功地买通了买方企业的某些员工，并利用他们逼走了其他的卖方企业，被逼走的卖方企业会通过抱怨的方式提醒买方企业有关人士注意受贿行为及欺诈的发生。然而，如果被买通的员工是位有决策权的经理，与其他卖方企业团体有着非常重要的业务联系，则其他的卖方企业为了自身的利益只能采取睁一眼闭一眼的政策，以免丧失它们已有的业务利益。

5.利用卖方企业与买方企业员工之间的亲密关系

如果买方企业的员工能与卖方企业的员工成为好朋友，在无利害冲突时并无任何不合理因素。只是在某些情况下，他们有意无意地为卖方企业进行欺诈提供信息帮助，这种帮助并不是以接受回扣或报酬为目的，可能是出于友谊或其他原因。例如员工可能对企业经营者怀有宿怨，看到企业经营者上当受骗而获得心灵上的满足。有时员工为了给自己退休后留一条后路，而故意帮助卖方企业，期望从卖方企业那儿获得一份工作的许诺，如成为卖方企业的顾问人员。卖方企业与买方企业员工之间的亲密关系还包括一种情况：即掌握着对卖方企业进行评估和选择权的员工与某一特定卖方企业的员工有着密切的关系，如父子或夫妻等，有可能会成为卖方企业欺诈的助手。但是从另一个角度看，对买方企业而言，有时这也是一件好事，其可以利用这种关系从卖方企业中获得自己想要的信息。

6.经常发生但却一直得不到解决的对卖方企业产品的投诉

卖方企业欺诈的审计线索还包括经常发生但一直得不到解决的对卖方企业产品的投诉。生产加工人员可能对卖方企业提供的材料或设备的质量很不满意，财务人员也可能觉得卖方企业价格过高，而采购部门仍然将订单交给同一卖方企业，如果能够排除采购人员不负责任的情况，就是卖方企业正在对买方企业进行欺诈。

9.4.5 如何防止商品采购暗箱操作

暗箱操作一直存在，企业不可能完全杜绝该现象的发生，但是企业可以采取措施减少此类现象的出现。下面就是几种常见的预防暗箱操作的方法：

1.“三分”和“一统”

“三分”是指三个分开，即市场采购权、价格控制权、质量验收权要做到三权分离，各自负责，互不越位。“一统”，即合同的签约特别是结算付款一律统一管理。物料管理人员、化验人员和财务人员都不能与客户见面，实行严格的封闭式管理。财务部依据合同规定的质量标准，对照化验单和数量测量结果，认真核算后付款。这样就可以形成一个以财务管理为核心，最终以降低成本为目的的制约机制。

2.“三统一分”

材料和备品配件的采购要实行“三统一分”的管理机制。“三统”是指所有外购材料要统一采购验收，统一审核结算，统一转账付款。“一分”则是指费用要分开控制。只有统一采购、统一管理，才能既保证需要，又避免漏洞；既保证质量，又降低价格；既维护企业信誉，又不至于上当受骗。各部门和分厂要对费用的超支负责并有权享受节约所带来的收益，有权决定采购计划和采购项目。这样，物资采购管理部门自然形成了一种以减少支出为基础的相互制约的机制。

3.“三公开”和“两必须”

“三公开”是指采购品种、数量和质量指标公开，参与供货的客户和价格竞争程序公开，采购完成后的结果公开。“两必须”是指必须在货比三家后采购，必须按程序、按法规要求签订采购合同。

4.“五到位”和“一到底”

“五到位”是指所采购的每一笔物资都必须有五方的签字，即要有采购人、验收人、证明人、批准人、财务审查人的签字，才被视为手续齐全，才能报销入账。“一到底”就是负责到底，谁采购谁负责并且要一包到底，包括价格、质量、效用及效果等都要记录在案，什么时候发现问题什么时候处罚。

5.全过程、全方位的监督制度

全过程监督是指采购前、采购过程中和采购完成后都要有监督。从采购计划的制订开始，到采购物资使用的结束，其中共有九个需要进行监督的环节（计划、审批、询价、招标、签合同、验收、核算、付款、领用）。虽然每个环节都有监督，但重点在于制订计划、签订合同、质量验收和结账付款四个环节。计划监督主要是保证计划的合理性和准确性，使其按正常渠道进行；合同监督主要是监督其合法性和公平程度，保证合同的有效性；质量监督是保证验收过程不降低标准，不弄虚作假，每个入库产品都符合买方要求；付款监督是确保资金安全，所有付款操作都按程序、按合同履行。企业如果能够把监督贯穿于采购活动的全过程，就可以建立确保采购管理规范和保护企业利益的第二道防线。

所谓全方位的监督，是指行政监察、财务审计、制度考核三管齐下，方方面面没有遗漏，形成严密的监督网。

最后，还有一点需要企业注意的就是：监督机制的生命在于责任追究。拥有严格完备的监督机制而没有相应的惩罚措施，所有的努力都将化为泡影。因此监督的关键还在于及时进行的重罚。科学、规范的采购机制，严格完备的采购控制，不仅可以降低企业的物资采购价格、提高物资采购质量，还可以保证采购人员不受外部利益的诱惑。

互动课堂

2018年8月，京东集团与中国太平洋保险集团联合宣布：全国首个利用区块链技术实现增值税专用发票电子化项目正式上线运行，通过区块链专票数字化应用，推动双方互联网采购全流程电子化，打造高效、透明和数字化的采购管理体系。以往大型招标采购项目需要耗费平均30人、50~60个工作日才能完成，而e采削减了近75%的人工审核环节，实现了成本和效率的全面优化。针对传统结算模式收付款成本高、收付款操作复杂、对账繁琐易出错、人力成本高等核心痛点，京东集团研发上线BF-Link京东toB财务协同平台，通过供应链结算协同平台和供应链发票协同平台，为企业用户清结算、发票处理等财务管理场景提供协同高效、安全便捷的一站式财务协同平台，推动企业采购向全流程电子化转型。

资料来源：工业和信息化部赛迪研究院，中国国际电子商务中心研究院. 中国企业电商化采购发展报告（2018）[EB/OL].［2019-06-09］. http: //www.cena.com.cn/special/2018qycg.html.

请思考：京东集团是如何通过区块链技术打造高效、透明和数字化的采购管理体系的？

本章实训

实训项目1：对商品采购进行内部控制

◆实训目标

1.掌握商品采购的流程控制。

2.掌握商品采购的监督方法。

◆实训重点

熟悉商品采购的监督方法。

◆实训资料

自三星集团2016年8月推出Galaxy Note7手机一个月来，已在全球范围内发生三十多起爆炸和起火事故，其称事故产生的原因是电池问题。10月25日，韩国本地媒体报道，韩国第三季度GDP或因三星集团经历了爆炸、召回、再爆炸、停产停售以及二次召回的一系列过程后拉低了0.1到0.2个百分点。

众所周知，锂电池是一类由锂金属或锂合金为负极材料、使用非水电解质溶液的电池。锂离子电池不含有金属态的锂，可以进行充电，而且有着自放电率极低，放电电压平缓等优点，因而广泛使用在了数码、电子产品之中。不过，锂电池在充电时，锂离子获得电子后，会在材料表面产生锂原子结晶，这与过充一样，会造成危险性，一旦电池外壳破裂就会爆炸，爆炸类型可归纳为外部短路、内部短路、过充三种。

“三星电池门”事件发生后，三星集团方面给出答案是电池，而更为详细的原因是SDI电池供应商的设计。据韩国《经济日报》的报道，三星Galaxy Note7的电池供应商主要有两家，一个是三星子公司SDI，由ITM半导体公司封装；另一个是中国的ATL（新能源），其中三星SDI占比70%。三星SDI为了安全在电池设计上做了不少改动，但Galaxy Note7电池R角仍然会发生短路问题，从而引发自燃，甚至爆炸。不过，有外媒认为事件的后续发展表明，原因或非电池。

事实上，不一定所有的“炸机”都是由电池问题造成的，也可能是多方面的原因共同导致的结果，将原因总结起来大概是以下几个方面：

其一，当前人们普遍认同的重要元凶——“电池问题”。不少业内人士表示，“三星电池门”事件的发生不是偶然，当三星集团决定将电池容量不断扩大以挑战锂电池技术物理极限，产品普遍选择快充技术时就种下了恶果。市场研究机构Gartner分析师马丁·雷诺兹（Martin Reynolds）表示，智能手机厂商都试图利用更轻薄的设备赢得消费者的青睐，除了市场对其性能的要求，电池也变得越来越轻薄，尺寸越来越小。这就给制造流程带来进一步压力，同时也冒着出现瑕疵的风险。因而，当锂电池研发已达极限的现实下，更应该理性思考安全问题。如果说单纯因电池技术问题导致“炸机”，也并不是没有可能。

其二，企业急功近利，产品检测环节时间短。通常情况下，智能手机厂商和移动运营商会对产品展开严格测试，然后再送达消费者手中，虽然这一过程主要是为了确保新款智能手机与无线网络兼容。不过，随着技术不断突破，电子产品更新换代频率越来越快，生产企业为抢占先机就不断地缩减产品研发、生产、检测、上市整个流程的时间。无疑，这可以理解为，用户在一定程度上扮演了“小白鼠”的角色了。

其三，人为失误原因。例如，大疆一直被誉为无人机界的苹果，在强势进入无人机消费级市场后，大疆占领了全球77%的市场份额。不过，也频频深陷“续航能力差”“炸机”事故的舆论之中。根据大疆售后部门的统计，85%以上的无人机事故是由于用户误操作引起的，还有技术问题，少部分产品是因为部件失灵，还有不可抗力因素，比如被鸟撞了，比较轻的飞行器遇到大风偏离运动轨道等。

另外，在日益激烈的竞争环境下，绝大多数生产企业会选择价格战来提升自己的竞争力，这导致同比性能下的科技电子产品，往往需要降低产品硬件质量来达到廉价的目的，甚至有不良商家采用有毒的材料、翻新的旧电池等。如果产品在硬件的材质上都无法保证，出现“炸机”事故的概率也就大大增加了。

资料来源：佚名．“三星电池爆炸门”原因深度分析［EB/OL］．［2018-10-31］．http：//www.elecfans.com/dianyuan/443039.html.

◆实训任务

三星手机为什么会发生电池爆炸的事故，如何在商品采购中做好采购配件的监督工作？

实训项目2：进行采购监督

◆实训目标

1.掌握商品采购实物和信息流程控制。

2.掌握商品采购监督的内容。

◆实训重点

熟悉商品采购监督的重点。

◆实训资料

表9-2至表9-5是某单位采购工作监督的相关表格。

表9-2　　**采购工作监督备案表**

采购处室、单位（章）：　　　　联系人：　　　　手机：

计划采购主要项目内容	
计划采购资金组成、总额	
计划采购的时间	
计划采购物资使用部门	
计划采购物资验收部门	
采购全程记录表（采购处室、单位拟定填表人）	事前记录表填表人：　　　　手机：
	事中记录表填表人：　　　　手机：
	事后记录表填表人：　　　　手机：
分管领导意见	
纪检组长监督意见	
承办处室、单位负责人签字	
实施监督责任人签字	
备注	

表9-3　　**项目资金采购全程记录表——招标采购事前记录表**

启用日期：　年　月　日　时

<table>
<tr><td>阶段</td><td colspan="7">内　容</td></tr>
<tr><td rowspan="2">申请</td><td colspan="2">项目名称</td><td colspan="2"></td><td colspan="2">采购预算</td><td></td></tr>
<tr><td colspan="2">资金来源</td><td colspan="2"></td><td colspan="2">申请文号</td><td></td></tr>
<tr><td>批文</td><td colspan="2">批复文号</td><td colspan="2"></td><td colspan="2">采购总额</td><td></td></tr>
<tr><td rowspan="9">拟定标书</td><td colspan="3">采购负责人、参与人</td><td colspan="4"></td></tr>
<tr><td colspan="3">专家选定方式</td><td colspan="4"></td></tr>
<tr><td rowspan="6">参与专家</td><td colspan="2">姓名</td><td>性别</td><td>单位</td><td>职称</td><td>手机</td></tr>
<tr><td colspan="2"></td><td></td><td></td><td></td><td></td></tr>
<tr><td colspan="2"></td><td></td><td></td><td></td><td></td></tr>
<tr><td colspan="2"></td><td></td><td></td><td></td><td></td></tr>
<tr><td colspan="2"></td><td></td><td></td><td></td><td></td></tr>
<tr><td colspan="2"></td><td></td><td></td><td></td><td></td></tr>
<tr><td>拟定标书方式</td><td colspan="2">封闭（　）开放（　）</td><td>时间</td><td></td><td>监管人</td><td></td></tr>
</table>

续表

<table>
<tr><td rowspan="4">代理机构</td><td colspan="6">选定方法：</td></tr>
<tr><td colspan="6">机构名称：</td></tr>
<tr><td colspan="6">机构负责人：姓名：　　性别：　　职务：　　手机：</td></tr>
<tr><td colspan="6">项目负责人：姓名：　　性别：　　职务：　　手机：</td></tr>
<tr><td rowspan="9">审核标书</td><td colspan="2">采购负责人、参与人</td><td colspan="4"></td></tr>
<tr><td colspan="2">专家选定方式</td><td colspan="4"></td></tr>
<tr><td rowspan="6">参与专家</td><td>姓名</td><td>性别</td><td>单位</td><td>职称</td><td>手机</td></tr>
<tr><td></td><td></td><td></td><td></td><td></td></tr>
<tr><td></td><td></td><td></td><td></td><td></td></tr>
<tr><td></td><td></td><td></td><td></td><td></td></tr>
<tr><td></td><td></td><td></td><td></td><td></td></tr>
<tr><td></td><td></td><td></td><td></td><td></td></tr>
<tr><td>审核标书方式</td><td>封闭（　）开放（　）</td><td>时间</td><td></td><td>监管人</td><td></td></tr>
<tr><td rowspan="3">招标公告情况</td><td colspan="6">公告方式、时间、天数：</td></tr>
<tr><td colspan="6">质疑主要内容：</td></tr>
<tr><td colspan="6">解决处理情况：</td></tr>
<tr><td>备注</td><td colspan="6">表格空间不够填写可增加附页，并在本备注栏注明</td></tr>
</table>

采购负责人签字：　　　　　　　　截止日期：　年　月　日　时

表 9-4　**项目资金采购全程记录表——招标采购事中记录表**

启用日期：　年　月　日　时

<table>
<tr><td>阶段</td><td colspan="6">内　容</td></tr>
<tr><td rowspan="11">专家抽取和选定</td><td colspan="6">采购方评标代表：</td></tr>
<tr><td colspan="6">采购方评标代表的选定方法：</td></tr>
<tr><td rowspan="9">抽取专家</td><td colspan="5">地点、方式、负责人：</td></tr>
<tr><td colspan="5">参与抽取人员：</td></tr>
<tr><td>姓名</td><td>性别</td><td>单位</td><td>职称</td><td>手机</td></tr>
<tr><td></td><td></td><td></td><td></td><td></td></tr>
<tr><td></td><td></td><td></td><td></td><td></td></tr>
<tr><td></td><td></td><td></td><td></td><td></td></tr>
<tr><td></td><td></td><td></td><td></td><td></td></tr>
<tr><td></td><td></td><td></td><td></td><td></td></tr>
<tr><td colspan="5">时间：　年　月　日　时至　时</td></tr>
</table>

续表

阶段	内　　容
开标情况	开标地点：
	开标时间：　　年　　月　　日　　时至　　时
	主持人：　　　　　　　　　　　监督人：
	采购方参加人员：
	代理机构参加人员：
	参与应标企业数量及主要情况：
	开标时间：　　年　　月　　日　　时至　　时
评标过程	强调评委和工作人员纪律情况：
	选举主任委员或确定主持人情况：
	评标委员会预备会讨论评标办法情况：
	确定对外联系电话：
	过程主要情况：
	拟中标结果：
	评标时间：　　年　　月　　日　　时至　　年　　月　　日　　时
结果公示	公示方式、时间、天数：
	中标单位：
质疑情况	质疑主要内容：
	解决处理情况：
备注	表格空间不够填写可增加附页，并在本备注栏注明

采购负责人签字：　　　　　　　　　　　　截止日期：　年　月　日　时

表 9-5　　　　　　**项目资金采购全记录表——采购评标事后记录表**

启用日期：　年　月　日　时

阶段	内　容
合同签订	增减变化原因及内容： 参与决策人员： 各项合同签订时间：
供货验收	反馈信息情况：
拟定抽查目标	名称、数量、型号、参数、验收人 拟定日期：　年　月　日
实际抽查结果	质量效果、售后服务、维修、安装培训、使用管理 抽查日期：　年　月　日
备注	表格空间不够填写可增加附页，并在本备注栏注明

检查人（签名）：　　　　　　　　截止日期：　年　月　日　时

资料来源：杨军，赵继新．采购管理实务［M］．北京：北京师范大学出版社，2018.

◆实训任务

5~8人一组，分析上述表格包括的采购监督内容是否全面有效。

第10章
商品采购项目管理

学习目标

知识目标：➢ 掌握原材料采购的特点和要求；
➢ 掌握设备采购的特点和要求；
➢ 掌握服务采购的特点和要求。

能力目标：➢ 掌握原材料采购的方法；
➢ 掌握设备采购和服务采购的方法；
➢ 能够针对不同采购项目制订相应的采购方案。

【案例导入】

宜家在为产品选择供货商时，从整体上考虑总体成本最低，即计算产品运抵各中央仓库的成本作为基准，再根据每个销售区域的潜在销售量来选择供货商，同时参考质量、生产能力等其他因素。由于宜家绝大部分的销售额来自欧洲和美国，所以一般只参考产品运抵欧洲和美国中央仓库的成本。

宜家在全球拥有近2 000家供货商（其中包括宜家自有的工厂），供应商将各种材料由世界各地运抵宜家全球的中央仓库，然后从中央仓库运往各个商场进行销售。这种全球大批量集体采购方式可以取得较低的价格，挤压竞争者的生存空间。

宜家的亚太地区的中央仓库设在马来西亚，所有前往中国商场的产品必须先运往马来西亚。这种采购方式使宜家总体的成本降低。但是对于中国来说，成本较高。特别是对于家具这类体积较大的商品来说，运费在整个成本中会达到30%，直接影响到最终的定价。

随着亚洲市场特别是中国市场所占的比重不断扩大，宜家正在把越来越多的产品或者是产品的部分量放在亚洲地区生产，这将大大降低运费对成本的影响。目前，宜家正在实施零售选择计划，即由中国商场选择几个品种，由中国的供货商进行生产，然后直接运往商场的计划。例如，尼克折叠椅原先由泰国生产，运往马来西亚后再转运中国。采购价相当于人民币34元一把，但运抵中国后成本已达到66元一把。再加上商场的运营成本，最后定价为99元一把。年销售额仅为每年1万多把。实施这项计划后，中国的采购价为人民币30元一把，运抵商店的成本增至34元一把，商场的零售价定为59元一把，比以前低了40元，年销售量猛增至12万把。

资料来源：佚名．宜家的“经济采购”战略［EB/OL］．［2018-08-28］．http://www.sohu.com/a/250608599_820175.

请思考：宜家的成功采购经验有哪些？

项目采购管理是指从组织之外获取货物和服务的过程。如果项目需要，每个过程可以由个人、多人或团体来完成。不同的商品采购项目由于自身的特点不同，在采购管理过程中各有不同的侧重点。本章将采购项目的管理分为三大类，分别加以介绍。

10.1 原材料采购管理

原材料购买方法同企业所选择的生产方式密切相关，以满足制造过程中的所有要求为目的，如时间、数量等。随着过程的观念越来越深入人心，越来越多的企业试图衡量总加工成本而不是每个岗位上的加工成本，这种方法能使整个系统达到最优而不是局部最优，为了达到这一目的，企业首先需要对自己的生产过程有所了解，进而采取相应的采购方法。

初级产品是指未经加工或提炼的产品，如农产品、矿石、石油等。它们是构成其他产品的基本材料，原材料是从经过加工的由初级产品转化而成的标准化产品。

10.1.1 经济订货采购模型

库存政策对企业采购行为与方式有着重大影响，对于那些专注于持续改进的企业来说，订购多少、何时订购、库存多少等都是影响到质量的关键问题。因此，理解库存的存在缘由以及相关交易对企业制订采购方案至关重要。

1.库存

库存是指那些已由厂外供应商处进入厂内或处于运输途中但尚未投入生产领域的需要在仓库内暂时停留一段时间的物资，企业拥有库存的目的很多，大致可以分为以下几类：

生产库存：为了在两次进货间隔期间能够维持生产的正常供应而建立的储备。进货时达到最大值，随着生产消耗，库存量逐步下降，在下一次进货前储备量降为零。

安全库存：为了应付供应过程发生的意外中断而建立的库存，例如遇到货物延期交付，到货实物数量与质量和要求不符等特殊情况时，安全库存的存在可以保证生产的正常进行。

季节库存：这是为了适应进料、用料的季节性特点而建立的库存，如在原材料盛产时节囤积物资以供全年之用就十分典型。

由于库存与采购决策所处环境的快速变化，库存管理非常复杂，然而对于那些需求十分稳定的企业来说，其生产过程同样也是十分稳定的。过于复杂的管理方式，反而可能会使简单问题复杂化，对这些企业来说，用一些简单的模型确定采购数量与时间是一种简单易行而又实用的方法。

2.定量模型

在介绍定量模型前，还需要了解一个概念——库存成本。库存成本是指企业持有库存所付出的经济代价。库存成本的种类有很多，简要地可以分为以下几类：

（1）储存成本。其包括处理费用、存储设施成本，以及库存租金，存储、劳务与作业成本等。公司的储存成本有可能会很高，生产性存货的年储存成本占库存总值的25%~50%。只要企业能估计出储存成本占库存总值的百分比，就可以按照下面的公式计算出库存的年储存成本。

年储存成本=平均库存价值×库存储存成本/库存价值

平均库存价值=平均库存单位数×单位成本

年储存成本用字母来表示就是：

$$C=\frac{Q}{2}\cdot I\cdot K$$

式中：C为年储存成本；Q为订货数量；I为单位价格；K为物料的库存储存成本占库存价值的百分比。

（2）订货、采购成本。与进行采购交易相关的费用就是订货、采购成本，如电话、邮件、传真、运输、检验、接收等发生的费用。

（3）生产准备成本。其是准备一次生产运行所需的全部成本，生产准备成本的高低与生产时间的长短、生产过程的复杂程度、生产准备的时间长短有关。

（4）缺货成本。这是企业未能在适当的时间、适当的地点，获得所需物料所带来的损失。它包括丧失商机所带来的销售损失、改变原有方案带来的费用支出以及人力与设备的空闲而带来的损失等。

（5）价格变化成本。这是由于价格浮动带来的成本，有时供应商会为了鼓励购买或用现金支付而提供价格折扣。

了解了库存成本的概念以后，就涉及定量模型的问题，该模型的目的是寻找一个使年总成本最小的经济订货批量，为了使问题简单化，这里的年总成本只考虑采购成本、订货成本和储存成本，即：

$$TC=RC+RS/Q+QCK/2$$

式中：TC为总成本；Q为经济订货量；R为年需求量；S为交易费用；C为单位价格；K为储存成本百分比。

经济订货量模型图如图10-1所示。

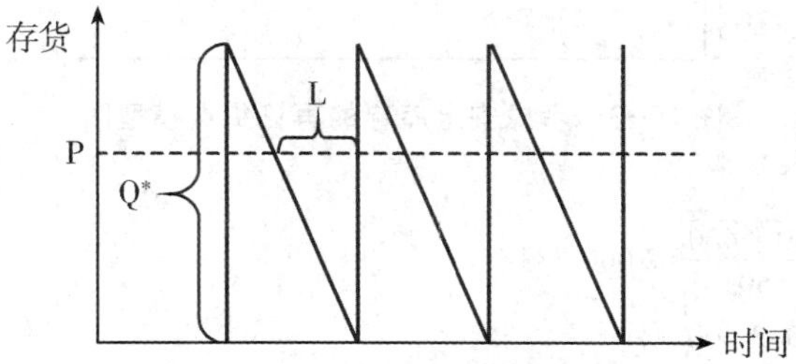

图10-1　经济订货量模型图

使总成本最低的Q^*就是企业所寻找的经济订货数量。运用微积分的知识，对上一公式求导，可以得出：

$$Q^*=\sqrt{\frac{2RS}{KC}}$$

确定了Q^*后，企业还需要进一步确定采购发生的时间。在这里将引入两个概念：再订货点和提前期。再订货点是指采购发生时的库存额。提前期指的是采购发生和材料进仓库之间的间隔期，用L来表示。由于从采购发生到产品入库之间还需要一段时间，因此企业不可能在库存用完时才进行采购，而要根据提前期和消耗量确定一个再订货点P。

$$P=L\cdot r$$

式中：P为再订货点；L为提前期；r为日消耗量。

再订货点模型图如图10-2所示。

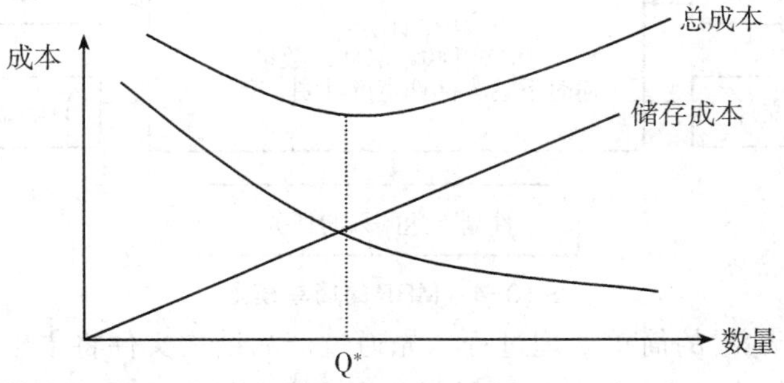

图10-2　再订货点模型图

如果企业考虑到安全库存，上面的公式还需要再改动一下。

$$P=L\cdot r+D$$

式中：D为安全库存。

考虑安全库存的再订货点模型图如图10-3所示。

例：某企业对原材料A的年需求量是6万件，每次采购的交易费用是400元/次，每单位原材料的价格为60元/件，保存成本K为20%，提前期L为15，安全库存为600件，日消耗量为200件，(假定共有300个工作日)。试求企业的经济订货量和再订货点。

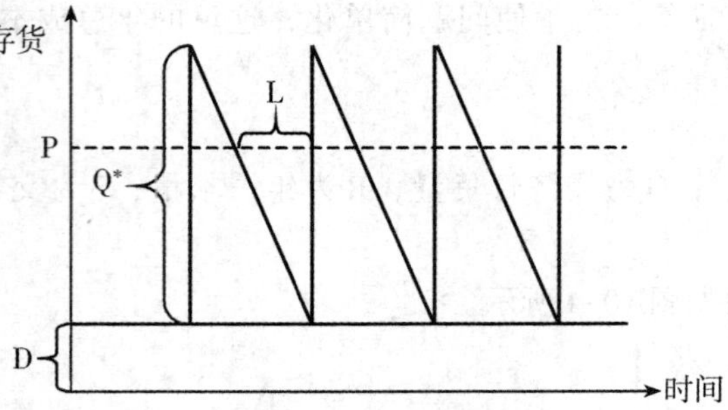

图10-3 考虑安全库存的再订货点模型图

解：

$$Q^*=\sqrt{\frac{2RS}{KC}}=\sqrt{\frac{2\times 60\,000\times 400}{20\%\times 60}}=2\,000\text{（件）}$$

$$P=L\cdot r+D=15\times 200+600=3\,600\text{（件）}$$

上面介绍的是这类模型的最简单的形式，事实上，如果考虑到缺货成本和数量折扣，它还要复杂得多，在这里就不进行详细介绍了。

10.1.2 MRP下的原材料采购

MRP（material requirement planning，MRP）是20世纪60年代初期在美国开始出现的，是应用计算机来计算物料需求。它是在竞争日益加剧，需求变得难以捉摸，定量、定期模型已渐渐不能适应企业柔性生产对原材料的需要时，出现的计算机数据处理系统。其可以迅速完成对零部件需求的计算，使企业采购能够及时根据需求变动进行调整，图10-4是MRP的一个简单模型。

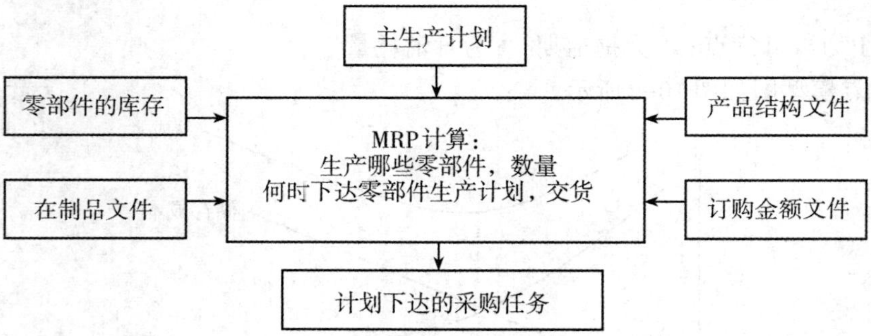

图10-4 MRP的简单模型

图10-4描绘了MRP的简单处理过程：先通过产品结构文件将主生产计划中对产品的需求进行分解，生成对部件、零件以及材料的主需求量计划，进而利用主需求量、库存情况、计划期内各零部件的构成以及在制品情况等进行计算，以确定在产品结构各层次上零部件的净需求量，最终确定零部件的订购计划。

在MRP中，计划订购的数量并不一定正好等于净需求量，经常要用一些方法来进行调整。在实践中，常用的决定批量的方法分为静态方法和动态方法两类。静态方法就是保持订货数量为一个常数。常用的静态方法有：固定批量法、经济订货批量法。动态方法是指在不同周期订货数量可能变动。常用的动态方法有：直接批量法、固定周期批量法等。

1.固定批量法

固定批量法在实际中应用较多。该方法批量为一个固定值。在MRP计算时将净需求量与此固定批量值相比较，如净需求量小于或等于该批量，计划订购量等于批量，否则计划订购量等于净需求量。固定批量值由下列因素确定：

（1）由于制造过程生产能力的限制（如一炉钢生产量为200吨，热处理炉能力为200千克）订货数量低于生产负荷能力，经济效益会受影响，因而将其定为固定批量。

（2）运输能力受包装容器大小的限制。

（3）物料尺寸和重量的限制。

（4）逻辑上的订货倍数（如打、箱等）。

2.经济订货批量（EOQ）法

EOQ法是在保证生产正常进行的前提下，以库存支出的总费用最低为目标，确定订货（生产）批量的方法。在前面已经进行了详细介绍，这里就不再重复了。

经济批量的计算必须在已知计划期间的需求量、每批工装调整费、项目每单位在计划期间的保管费等数据的情况下，才能计算出经济订货批量。算出结果后就将之作为一定期间内的订货批量，直到各项费用和需求数量有较大变动时，才会有所变动。因此，EOQ是一种静态批量法，它不太适用于需求波动很大和项目价值很昂贵的情况。

3.直接批量法

直接批量法是最简单的动态批量方法。它将每个时期对项目的净需求量，直接用作订货批量。

直接批量法最适用于价格昂贵的项目，因为它不保存无用的批量库存，订货量恰好等于净需求量，随每次净需求的变化而改变。一般来说直接批量法不适用于标准件和通用件。

4.固定周期批量法

固定周期批量法是动态批量法之一。它生成订单的订货量等于固定的几个周期的净需求量之和。使用固定周期批量法，订货的间隔期保持相对稳定，但订货量可能随需求的不同而变化。

以上各种方法计算出的批量，有时要根据实际情况进行一些调整：

（1）最大批量和最小批量。估计生产负荷及处理订单能力，确定批量的最高和最低限额。实际采用的批量，应不大于最大批量，不小于最小批量。

（2）取整倍数。由于考虑运输或生产能力等因素，订货量应为某特定值的整数倍。这个特定值是由设备的生产能力或运输容量等所决定的。例如，一炉钢生产能力为200吨，若需求为220吨，只生产220吨是不经济的，故订货量应为400吨，即应为生产能力（200）的整数倍。

5.安全库存

还有一个非常重要的参数就是安全库存。在前面的章节中已经介绍过安全库存这个概念，为使生产经营活动正常进行，防止因需求或供应的波动引起缺货或停工待料，经常在仓库中保持一定数量的计划库存量，称之为安全库存。安全库存是消除制造过程中不可预见变化的重要方法，但是，安全库存必然会增加库存费用。因此，企业需要确定一个适宜的安全库存水平。

安全库存水平常用安全库存量来表示，当计划周期的计划库存量达到或低于安全库存量时，该周期就应该有计划订单入库。例如部件C的安全库存量为15件，当计划库存低于15件时就要有计划订单入库量。此外，安全库存也可用时间单位来表示。例如E部件8周计划需求量为200件，每周平均25件，订货提前期为2周。若将计划提前期加上一周的安全提前期，其结果产生的作用与具有25件的安全库存相同。

MRP所需的严密控制意味着有关数量、提前期、物料清单、产品规格的采购记录必须完全准确。而且，采购与存储职能也变得更集中，对有权使用的存货必须进行更严格的控制。

MRP的按时交付需求应和供应商相互协调。因此，采购方必须让供应商认识到数量、质量，以及向采购者许诺交付的重要性。这可以降低采购方的安全库存。如果更多的供应商自己也采用MRP系统，那么，一切就会变得更容易。

大多数MRP系统都有能够执行多种常规性采购任务的采购模块，采购行为越来越专业，也越来越注重分析。MRP计划时间跨度的长期性意味着采购计划的长期性，也意味着更长期的供应商伙伴关系的建立。这些关系的建立有利于即使在批量规模过小、订单交付频率过高的情况下也可获得高质量产品的按时交付。采用MRP的组织内部联系越来越密切，采购反应能力越来越强。MRP系统为采购打开了一扇信息之窗，为采购方与供应商的合作带来了帮助。MRP的前瞻性和综合性意味着采购部门专业化程度将越来越高。

10.1.3 准时制生产方式（JIT）下的原材料采购

1.JIT的产生和发展

准时制生产方式（just in time，JIT）的概念是1953年首先由日本丰田汽车工业公司提出的，1961年在全公司推广。作为一种生产管理方式，JIT首先出现于日本，与其国情有十分密切的关系：日本国土面积小，人口密度大，自然资源贫乏，因此在生产管理中，特别注意有效地利用各种资源，杜绝各种可能的浪费。他们认为，库存是一种浪费，废品则是更大的浪费。

JIT的创立者认为，生产工艺的改进对于降低生产成本固然重要，但当各企业在生产工艺上并不存在很大差异时，只有通过合理配置和使用设备、人员、材料等资源，才能较好地降低成本。只要可能，生产与物料控制自动化就会融为一体。设计重点在于使生产过程变为平滑流动的机器布局；加强团队合作与工作柔性，简化返工步骤，设计车间通道；进行物料与工具处理使用U形生产线。

JIT是日本在重复性生产过程中的管理思想。通过JIT思想的应用，日本企业管理者将精力集中于生产过程本身，通过生产过程整体优化，改进技术，理顺物流，杜绝超量生产，消除无效劳动与浪费，有效利用资源，降低成本，改善质量，达到用最少的投入实现最大产出的目的。

2.JIT系统简介

JIT的基本原则是在正确的时间，生产正确数量的、所需的零件或产品，即准时生产。准时制的这种特性可以大大降低在制品的库存。无论是在事业组织还是在企业，无论是在制造业还是在非制造业，运作实践中很多地方都可以体现JIT的这种特性。

它的基本原则与MRP比较类似。不过，MRP是按主生产计划的要求，在需要的时间、地点生产需用的零部件，是受主生产计划“推动”的生产方式。而JIT的零部件仅当后续工序提出要求时才生产，是一种“拉动”的生产方式，后道工序需要多少，前道工序就生产或供应多少。它将传统生产过程中前道工序向后道工序送货，改为后道工序根据“看板”向前道工序取货。前道工序按“看板”要求只生产后道工序取走的数量的工件作为补充，现场操作人员根据“看板”进行生产作业。看板系统是JIT生产现场控制技术的核心。准时制生产就是利用看板技术控制生产和物流，以达到准时生产的目的。

需要说明的是，JIT与看板管理是生产方式与管理方法的关系，不能混为一谈。

看板的应用是建立在一系列生产管理技术的基础上。为创造看板应用的条件，在JIT系统中，要进行广义的生产系统设计，包括市场销售、产品设计、加工工艺、质量工程、工厂布局和生产管理等，以便于看板系统的实施。看板管理需要工人和管理者在帮助组织提高质量方面做出大量的努力。JIT的工人必须具备柔性，他们经过多工种的培训，需要在生产过程中四处走动，从各方面寻求改善运作的方法。

3.JIT生产方式的目标

丰田公司指出“制造工厂的利润蕴含于制造方法之中”，这就是说，要通过彻底消除制造过程中的无效劳动和浪费，努力降低成本、提高质量，来取得高额利润。丰田公司将无效劳动和浪费分为下列几种：

（1）制造过剩的零部件的无效劳动和浪费；

（2）空闲待工的浪费；

（3）无效的搬运劳动；

（4）库存积压的无效劳动和浪费；

（5）加工本身的无效劳动；

（6）动作方面的无效劳动；

（7）生产不合格品的无效劳动和浪费。

为消除上述无效劳动和浪费，就要不断追求最优的生产系统设计和最佳的操作状态。用专业化的术语来说，JIT就是要寻求达到以下目标：

（1）零废品。传统生产管理很少提出零废品的目标。一般企业只提出可允许的不合格品百分数和可接受的质量水平。其基本假设是：不合格品达到一定数量是不可避免的。由于传统生产管理很少提出零废品的概念，使得隐含成本大大提高。而JIT的目标是消除各种引起不合格品的原因，在加工过程中每一工序都要求达到最好水平，尽量减少废品的产生。

（2）零库存。在传统生产系统中，在制品库存和成品库存被视为资产，其代表系统中已累积的增值。期末时，期末库存与期初库存之差，代表这一周期增值的部分，用以表明该部门效益的提高。当不确定的供应者供应原材料和外购件时，原材料和外购件的库存可视为缓冲器，它能作为供应者不按期供货或顾客订购量增加时的缓冲。因此，在这种情况下，在制品与成品库存难以得到有效的控制。工厂高级管理人员也许并不赞成库存量太大，但是当要他们在低库存、低设备利用率、高缺货风险和高库存、高设备利用率、低缺货风险之间做出选择时，他们往往趋向于选择后者。

而JIT方式认为，库存是弊病，库存是生产系统设计不合理、生产过程不协调、生产操作不良的证明，必须尽量减少。

（3）准备时间最短（零准备时间）。准备时间长短与批量选择相联系，如果准备时间接近于零，这就意味着批量生产的优越性不复存在。如前面的章节所述，确定经济订购量（经济批量）的目标是使库存总费用最小，而库存总费用是由仓库保管费与准备费、订货费所决定的，大批量意味着库存量高，仓库保管费高；而小批量则库存量低，仓库保管费也低。但批量小准备次数必然增多，在大多数情况下，准备费用也随之增加。如果准备时间趋于零，准备成本也会趋于零，所以采用极小批量起码在理论上是可行的。

（4）提前期最短。在MRP系统计划展望期的确定问题上，可以看出，计划展望期至少要大于产品结构各层次上最长累计提前期之和。各零部件的提前期长，必然导致计划展望期长，迫使生产计划制订依赖于预测，使企业不得不在取得顾客的订购之前安排生产作业计划。众所周知，长提前期、大批量的系统，应变能力差、柔性小；而短提前期与小批量相结合的系统，应变能力强、柔性好。要想缩短提前期必须从产品设计与生产过程设计入手。应使各产品设计合理，既能满足用户的不同需求，又易于加工生产，要改变传统生产系统产品设计与工艺过程设计相分离的状况。企业应认真分析生产过程提前期的组成，采取相应措施缩短提前期。

（5）减少零件搬运。在加工和装配操作中，常常包括大量无效活动。以装配作业为例，一般装配作业可视为以下活动之组合：①零件搬进；②零件搬运；③零件装配与检验；④专门作业。其中，零件搬进、搬运是非增值的操作，属于无效劳动。如果能使零件和装配件运送量减少、搬运次数减少，就可以节约装配时间，减少装配中可能出现的问题。基于这种思想，改变传统的工艺专业化的生产布局为对象专业化的生产布局，可以大大减少物料的搬运，节省运输的人力、设备和相关费用。

总之，JIT是高质量工作环境、优秀企业设计、健康工作态度的混合体。在这个混合体中，运作具有重要的战略意义。企业通过灵活可变的流水线车间构造来确定作业顺序及其规则。JIT是一个拉动式而不是推动式的系统，看板管理很好地证明了这一点。

10.2 设备采购管理

10.2.1 设备投资决策技术分析

设备采购对企业来说是一项重要的支出，尤其是资本性设备，由于价值过高，回收期较长，需要企业审慎选择，因此决策显得非常重要，常需进行专门的技术分析以判断投资是否合理。用于投资决策技术分析的方法很多，在实际工作中，按照其是否考虑“货币时间价值”可以将其分为静态分析方法和动态分析方法两大类。

1.静态分析方法

静态分析方法通常又称为非折现的现金流量法，这类方法的主要特点是不考虑货币时间价值，因而不需要采用复利计算方式对有关投资方案的现金流进行折现计算。

（1）优点。①计算简单；②容易理解，能够产生明显有用的答案；③方便快捷，既可以选出那些投资回报率很高的投资项目，又可以迅速排除没有盈利的投资项目。

（2）缺点。①没有考虑现金流入流出的时间性；②没有考虑资本成本；③没有考虑投资的节税效应。

通常使用的静态分析方法有两种：投资回收期法和年平均报酬率法。

①投资回收期法。投资回收期是指收回全部投资额所需要的时间。投资回收期法就是以投资回收期的长短作为投资决策分析的标准，并依此来选择最佳投资方案的一种决策分析方法。投资回收期的计算，根据各年现金净流量是否相等而有两种不同的方法。

当投资每年的现金净流量相等时，其计算公式为：

投资回收期=投资总额/每年的现金净流量

当投资产生的年现金净流量不相等时，或者现金流入并非从投资方案有效期的第一年开始，其计算公式为：

$$投资回收期=N+\frac{第N年尚未收回的投资额}{第N+1年的现金净流量}$$

式中：N为净现金流量由负转正的年份。

例：某公司计划将资金200 000元投资于某一高科技项目，现有A、B、C三个方案，每年各方案的现金流入量见表10-1。

表10-1　**每年A、B、C三个方案的现金流入量表**　单位：元

年份	A方案	B方案	C方案
0			
1	80 000	120 000	60 000
2	80 000	100 000	80 000
3	80 000	80 000	100 000
4	80 000	40 000	60 000

试用投资回收期法为该公司确定一个最佳投资方案。

解：根据上述资料，A、B、C三个投资方案回收期可计算如下：

A方案的投资回收期=200 000÷80 000=2.5（年）

B方案第一年的现金流入量为120 000元，第二年只要回收80 000元，即可收回全部投资额，所以：

B方案的投资回收期=1+80 000÷100 000=1.8（年）

同理计算：

C方案的投资回收期=2+60 000÷100 000=2.6（年）

通过比较可以看出，如果以投资回收期的长短作为投资方案的判别标准，不考虑时间价值，则回收期最短的B方案是该公司的最佳投资方案。

回收期法计算简单并且容易为决策人所正确理解，它的不足之处在于不仅忽视时间价值而且没有考虑回收期以后的收益。事实上，有战略意义的长期投资往往早期收益较低而后期较高。回收期法优先考虑急功近利的项目，可能导致放弃长期成功的方案，它是过去评价投资方案最常用的方法。目前作为辅助方法使用主要用来测定方案的流动性而非营利性。

②年平均报酬率法。年平均报酬率是指一项投资在其寿命期内每年的平均净收益与平均投资额之间的比率。年平均报酬率法就是以年平均报酬率作为评价投资方案的标准，据

此进行投资决策的方法。年平均报酬率的计算公式为：

$$年平均投资报酬率=\frac{年平均净收益}{年平均投资额}\times 100\%$$

例：某公司计划从事某项投资活动，现有三个投资方案，有关资料见表10-2。

表10-2 **某项投资活动的三个投资方案表** 单位：万元

期间	A方案		B方案		C方案	
	投资额	净收益	投资额	净收益	投资额	净收益
1	60	3.5	55	9.5	20	13.5
2	50	6.0	40	10	30	11
3	40	8.5	37.5	9.5	40	8.5
4	30	11			50	6.5
5	20	13.5			20	3

试计算A、B、C三个投资方案的年平均报酬率，并据此判别三个方案的优劣。

解：根据表10-2中的有关数据，A、B、C三个方案的投资报酬率可计算如下：

对于A方案：

年平均净收益=（3.5+6.0+8.5+11+13.5）÷5=8.5（万元）

年平均投资额=［（60+50）÷2+（50+40）÷2+（40+30）÷2+（30+20）÷2+（20+0）÷2］÷5
=34（万元）

年平均报酬率=8.5÷34×100%=25%

同理，可以求得B方案和C方案的年平均报酬率分别为27.6%和28.3%。

从上述计算结果可以得知，C方案具有较高的年平均报酬率，A方案与B方案的年平均报酬率较低。如果只从年平均报酬率来衡量，C方案是该公司进行此项投资活动的最佳方案。

年平均报酬率法，同样没有考虑货币时间价值，把不同年份的净收益同等看待。因此该指标也不能正确地反映各投资方案的经济效益。例如，A方案和C方案虽然其各个年份的净收益之和相同。但是，A方案的净收益是逐年递增的；而C方案的净收益是逐年递减的，此外其各年的投资额也不相同。如果考虑到时间价值，显然C方案比A方案的效果要好，这种差别，在年平均报酬率法中是反映不出来的。

静态分析方法计算简单，主要应用于投资方案的初选。利用静态分析方法计算出的效益不好的方案，应当立刻予以淘汰，效益较好的，则需要运用动态分析方法作进一步的判断和选择。也就是说，在具体的投资决策分析中，静态分析方法要和考虑货币时间价值的动态分析方法结合起来一起使用，静态分析方法是作为辅助方法使用的。

2.动态分析方法

动态分析方法又称为折现的现金流量法，其主要特点是考虑了货币时间价值对投资过程的影响。它按照复利计息方法，将未来各期的现金流出量和现金流入量按预期报酬率统一折算成投资开始时（即0年）的现值，以此为基础，分析、评价各投资方案的经济效益，从而做出采纳与否的投资决策。

使用较多的动态分析方法有：净现值法、现值指数法、内含报酬率法等。

（1）净现值法。净现值是指某项投资方案未来各期现金流入量的现值与未来现金流出量的现值之间的差额。所谓净现值法是按照一项投资方案的净现值是正数还是负数来确定该方案是否可行的决策分析方法。凡是净现值大于零，则说明该方案的投资报酬率大于预期的报酬率，投资不仅能获得符合预定报酬的期望利益，而且可以得到以正值差额表示的现值利益，这在经济上是有利的。反之，若净现值是负数，则说明投资效益小于预期报酬率，方案不能达到预期的效益。

净现值的计算公式为：

$$净现值=\sum_{t=1}^{n}\frac{净现金流量}{(1+K)^{t}}-原投资额$$

式中：t为第t期的净现金流量；n为项目使用期或寿命周期；$(1+K)^{t}$为第t期的贴现系数，它可通过现值表直接查出，不必自行计算。

例：设贴现率为10%，某公司有A、B、C三个投资方案，有关数据见表10-3。

表10-3　**三个投资方案表**　单位：元

期间	A方案		B方案		C方案	
	净收益	现金净流量	净收益	现金净流量	净收益	现金净流量
0		（20 000）		（9 000）		（12 000）
1	1 800	11 800	（1 800）	1 200	600	4 600
2	3 240	13 240	3 000	6 000	600	4 600
3			3 000	6 000	600	4 600
合计	5 040	5 040	4 200	4 200	1 800	1 800

净现值（A）=（11 800×0.9091+13 240×0.8264）–20 000=1 669（元）

净现值（B）=（1 200×0.9091+6 000×0.8264+6 000×0.7513）–9 000=1 557（元）

净现值（C）=4 600×2.487–12 000=–560（元）

A、B两项投资的净现值为正数，说明该方案的报酬率超过10%。C方案净现值为负数，说明该方案的报酬率达不到10%，因而应予放弃。A方案和B方案相比，A方案更好些。

净现值方法的使用能为我们带来以下好处：①只涉及一个贴现结果；②暗含着能接受的最低限度的报酬率；③根据项目的风险提高或降低报酬率，能轻易地将风险因素考虑进去；④应用面广，可以对不同的项目进行评估和比较。

净现值方法也不是完美的，其存在着以下缺点：①管理人员对贴现的方法不是很熟悉，他们更愿意接受静态的分析方法；②计算过程很精确，使人们忽略了确定假设的困难，预期报酬率的选择不是一件很容易的事。

（2）现值指数法。现值指数是指某项投资方案未来各期现金流入量的现值总额与现金流出量的现值总额之比。它可用来说明投资在未来可以获得的现金流入量现值的大小，使不同投资额的方案具有共同的可比基础。现值指数法就是根据各个备选方案的现值指数是否大于1来确定该方案是否可行的一种决策分析方法。

现值指数的计算公式为：

$$NPVI=\frac{\sum_{t=1}^{m}\frac{N_t}{(1+i)^{t+n-1}}}{\sum_{t=1}^{n}\frac{P_t}{(1+i)^{t-1}}}$$

式中：N_t为经营期各年年末的净现金流入量；P_t为建设期各年年初的投资额；t为年数；m为经营期年数；n为建设期年数；i为年利率。

现值指数分析和净现值分析一样，都考虑了货币的时间价值，所不同的是现值指数以相对数表示，便于在不同投资额的方案之间进行对比。

现值指数也称投资收益率，它是一个重要的经济效益指标，特别是在资金紧缺时尤为重要。凡现值指数大于1的方案均为可接受的方案，否则为不可行方案。如果有好几个可行方案，现值指数越大越好。

（3）内含报酬率法。实际贴现率不是一成不变的，往往会因为各种不确定因素使其偏高于银行贷款利率。随着实际贴现率的升高，方案的可行性在下降，这就存在一个临界点，当实际贴现率高于此值时，方案就不可行。这个临界点，通常称为内含报酬率（内部收益率），即一种能够使投资方案的净现值为零的贴现率。根据线性插值法，可以得到其公式：

$$IRR=i_1+(i_2-i_1)\times|b|/(|b|+|c|)$$

式中：IRR表示内含报酬率；i_1表示有剩余净现值的低贴现率；i_2表示产生负净现值的高贴现率；b表示低贴现率时的剩余净现值绝对值；c表示高贴现率时的负净现值绝对值。

对某个方案而言，当其利率小于内含报酬率时，该方案可行，否则不可行。如果有好几个可行方案，内含报酬率越大越好。内含报酬率是项目投资的盈利率，由项目现金流量决定，即内生决定，反映了投资的使用效率。但是，内含报酬率反映的是项目生命期内没有回收的投资的盈利率，而不是初始投资在整个生命期内的盈利率。因为在项目的整个生命期内按内部收益率IRR折现计算，始终存在未被回收的投资，而在生命结束时，投资恰好被全部收回。也就是说，在项目生命期内，项目始终处于“偿付”未被收回的投资的状况，内部收益率正是反映了项目“偿付”未被收回投资的能力，它取决于项目内部。内含报酬率最大的优点是，它排除了项目大小、生命周期长短等因素，给出了评价不同项目经济效益的统一指标。

10.2.2 租赁

1.租赁的定义

进行设备采购决策时，管理者经常面临租赁和购买的选择。两种主要的租赁类型是融资租赁和经营性租赁。

融资租赁是指实质上转移了与资产所有权有关的全部风险和报酬的租赁。所有权最终可能转移，也可能不转移。

经营性租赁是指除融资租赁以外的其他租赁。其租赁期固定且短于设备寿命期，租赁合同在租赁期内不可取消，租赁费用固定且小于购买设备的费用。服务是经营性租赁的关键因素，出租人负责全部的维护、废弃、保险、税金、采购和再出售设备等责任，承租人必须对这些服务的收费和其他可供选择的服务进行评估。

融资性租赁可以被进一步细化为三种类型的租赁：销售型租赁、直接融资租赁和杠杆融资租赁，在最后一种方法中承租者可以较好地利用组织外部的资金。

那么融资性租赁和经营性租赁之间的划分标准都有哪些呢？我国已于2018年7月12日公布修订的《企业会计准则第21号——租赁》，其中规定，如果一项租赁在开始的时候能够符合下列标准中的一个或多个，那么此租赁应当认为是融资性租赁；否则，它将被划入经营性租赁。

（1）在租赁期届满时，租赁资产的所有权转移给承租人。

（2）承租人有购买租赁资产的选择权，所订立的购价预计将足够低于行使选择权时租赁资产的公允价值，因而在租赁开始日就可以合理确定承租人将会行使这种选择权。

（3）资产的所有权虽然不转移，但租赁期占租赁资产使用寿命的大部分。这里的“大部分”是指租赁期占租赁开始日租赁资产尚可使用年限的75%以上（含75%，下同）。

（4）租赁开始日，租赁收款额的现值几乎相当于租赁资产的公允价值租赁资产原账面价值。这里的“几乎相当于”是指90%（含90%）以上。

（5）租赁资产性质特殊，如果不作较大改造，只有承租人才能使用。

2.租赁的特点

租赁同采购相比有着其自身的特点，从而有它自身的优势与劣势。租赁的优点如下：

（1）租赁费用在计算所得税时被视为费用，可以为企业带来税收上的减免；

（2）首期费用较小，企业拥有有限的资金就可以使用昂贵的设备；

（3）能够享受专业技术人员的服务；

（4）减少了设备惨遭淘汰所带来的风险；

（5）适应特殊的工作和季节性工作。

3.租赁公司的种类

分析出租人如何在租赁合同中获利是确定价格的关键。大多数租赁公司都有计算租金的标准过程，但是很少有人事后公开这些隐秘的过程和关键数字。因此，承租人在签约之前必须仔细调查，找出其内在关系，下面是四种主要的租赁结构关系。

（1）提供全部服务的出租人。提供全部服务的出租人在汽车、办公设备和工业设备领域十分常见。出租人提供所有的服务如全部的维护、废弃、保险、税金、采购和再出售设备等。出租人根据承租人的说明采购设备，并有自己的资金来源。这种出租人通常能从设备制造商处获得折扣从而获得出租收益，但是这些作为商业秘密并不向承租人公开。此外收益也能从设备维护和服务收费（包括租金）中获得。应该注意的是，在长期租赁合同中应包含弹性价格条款。当租赁费用上升时，应当允许租金相应增加。

（2）融资租赁公司。此类租赁公司不进行采购也不拥有设备，由承租人和设备制造商直接打交道。该租赁公司的优势在于能够以优惠的利率获得大量资金，然后按高于此利率的利率贷出，从中谋求收益。有时如果租赁期限不长，该租赁公司也可以低利率贷出资金，并希望从设备再售价值中获利。盈利的租赁公司还可以从投资税额减免和设备折旧中获得利益。

（3）附属租赁公司。采用租赁而不是采购的一个主要目的就是促进销售和使用母公司的设备。设备的制造商选择租赁而非出售主要有以下原因：①为了获得更大的市场占有率和更高的利润；②减少信用风险；③为了控制二手市场；④在产品销售衰退期，尤其是新设备与旧设备相比销售较困难时，通过确保销售来稳定公司的增长；⑤控制服务；⑥保护专利。

（4）银行参与。当承租人有良好的信用级别时，银行参与租赁会有许多优点。银行会愿意负担租赁设备的部分款项，利率只稍高于优惠利率，因为这样做风险较低且麻烦较少。出租人负责购买、服务和设备的处理，减少了银行对其不擅长方面的参与。

10.3 服务采购管理

10.3.1 服务采购的含义

传统上采购人员一直把精力放在产品、原材料、零部件、设备和维护、修理及辅助物料等物品的采购上。其实，服务是对采购过程进行评价时需要考虑的一个很重要的因素。这里提到的服务是指安装、采购人员和操作员及其他相关人员的培训，技术咨询、维修、备用设备或后备人员的提供、质检、翻译等业务。

服务的突出特征就是它的无法存储性。许多服务只是一种过程（和产品可能没有直接联系）。这就意味着供应商提供服务的时间安排要与采购者的特定要求保持一致。时间安排上的任何误差都可能导致严重的损失，并为之付出昂贵的代价。因此可能要求供应商有足够的能力去满足客户所有需求。

不同的公司对服务的需求有很大的差异。下面是目前许多企业需要的主要服务内容：

（1）传播：广告、快信服务、摄影、出版、电视；

（2）辅助设施：装饰、设计、建筑、建筑拆除、工程设计、环境维护、有毒废物处理；

（3）商务：审计、会计、金融、市场调查、数据处理、计算机编程、咨询、监理、促销；

（4）物流：库存、家具办公设备的搬运、货物运输；

（5）保险；

（6）楼层管理、积雪清除、环境美化；

（7）法律服务；

（8）培训；

（9）医疗；

（10）招聘员工、工人劳动保障保险；

（11）公用事业（电、气、水）。

服务采购要求采购人员熟悉不同类型服务的特性和范围，理解资本资产的技术属性，甚至需要接受必要的培训。不过采购部门可以依靠其他部门中具有专长的人员对有实力的供应商和影响项目采购的因素决策。

10.3.2 服务采购的过程

1.组织准备

要进行有效的服务采购，首先要建立一个跨职能的团队，团队成员要包括相关部门的专业人员，他们可以利用自己的专长确定对服务供应商的选择是否合理。

建立了跨职能小组以后，所要进行的下一步就是要明确一个合格的服务供应商应当具备哪些必要条件，以此作为选择的依据。这些必要条件应包括以下几点：

（1）我们所采购的服务的特性是什么，相应的供应商应具备哪些方面的专长，其内部生产是否合理；

（2）我们与特定的供应商是否会出现利益冲突；

（3）供应商是否能够达到交货要求。

2.制定方案请求书

方案请求书的关键部分是工作说明书。以设计为基础的工作说明书，不仅能够说明企业的要求是什么，而且能够说明达到要求的方法。因此方案请求书应明确对服务的性能期望值、接受标准等。一份清楚明确的工作说明书可以在很大程度上表明供应商令人满意地提供服务的可能性。在制定工作说明书时，相关成员应当完全理解所有影响工作执行的因素，把重点放在价格、质量和交付上。

对特殊服务进行采购时，企业可以根据准备工作中的讨论对其特性予以检查，以明确应注意的地方及其关系。在一些项目中，用户和供应商的联系相对容易，用户为了对服务进行了解，往往要求介入整个过程。详尽的方案请求书包括对不确定性因素进行的必要性解释，它是采购过程的基础。完整的文件可以方便供应商的选择、合同管理和质量监控。如果可能，服务中可测的特性或行为部分需要详细说明并加以量化。服务的过程可以按时间顺序分为几个阶段，按照这种顺序来组织采购过程很有效。在某些服务中，需求的了解与说明需要双向的解释。一方面要确切记录供应商应该做些什么，另一方面要说明采购方应如何配合供应商的工作。价值分析法可以应用于工作说明书中。在对价格进行说明的过程中，采购部门及最终使用部门的早期介入对于确定合适的价格是必要的。

3.分析供应方案，选择供应商

在服务采购过程中，供应方案分析阶段包括：供应商分析、价格分析以及自制或外购的决策分析。

（1）供应商分析。选择提供服务的公司时，对服务公司的规模、特性有大致的了解很重要。如果服务供应商规模小，那么它可能只在本地提供服务。对供应商的调查方法有很多，下面就简单地列出几种：①找到曾经在该公司工作但已离开的专业人员，向他们了解该公司的一些情况，请他们提供或推荐一些供应商的名字；②研究公开出版的电话号码簿；③参加并研究地区或全国的贸易展览，识别具有专门技术的供应商；④利用互联网开展调查。

选择服务公司时，参考其他用户的意见也是有益的，但同时也要对这些意见仔细核查。如果在某些服务中，采购者认为自己并不太了解供应者的技术水平，那么通常的做法就是求助于咨询公司。其咨询费用一般比较高，但是为了获得合适的、有价值的建议，这些费用是必要的。在选择咨询顾问时，应考虑以下因素：声誉、经验、综合技能、规模、所需费用、有效性、个人素质和背景。另外，其工作时间的安排、咨询方式、培训和通信能力，甚至个人的知识结构，都应予以考虑。

（2）价格分析。服务的价格可以是固定的，也可以是浮动的，这由服务的性质和时间决定。另外，价格也可以通过竞争决定，如用竞标的方式选择。因为存在着很多竞争者，所以应当准备完整的、详尽的说明文件。

谈判是确定价格的另一种较为普遍的方法，在只有独家供应的情况下这就是买方唯一的选择。经验丰富的采购者对服务项目的成本结构有一定的了解，因此会更有效地取得优势，发现价格变动的机会。

（3）自制或外购。自制或外购一直是服务采购中比较重要的问题。现在的国际趋势是把原来由公司内部提供的服务外包出去，典型的例子就是安保、餐饮、维修服务，还有法律咨询、工程问题、软件开发、培训等其他专业化服务项目。而且，现在对服务业来说，最流行的做法是部分外购、部分自制。

例如，办公室设计人员可能只指定室内色调和家具搭配，而把具体工作留给室内装修人员。另外，整个工作的采购可以由专人来完成，也可把工作分散开来，交由多人处理。修理、清洁和设备安装可由内部人员完成，但关键部件的调试则由专业人员来完成。

安达信管理咨询公司曾进行过一项研究，对北美和欧洲的50家国际化大公司的303位资深高级管理人员进行了调查。结果表明，公司外购服务的业务量一直保持增长态势。在这项研究中将服务外购称为“一种竞争的手段，而不仅仅是成本控制的一种方式”。调查结果表明，虽然外购比例不一样，但是在被调查团体中85%出于商业考虑而将所需的服务全部或部分外购。

明智的采购人员会选择以低成本的自制工作代替高成本的外购服务。如果内部工作的成本高而外购服务的成本低，同时没有其他相关因素影响的话，那么应该选择外购服务，以期获得更好的效益。对服务的特性和成本结构有较为全面的了解，是评价自制或外购的重要参考之一。

4.签订采购协议

服务中的采购协议通常称为服务合同，合同可长可短，可以是规范化的，也可以是特定的文件，十分灵活。服务合同有许多类型，其包括固定价格、单价、成本加成、成本加固定费用以及成本加激励性报酬合同。许多专业的服务供应商总是试图使用某些专业团体制定的规范合同。通常这种团体有相应的制度来规范酬金的构成和特殊项目的合同，采购者也很愿意接受这样的合同，因为这种合同可以简化许多繁琐的过程，节约大量的时间和人力。

一段时期以来，许多组织为适应自己的情况和所采购的特定服务而使用特定的服务用语。这样常常会导致合同的多样化，每份合同都有特定的要求，结果是合同与合同之间存在很大差异。服务供应商总是希望客户采用自己签订的合同，这会给采购商带来很大的不便。在一些低价的服务中，采用规范化合同是一种简单而且廉价的解决方法，而且这也将是合同演变的方向。

最后，企业所签订的协议应该在互相交流、互相信任和互相支持的基础上展现出对双方共有利益的约束。

10.3.3 影响采购方案的因素

各种服务之间存在着显著的差异，这些差异会影响到采购的观念以及采购方案的选择。从采购的角度看，制订采购方案时应考虑以下几点：服务的价值、可重复度、服务的确定性程度、服务的对象、服务的提供、需求特性、服务交付的地点和特性、服务规范程度。

1.服务的价值

服务的价值不同，企业选择的采购方案也不同。价值越高，选择起来就越要慎重，有时甚至会专门成立项目小组进行决策。实践中可以参考典型的ABC分类方法，也就是将注意力更多地放在高价值服务的采购上。这里所说的价值是指在一个时点或一段时间内，比如一个会计期间，花在该服务上的费用总和。另外还应该认识到某些服务由于对整个公司会有潜在的影响，对这些服务项目进行采购时，对整个过程就应仔细地分析考虑。相关人员应就公司的长期策略及计划的制订进行咨询，获得相关人员的帮助也会对公司的服务采购产生非常大的影响。

2.可重复度

对于可重复性服务的采购，公司内部应当有一套完整的采购程序，并要求公司员工具有相应的专业知识，掌握相应的采购技术。例如，在对维护和安全采购时，采购人员应该具备相应的专业知识，了解适用的采购程序，熟练掌握采购技术。另外，对于较为特殊的服务要求以及那些临时的援助要求，应到外界寻求援助，可以将其外包出去。这种采购应建立在项目的需求基础上。

3.服务的确定性程度

根据服务的特性可知，每种服务都有其不确定性的一面。不同种类的服务，其无形的方面不同，从而其确定性也就不相同。例如，企业可以对建筑师绘制的草图或设计的方案进行审核并最终付诸实施，建成后的大楼的结构特性可由他人审核评定，但是其艺术美的特性却很难进行评价，无法用量化的指标进行衡量。对于这种服务，企业很难制定服务评价的标准，在方案请求书中很难向供应商提出具体的相关要求。有时，作为一种替代方法，企业可以征求用户或专业人员的意见来解决这一问题，有时也可以进行调查。例如，对上面所提到的大楼，企业可以提出这样的要求：所建大楼必须获得××奖项；或者在社会中进行抽样调查，了解大众的意见作为评估依据。但应该认识到有些人善于表达自己的意见，但是他们的观点并不能代表所有人的想法，所以这些意见都只能作为参考。

处理无形服务的一种方式是以对提供服务的人或设备的评价来代替对其服务质量的评价，例如，企业可以调查供应商中接受过相关培训的人的数量，公司中各种设备的工作能力等，其都可以事先进行确定。类似地，企业也可以就公司客户对供应商的满意程度进行调查。

但是，这种调查常会受到巨大的工作量的限制，公司管理层的变更也会对其产生影响。尽管如此，许多占据重要地位的服务项目还是要采用这种方法。

4.服务的对象

服务中的另一个重要问题是其服务对象是物还是人，例如，接待服务的服务对象是人，维修护理的服务对象是建筑物或者是设备。如果对象是人，那么就应该认识到人的特殊要求的重要性，认识到人也会受到服务影响，人的心理感受更重要。这些在设计采购方案时都应该考虑进去。在对服务的评价中，最终用户的意见所起的作用越来越大。

以人为对象的服务项目具有很大的不确定性，评价指标也难以确定，所以指标的确定就需要服务采购者和供应者相处一段时间，加强理解，协商解决。

5.服务的提供

服务可由人或设备提供，也可由两者共同提供。在服务采购的工作说明阶段，对潜在技术和资本的需求说明非常重要。在服务采购的供应商分析阶段，可根据潜在供应商的资产能力和技术状况对其进行评估。

在低劳动密集型服务中对服务质量的监督与评价可以说是最基本的要求，同时，也要注意供应商的设备性能状况。在高劳动密集型服务中，如手工收割、安装维修、教育、健康咨询、安全保障等，以及某些专业的服务，像咨询、工程设计、会计、医药和技术服务，“人的素质”是最重要的。从以上的介绍中可以看出不同类型的服务要求也不同，有的注重服务的硬件方面，有的注重服务的软件方面。此外，对服务人员技术要求不高的服务项目比较注重效率最高化和成本最低化，对技术水平要求较高的服务项目需要采购者对专业知识有较清楚的认识，同时需要供应商和采购者在服务采购的整个过程中保持广泛的联系。

6.需求特性

对于服务的需求并不是千篇一律的，某些特定服务的需求可能是持续的或是定期的，也可能是分散的。持续性服务的典型例子是24小时连锁超市和24小时的安全保障服务等。而分散或一次性服务是诸如电话安装或咨询、办公室的设计装饰之类的服务。持续性服务需要企业能够连续不断地监督进程，使得监测服务质量的信息指标更加可信。但是对于分散性服务并不强调此类要求，如果可能的话，企业需要的是加强对服务提供过程各阶段的监控能力，因为等到服务交付时再进行任何重大改动就来不及了。这些在采购方案中都应该有所体现。定期服务具有规律性，对于那些一周或一个月都要开展的定期检查，应该有固定的采购程序以供参考，所有采购行动都可以程序化。如果需要，也可以根据特定的要求对采购方案和流程进行调整，如维修服务等。

7.服务交付的地点和特性

服务交付的地点和特性对服务的采购过程和采购方案都有很大影响。虽然服务是面向采购者的，但服务的提供地点可以是供应商或其设备所在地，也可以是采购公司所在地。服务提供的地点不同对方案的要求也不同。如果服务的交付在采购者所在地，那么在合同协议上就要添加许多预备条款，比如安装服务中的安全性、顺利进入、装饰、工作时间的选择、健康和安全指标变动、由谁提供原材料等问题，都应在合同中一一列出。如果交付地点在供应商所在地或其他地方，这些问题就不会出现，因为服务的提供并不只针对某一个采购者。

8.服务规范程度

规范化服务和按客户要求提供的服务在本质上有所不同。一般来说，客户提出的要求越少，服务的规范化程度就越高，服务的可重复性也就越高，而服务不确定性的一面就越低。规范化服务的具体阐述说明会比较容易，采购起来也易操作。当市场上存在很多采购者时，供应商所提供的服务具体说明的规范化就容易实现，采购者只需根据供应商提供的说明，按照自身的需求进行适当的修改。如果市场上有很多供应商，采用竞争性招标方法、期望得到数量折扣及采用标准类型的供应商评价就更有可能得到。

对于定制要求较高的服务项目，服务的阐述说明过程会比较困难，服务提供的选择项目也不容易达成一致。在这种服务项目的说明过程中，最终用户的介入就显得非常重要，采购者必须在方案请求书中对服务要求进行详尽阐述以确保供应商明确采购方的要求。各种自制或外购协议的可能性应在最后的具体说明之前予以探讨。由于各种采购商提出的服务需求会有很大差别，采购过程本身也可能不太明确，对供应商进行选择时需要注意这一点。

9.提供服务所需技术

提供服务需要各种技术，有的可能不含有什么技术水平，有的可能需要很高的技术水平。在技术含量较低的服务中关注的焦点是价格，从事、取消这种服务项目或者是更换供应商都较为容易。在需要技术水平较高的服务中，更多的是看重高素质的技术人员和高品质、有经验的供应商，更加注重技术人员和用户的建议。在专业程度较高的服务中，专业服务的成本比预想得要低一些，而带来的收益却很高，但这需要企业精心挑选服务提供者。一个好的建筑师可以设计出成本低但效果却很好的建筑，虽然企业会因此支付更高的服务费用，但是带来的收益值得企业为此付出代价。

互动课堂

某网络女装品牌公司2017年的年销售收入已经达到5 000万元，资产总额为3 000万元。此时，一个严峻的问题摆在公司面前：很多客户都希望能够试穿服装，而公司根本没有实体店。

因此，公司决定建设实体店以方便客户进行体验，同时扩大公司知名度。实体店的购建有两种方案，这两种方案的建设期均为1年，计算期为10年，固定资产折旧年限为20年，净残值率为5%，增值税税率为13%，折现率为8%，所得税税率为25%，税金及附加为应纳增值税税额的10%。

甲方案：投资3 600万元建设4 000平方米的店铺，每平方米年收入为1万元；

乙方案：投资3 200万元建设3 500平方米的店铺，每平方米年收入为1万元。

请思考：甲方案和乙方案的财务现金流量分别是多少？

本章实训

任务：进行设备采购管理

◆实训目标

1.掌握设备采购决策静态技术分析方法。

2.掌握设备采购决策动态技术分析方法。

◆实训重点

掌握净现值的计算方法。

◆实训资料

某企业拟购一台数控机，价格为190 000元，预计使用年限为5年，预计残值为14 000元，有两个方案可供选择。有关数据见表10-4。

表 10-4　　　　**两方案比较**　　　　单位：元

项目年度	甲方案		乙方案	
	年净现金流量	累计现金净流量	年净现金流量	累计现金净流量
1	50 200	50 200	50 200	50 200
2	50 200	100 400	53 200	103 400
3	50 200	150 600	54 700	158 100
4	50 200	200 800	47 200	205 300
5	50 200	251 000	45 700	251 000

◆实训任务

1. 用静态投资回收期选择方案。

2. 设折现率为10%，计算两方案的净现值并做出方案选择。

第11章 商品采购发展趋势

学习目标

知识目标：➢ 掌握采购管理的新环境、新理念、新方式在商品采购中的实际意义；
➢ 掌握商品采购管理的新技术、新动向。

能力目标：➢ 能够进行采购外包决策；
➢ 能够把新理念运用在商品采购活动中。

【案例导入】

青岛新闻网6月6日讯（记者 李倍）今天，青岛市行政审批服务局副局长杨钢锐做客《行风在线》栏目时表示，为促进政府服务提质增效，青岛市公共资源交易大厅在全国率先取消全部窗口和接待人员，利用“互联网+”实现公共资源交易网络化；此外，青岛也成为全国第一个实现政府采购全流程无纸化的城市，所有环节公平公开且全程可追溯。

全国首家！青岛市公共资源交易大厅取消窗口实现“网络化”

“互联网+”不仅让人们的生活更加便利，也已经成为促进政府服务提质增效的工具。杨钢锐在节目中介绍，目前，青岛市公共资源交易中心大厅已经取消了全部窗口和接待人员，所有公共资源交易已全部实行网络化，成为全国第一家取消窗口的公共资源交易中心。

杨钢锐介绍，以往招标主体需要拿着材料来窗口，在招投标前先进行资质审查，但随着政府简政放权和“互联网+政务”的不断推进，青岛市公共资源交易中心实行全部交易上网申报、审批后置，并利用互联网技术实现了异地远程投标和异地远程评标。

此举不仅减少了“围标”“串标”等不法行为的发生，同时也大大降低了企业和政府的成本花费。据测算，去年一年仅政府采购一项，就为企业节约资金超过6 000万元。

全程上网！公共资源交易透明化　筑牢反腐防线

公共资源交易涉及矿产资源、土地招投标等大型交易，因此是否会滋生腐败成为社会关注的焦点。对此，杨钢锐表示，由于在制度建设、流程建设和科技建设上筑牢了反腐败防线，青岛市公共资源交易中心已经超过十年没有发生严重违纪违法问题。

杨钢锐介绍，交易中心出台了20多项制度，在公共资源交易各个流程节点，都做出严格规定；通过预判流程风险，采取相应的措施，用流程规范公共资源交易行为；并通过建立科技平台，固化流程，以减少人对流程的影响，且公共资源交易全程上网，实现了公开透明可追溯。

除此之外，交易中心还引入第三方评价机制与社会监督员，对交易各个环节进行抽查和监督，同时建立“一标一评议”机制，让服务对象对中心工作人员进行评价。

全国第一！青岛率先实现政府采购全程无纸化

公共资源交易，主要指的是自然性资源、资产性资源、社会性资源和行政性资源的交易买卖行为，其中主要的交易类型有政府采购、工程建设项目招投标、土地使用权和矿业权出让、国有产权交易。

此次访谈中杨钢锐透露，青岛市成为全国第一个实现政府采购全流程无纸化的城市。目前，青岛市所有政府采购，从发布公告到交易完成，从招投标递交标书到评标打分，所有环节都实现了无纸化和网络化，全程可追溯，更加公平公开。

资料来源：李倍. 为企业省6 000万元！青岛公共资源交易实现全网络化［EB/OL］.［2019-05-25］. http：//news.qingdaonews.com/qingdao/2019-06/06/content_20389596.htm.

全网络化采购有哪些好处？面对采购环境和技术日新月异的变化，采购人应如何做才能跟上采购的发展趋势？

一个企业能否持续发展，很大程度上取决于其采用何种采购管理方式。中国企业要在竞争激烈的国际市场中站稳脚跟，就必须依据企业自身的发展现状和信息技术的更新状况，适时调整企业采购管理策略，最大程度地合理利用社会资源，并且最大程度地利用企业自身的无形的和有形的资源，适时、适地、适量地进行采购。众所周知，传统采购业务信息共享程度差，缺乏采购战略管理，已经很难满足高速发展的信息化社会的要求。未来十年里，采购必将面临以功能为主导向创造性和创新转变的发展趋势。

11.1　全球化采购

全球化趋势改变了采购职能的范围。最初，跨国采购只是通过降低成本来保持竞争优势的一种防御性策略，目的是对抗对本国市场进行渗透的国外进入者。而如今有远见的公司把全球化采购管理看成驱动财务管理和整体竞争性的一个关键力量。因此，拥有全球采购能力的公司正努力降低成本、提高技能和灵活性，以便迅速地进入市场。

11.1.1　全球化采购的驱动力

随着公司的供应从国内采购转向全球采购，采购人员在制定全球采购战略时必须同时考虑机会和威胁。忽视与全球采购相关的风险的公司将失去预期利润，而较精明的公司将实施能同时降低风险和提高价值的采购策略。正如一位投资者选择一种多样化投资组合一样，通过杠杆的作用，面向世界各地供应市场的全球化采购战略可以帮助企业避免陷入不利的处境。

选取国际化供应商的最基本、最简单的原因是从国外购买商品或服务可以获得更多的利益。虽然使全球性采购具有吸引力的特定因素会因商品的不同而不同，但使得国际供应商受欢迎的具体原因还是具有一些共性的，其主要表现在如下方面：

1.价格

对发达国家来说，国外供应商提供产品的总成本总要比国内供应商的低一些，这是进行全球性采购的主要原因。价格优势产生的原因有以下几种：

（1）劳动力成本。发展中国家的劳动力成本要比发达国家低得多，亚洲许多生产厂家属于这种情况。这也是许多发达国家的公司在那里开设工厂的主要原因。公司寻求低劳动力成本，哪里的工资较低，工厂就迁往哪里。但需要注意的是，由于机器人的使用和自动化的实现大大减少了工人的数量，所以劳动力成本带来的差异也逐渐减小，而且随着发展中国家的发展，其劳动力成本也有逐渐升高的趋势。最终，这些国家的劳动力成本将不再具有吸引力。

（2）汇率。由于汇率的影响，许多公司购买国外产品更为有利。汇率对全球性采购的影响力很大，几年前日元不断升值时就对日本轿车等产品的出口带来很大影响。同理，如果人民币不断升值，我国企业从国外购买同样价格的产品会因为汇率的上升而获得收益。

（3）效率。国外供应商所提供的设备和工艺比国内厂家的效率要高。发达国家具有技术领先的优势，其生产的商品在性能上往往高于发展中国家。因此，基于生产技术上的要求，需要从国外进口更先进的设备。

（4）垄断。国际上有些原材料供应商将生产集中在某些商品上，从而实现经济学意义上的自然垄断，可以将出口商品定位在一个相对较低的价位上以大量出口。

2.质量

总体来说，国外供应商的产品质量并不一定比国内供应商好，但在某些产品上，国外供应商的产品质量更稳定，比如以色列的滴水灌溉设备等。影响质量的因素有很多，比如性能优良的新式设备、更精细的质量控制系统、比较成功的企业文化等。

3.某些货物在国内无法得到

某些原材料，特别是自然资源，国内没有储备，只能大量从国外进口。例如日本，作为一个小小的岛国，本身的自然资源十分缺乏，只能选择进口，别无他法。另外，随着相对经济优势的改变，一些制造业产品，比如某些办公设备，和计算机相连的桌面式打印机、录像设备的生产等也开始逐渐向发展中国家转移。发达国家更多从国外进口这些产品。

4.更快的交货和供应的连续性

受设备及生产能力所限，在一些情况下，国外的大型供应商交货速度要比国内的快。其甚至可能在世界各地都有产品库存，一旦需要，就可以立即发运。有实力的供应商为了防止缺货风险可能会备有大量库存，从而能够保持供应的连续性，即使遇到一些特殊情况也不会影响采购方的生产。

5.完善的技术服务

由于国际化分工的不断发展，特定专业的专有技术在不断变化，领先的国家也不断交替。为了能从最好的地方采购到最好的服务，或者是在适当的地点采购到适当的技术，需要在全球范围内选择供应商。假如国外厂家在本地有一个组织完善的分销网络，那么其所能提供的担保服务及技术咨询等相关服务会做得比国内厂家更好。

6.作为一种营销工具

为了能在其他国家出售本国生产的产品，企业可能会答应向那些国家的供应商采购一定金额的货物，数量由双方协商决定。这在国际贸易中是司空见惯的事情。

7.出于竞争的考虑

引进国外供应商会带来竞争，通常会给国内供应商施加压力。为了和购买厂商的合作关系能够长期维持下去，国内供应商会不断地提高自己的生产效率，使其保持国际先进水平。另外，采购商还能以进口作为砝码，向国内供应厂商施加压力，以获得价格或其他方面的让步。

除了以上这些原因外，全球采购环境的好转也促进了全球性采购的发展，使有利可图的全球性采购成为可能。这些变化主要是由全球经营环境的变化导致的，具体说来有以下几点：

(1) 质量。质量得到改进，采用ISO 9000标准后，有了统一的国际质量标准，甚至连公司的兼并和收购也建立了标准化的细则。

(2) 沟通。现代技术的发展降低了电子通信的成本，如今全世界都可以通过电信网络进行交流。特别是近几年来互联网的迅速发展，更加使电子通信成为一项简单而又低廉的工作。

(3) 数据传输和管理。软件和硬件处理数据的成本在不断降低，而且越来越普遍。互联网在不断发展，实现快速低成本的数据传输已不再是遥不可及的梦想。

(4) 政治经济气候。关税在不断降低和取消，虽然大规模的地区贸易壁垒如欧洲一体化市场还存在，但在局部范围内已经使降低成本和放宽政府管制的复杂性成为可能。

（5）运输。由于政府解除管制，与所有运输方式（海洋、航空和陆地）相关联的成本在不断降低。

（6）创新。许多公司主要面临着市场和提供先进技术的竞争，这导致新产品的不断创新。

互动课堂

华为进入采购3.0时代

2018年11月7日，华为第十二届核心供应商大会在深圳召开，来自全球各地的145家核心合作伙伴参会。本届大会的主题是“把数字世界带入每个人、每个家庭、每个组织，构建万物互联的智能世界”。会上，华为首次对外公布了2018年92家核心供应商名单，该名单共分为六大类，包括“连续十年金牌供应商”、“金牌供应商”、“优秀质量奖”、“最佳协同奖”、“最佳交付奖”以及“联合创新奖”。在92家核心供应商名单中，美国供应商入选数量最多，包括英特尔、恩智浦、高通、博通等共计33家；中国内地供应商数量排名第二，包括华勤、闻泰、中诺、光弘科技、立讯精密、比亚迪、京东方、瑞声科技、顺丰等共计25家。

华为轮值董事长郭平就华为未来“战略采购”特点进行了发言：

特点一：以支撑企业商业成功为最终目标

传统采购强调规则的制定与遵从，未来战略采购要以业务结果为导向，专注支撑企业商业成功。这要求我们与核心供应商实现战略匹配，建立研发、采购、市场、供应等跨功能领域的全面连接，增加合作黏性，但同时我们也不保护落后。

特点二：联合创新，共同引领产业发展

传统采购是基于现有能力和资源进行选择的，未来战略采购要解决产业链发展薄弱甚至空白的问题，这要求我们与核心供应商要敢于投入，建立鼓励联合创新的机制，支持产品持续领先。

特点三：建立互信互助的合作关系

传统采购关注中短期收益，未来战略采购要关注长期战略目标的实现。这要求建立互信互助的机制。我们希望供应商安全、健康地存在着，这是你们的需要，也是华为的需要。

特点四：构建供应坚韧性，保障业务连续

传统采购要求及时交付、快速响应，未来战略采购要具备供应韧性，应对各种极端情况。这要求我们与供应商建立完备的BCM体系，建设强健的供应链条。

特点五：利用数字化技术，建设极简交易模式

Garnter预测：到2020年，多数公司75%的业务将会是数字化或处于数字化转型的路上，没有前瞻性数字化业务战略的企业，在未来5~10年内将很难生存。华为致力于通过数字化技术简化交易链条，建设极简交易模式，把资金、人力和资源投入到更有创造力的工作中去。

资料来源：佚名．华为首次对外公布2018年核心供应商名录，并宣布进入采购3.0时代［EB/OL］．［2018-11-30］．http：//www.sohu.com/a/278725134_100209368.

请思考：华为的全球化战略是如何帮助华为发展的？

11.1.2 全球化采购的风险

在进行全球化采购时，也会涉及许多风险。因此要求企业认识这些风险，并采取措施将其每部分的影响最小化。以下是全球化采购在目前阶段最主要的风险：

1.供应商的选择是否合适

进行有效采购的关键问题应该是选择高效、负责的供应厂商。由于得到评估所需的数据既昂贵又耗费时间，做到这一点有时比较困难。当供应厂商远在千里之遥时，这一问题就突出表现出来了。获得国际供应厂商相关信息的方法基本上和获得国内生产厂商信息的方法相同。为了获得更多的背景资料，最好的办法就是到供应商所在地进行实地调查。由于对国外厂商进行调查既耗时又耗力，所以出发前要有详细的准备计划。那些大量从国外购入原材料的公司会经常组织出国考察。

2.交货时间是否准时

运输和通信的发展使全球性采购中的交货时间得到缩短，但是，以下几个方面会使交货时间延长，必须引起采购者注意：

（1）采购者在首次进行全球性采购时通常需要开立信用证，这一般需要几个星期的时间；

（2）虽然交通运输有了很大发展，采购货物在运输过程中还是难免会被延误，尤其是货物还在国外的时候；

（3）货物在港口存放的时间取决于在港口等待卸载的船只的数量，而且有些船只的卸载只有在规定工作时间内才可进行。运输线路的延长会使货物丢失和损坏的风险加大，所以进行全球性采购时对运输方式的选择就变得非常重要。价值高、重量小的电子产品可以空运，这时运输时间几乎和进行国内采购一样短。但是如果运输费用过于昂贵，还是应该考虑海运，这样运输时间可能会长达几个月，这种运输方式通常用于大量需求、比较重、价格低的商品，如钢铁、矿石等。针对这种情况，采购公司必须制订一个长期计划，并及时将自己的生产进度变动情况通知给国外供应商。同样，必须十分慎重地考虑承运商。拥有一个安全库存量的供应厂商是最佳的选择，在制定采购协议时也应该附加一些履行保证条款。

进行全球性采购所必需的交货提前期正在随着近来在线信息系统的发展而缩短。这些系统也可以称为电子公告板，其列出了全球性采购和销售的有利环境、供应厂商的主要财务数据，并且提供连续的低成本的信息系统。随着软件性能的不断提高，进口产品和服务的过程看起来就像“一股巨大的信息流”。完全集成的进口控制软件包使得国际运作公司、报关行及承运商可以通过电子数据交换系统把进口信息传入采购组织的数据库中。这个系统可以完成的任务包括：创建详细的项目单列表和采购订单、处理信用证、跟踪货运情况、提供通关信息、处理发票账单。报关行可以利用这个系统通过储存和搜集信息来加速通关手续、交纳通关保证金。

3.不断地催单

因为距离的问题，让海外公司加快生产和运输，以尽快完成订单供货比较困难，这就需要不断催单。为了确保有效性，要求采购企业必须了解供应厂商的生产情况并确保其也有所反应。为了实现这一点可以在合同中约定在供应方安排监督者，或者委派来自其附属公司的员工到供应厂商处督促其加快完成供货。

4.政治风险

受供应商所在国政府问题的影响，供应中断的风险可能会很大，例如供应商所在国发生战乱或者暴动等。采购者必须对风险做出估计，如果风险过高，购买者必须采取一些措施监视事态的发展，以便及时对不利事态做出反应并寻找替代办法。

5.隐含成本过高

在将国内采购和国外采购作比较时，往往会忽略国外采购中的某些成本计算，或者有时也会出现一些突发事件使全球性采购的成本增加，这些都是全球性采购的隐含成本。采购者在选择国外供应厂商之前，必须考虑到其所有可能发生的成本。例如，以采购方所在国货币表示的价格；支付给报关行的佣金；支付方式及财务费用：开立信用证费用、外币折算费用、汇率变动带来的损失；供应商所在国征收的税金；额外存货及其储存成本；额外的劳动力和货运单据带来的费用；陈旧过时、变质、损坏、丢失、税收、交货时间延长、管理费用、商务考察费用；包装、标记和集装箱的费用；咨询费用；检验费用；保险费用；报关费用；进口关税；运输费用（包括海上运输、从港口到生产厂的运输费用、港口搬运费用、仓储费用）；应对突发性事件设立的风险费用等。

6.汇率波动

在签订采购协议时需要就付款采用采购方国家的货币还是供应方国家的货币做出选择。一般来说，如果交款时间较短，就不存在汇率波动问题，选用哪种货币都无关紧要。但是，如果交款时间为几个月，汇率就会有较大的变动，此时的价格会随着选用货币的不同而产生较大的出入。所以在签订合同时，采购者应该预测从当前到付款这段时间内汇率如何变动。以本国货币定价也许是最保守的方法，这样购买者可以确切知道采购成本是多少，但如果在付款期间本国货币汇率上升，采购者就丧失了以低价买进的机会。

7.付款方式

全球性采购在付款方式上有着自己的独特性。出于降低风险的考虑，国际供应商往往要求对方在订货时或发货前支付货款。那些和采购者已建立长期合作关系的供应商可能同意在赊账的情况下发货，但供应方不会在货款未支付前就将货物的所有权转让。同国内采购一样，全球性采购常用汇票作为支付工具，保守的供应方会要求对方开立信用证。

8.质量

购买方和供应方就质量、规格达成共识非常重要，否则以后双方产生分歧后，一系列后续事件的处理费用是十分昂贵的。当然，随着国际质量标准的建立，这方面的问题已经变得简单化。但是如果买卖双方没有同时采用国际标准，还是会在解释方面出现问题，在产品质量方面存在隐患。另外，买卖双方就采用什么样的质量标准达成一致也很重要。否则供应方发出的货物很有可能被采购方以另一质量标准拒收，影响生产的进行。如果采购方真的因质量问题而拒收，双方各应负什么责任很难划分清楚。由于买卖双方地域上的差距，退货或重新发货都是比较复杂的，也浪费时间。这类问题应在采购之前进行协商，以达成一致。

9.关税

关税是一个国家对其进口货物征收的税金。虽然从理论上讲，世界各国都在通过世界贸易组织来努力削减关税，但是出于保护本国利益的角度，关税仍然存在。购买者必须了解有关关税的各项条款和税金如何计算。另外，合同应注明由哪一方支付税金，即买方还是卖方。

10.文本工作的费用

国际合同中涉及的文本工作的数量十分庞大。例如，申请书、发票、运费单、原产地证明、进口许可证、提单等。所以，在全球性采购中，文件费用是不容忽视的一个重要问题。

11.法律问题

如果说在进行采购时潜在的法律问题可以称为风险，那么在许多情况下进行全球性采购时的风险要比国内采购大得多。如果采购方对运输时间要求严格，那么就应该设有为防止延期运送而设置的罚金或辅助消除延期风险的条款。相应的违约处罚条款也是必要的，或者干脆由银行为指定的违约项目提供担保。由于起诉费用昂贵并且浪费时间，越来越多的采购方通过国际仲裁机构来解决贸易争端引发的各种问题。

12.语言

相同的词在不同的文化背景下会有不同的含义，同一个英语单词在美国、英国或者南非的意思会大相径庭。拥有相同语言的人交流起来都存在这些困难，那么可以想象，不同语种之间的人交流起来其困难有多大。正是因为语言方面的问题，一些公司坚持让经常和非本语种国家的供应商打交道的采购管理人员进行短期语言培训，以便和国外供应商进行商谈。虽然他们还是少不了翻译，但这时采购者在商谈中就会适应多了。

13.文化和社会习惯

每个地方的商业习惯会因地区不同而有所变化。国家之间的某些商业习惯变化更大，所以采购者若要和供应商更有效地进行商谈，就要使自己尽可能地去了解和适应那些习惯。

11.2 采购外包

11.2.1 采购外包的含义和特点

采购外包就是企业在关注自身核心竞争力的同时，将全部或部分的采购业务活动外包给供应商，采购人员可以通过自身分析和理解供应市场的相关知识，来辅助管理人员进行决策。

采购外包的特点是：具有并行的作业分布模式；在组织结构上，实行采购外包的企业，由于采购业务的精简而具有更大的应变性；以信息技术为依托实现外部资源的整合；采购外包可以使企业专注于核心竞争力的发展。

11.2.2 采购外包的优势

采购外包既可以获得更低的采购成本、更高的采购效率的专业化服务，从总体上降低企业采购运作成本，提高采购运营效率，又可以将自己的全部智能和资源专注于核心采购业务，在新的竞争环境中提高企业的竞争能力。企业实施采购外包的优势主要体现为：

1.促进企业重构采购业务

企业业务流程重构需要花费很多的时间，获得效益也要花很长的时间，而外包是企业业务流程重构的重要策略，可以帮助企业快速解决采购业务方面的重构问题。对实行采购外包的企业来讲，不仅要做到现有企业核心采购能力和外包供应商核心能力的整合，更重要的是还要做到如何巩固和提升自己的核心采购能力。企业如果忽视了本身核心采购能力的培育，那么实施外包采购只是培养潜在的竞争对手，而自己则失去了未来的发展机会。

2.充分利用企业的外部资源

如果企业没有有效完成采购业务所需的资源，企业可将采购业务外包。企业采购外包时必须进行采购成本和利润的分析，确认在长期情况下外包的采购是否对企业有利，由此决定是否应该采取采购外包策略。企业在集中资源于自身核心采购业务的同时，可以通过利用其他企业的资源来弥补自身的不足，从而变得更具竞争优势，增强自身的核心竞争力。

3.降低采购风险

企业可以通过外向资源配置分散由经济、市场和财务等因素产生的采购风险。企业本身的采购资源的能力是有限的，通过资源外向配置，与外部的外包供应商共同分担风险，企业可以变得更有柔性，更能适应变化的外部环境。

4.降低企业营业成本

有关研究表明：那些将特定的采购流程或采购项目外包的企业，其物料获得成本平均降幅达10%~25%。有些特定采购项目的采购成本甚至可以下降30%。采购外包之所以能够如此大幅度地降低采购成本，主要是因为承包的采购商具有丰富的产品采购经验和市场专业知识、成熟的采购流程和持有众多客户聚集起来的采购量。

5.可以优化企业的资本结构

外包采购可以减少企业投资，降低固定资产在资本结构中的比例，有利于优化企业的资本结构。

11.2.3　采购外包的策略分析

1.采购外包策略的适用范围

在当今的市场竞争环境下，没有哪一种采购策略适用于一个企业所有的产品和服务。要合理界定采购外包策略的适用范围，可以采用供应细分法对企业供应的各种产品和服务进行分类分析。在企业的采购和供应管理中，供应成本和供应风险是采购人员关注的核心问题。供应成本表示各项产品或服务的重要性，一般以企业每年对它的支出总额来衡量。对于供应风险，一般可以根据技术因素、供应资源的可获得性、技术要求、环境因素等多方面综合确定风险程度。

从供应成本和供应风险两个角度，可以将企业供应产品和服务分为四种类型，即策略型（低成本低风险）、杠杆型（高成本低风险）、关键型（低成本高风险）和战略型（高成本高风险）。企业采购的绝大部分产品和服务都属于策略型。由于成本和风险都比较低，在这一类型中单个产品或服务的采购价格并不太重要，即使采购成本降低了很大幅度，但对总支出而言，也只是相对较小的节约。相比之下，由于其采购品种繁多、采购流程复杂，必然导致大额的交易成本。因此，该类型供应管理的目标应该是通过大力提高采购过程的效率来大幅度降低交易成本。交易成本可以用采购者在整个订货过程中所花费的时间来衡量，只有尽量简化其采购流程，降低采购过程的边际成本，才能使企业的总成本最低。这时，策略型采购外包是企业的一个较好选择。

2. 采购业务外包的范围

企业组织机构在下列情况下可考虑将采购业务外包出去：

（1）采购是属于周边的而不是核心业务的场合。具体体现为：一次性采购订单和有重复需求的采购订单；需在当地和国内采购的物资（国际性的组织货源和采购更倾向于专业化的采购业务外包）；低价值或低价值、高订购频率的采购；对知名品牌有要求的采购；内部已批准的协议突然取消；已建立了以产品或服务为基础的合同；要获取进行大批量生产制造所需物资；对私营企业、公用事业需求的产品进行仓储并建立具体档案；计算机化精巧处理的采购或以软件为基础的制造业的采购；采购要附有相应的行政手续和文件；要提供具有各种技能水平的仓储人员；进行多种型号和多个部门的货源组织等。

（2）供应储备建立在可靠的合作基础上，没有供应的限制。

（3）一个较小的供应商基库能提供非战略性、非关键性、低成本、低风险的采购组合。

11.2.4 分包

介于自制和外购之间，有一个特别的区域：分包。通常在军事或建筑行业的采购活动中，主承包商会就合同中某部分工作向其他承包商进行招标，此时“分包”就出现了，术语“分包商”也随之产生。分包最为简单的形式是条款明示的采购订单。它的复杂程度和管理变化幅度与项目的价值、规模有直接的比例关系。对分包进行管理需要专门的技术与能力，因为它需要大量的、各种形式的沟通、制图、项目审查、管理报告等工作。另外，费用支付方式也多种多样，且经常要根据分包合同约定的条款、条件协商实际价格。

是否使用分包的决策依据很简单，当订单的发放工作很难定义、历时很久、费用又很高时，使用分包就比较合适。例如，航空公司总是将大型建筑项目和控制系统分包出去。机翼、着陆装置、雷达系统等高成本部件经常购自分包合同。类似的分包形式还常见于建筑业，建筑物承包商往往将建筑物或项目的电气、管道系统等分包出去。

分包管理是一项复杂的活动，既需要具备处理数据的专门知识，又需要具有预计行为结果、确保其达到预期最终结果的能力。就像外包一样，分包有时也需要建立一个团队进行管理。例如，航空业的分包一般就由团队负责，团队成员包括分包主管、设备工程师、质保专员、可靠性工程师、材料成本价格分析员、行政人员、现场专员等。分包主管必须自始至终控制好成本、进度、技术和整体结构等。

分包成本控制的第一步是协商确定公平、合理的价格，适当选择合同类型，缜密思考可利用的因素。进度控制需要制订良好的主生产计划，其中包括所有必要的、可行的合同内容。设计良好的书面报告和必要的修订过程也很关键。技术控制的目标是使产成品达到合同规定的产品规格说明书中的各项指标。过程控制的目标则是确保所有变化均被记录在案。好的过程控制对产品的“后期市场”和填补市场空白至关重要。与最简单的标准采购订单不同，大型分包合同的结算行为需要事先进行大量细致明确的定义。结算行为因合同类型和项目任务完成的困难程度不同而各不相同。履约期间，大型的、复杂的运作过程往往会发生较大变化，因变化而增加的成本必须在签约之前协商好。另外，提供给承包商的数据、材料等在合同完成后也必须返还原主。收到物料、数据、报告时，必须接收并检验。分包商所需物品因合同完成的复杂程度而异。同时，必须对所有分包商绩效做出书面总结，为将来招标过程中的供应商选择与供应商评价提供依据。这类报告还可为再一次协商的细节提供信息。

11.2.5　MRO外包

MRO（maintenance，repair and operation）是指非生产原料性质的工业用品。MRO采购外包如今已迅速发展为一个全新的“最佳实践”。许多公司发现50%~80%的供应链采购行为涉及MRO，MRO因其独特性而有别于其他产品采购。

图11-1显示了MRO适合供应链采购的总体框架。这个象限模型以公司获得的价值和采购产品或服务过程中的风险的对比为基础。一般来说，MRO通常被看成一个低价值、低风险的服务活动。非常特殊和独特的MRO项目一般处于左上象限部分。

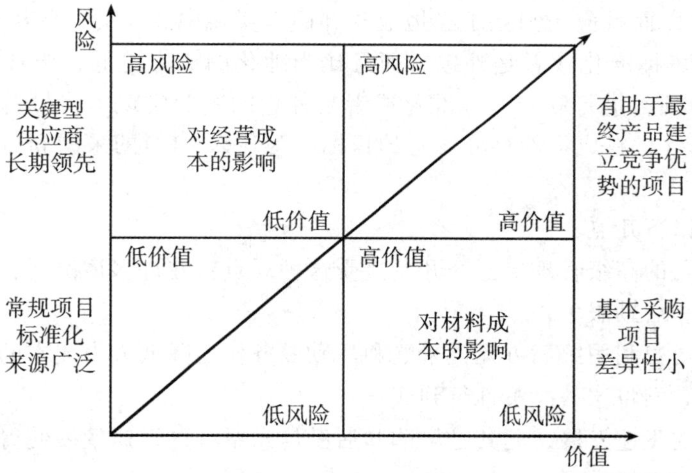

图11-1　MRO总体框架

一般而言，MRO包括的材料和服务主要包含以下内容：

（1）实验室设备、仪器仪表。

（2）气动元件、气动元器件。

（3）液压元器件、液压工具。

（4）自动化及工业控制。

（5）低压电器、电气设备。

（6）轴承、联轴器、机械传动及维护。

（7）电缆、电线、附件。

（8）灯具、光源、照明设备、声光信号装置。

（9）动力源、电源、泵阀、工业暖通设备。

（10）防爆工具、防水、防腐、防爆电气。

（11）急救产品、保健设备、医疗卫生设备。

（12）化学品泄漏控制、化学品存储、化学品分装。

（13）员工安全防护、应急救援装备、PPE。

（14）办公用品、办公设备系列。

（15）物流设备、仓储设备、物料搬运设备。

（16）静电控制、环境监测及清洁、无尘室用品。

（17）手动工具、电动工具、气动工具、电子工具、焊接工具、管道工具。

（18）安全锁具、安全标识、道路交通、工业胶带、安防、消防。

（19）数控刀具、夹具、工业辅料产品。

（20）园林工具、园林机械、园艺工具。

MRO材料自身的价值占采购总成本的比例还不到25%，但所有运输、库存、应收账款和应付账款及交易过程成本却超过75%。获取这些低价值、低风险、高交易费用的材料采购项目的过程成本经常超过材料本身的成本。

大多数的MRO项目可以有效地外包出去。最初，许多公司都认为大多数MRO项目应该由当地完成，因此很难进行任何联合、标准化或是对外承包的工作。事实上，几乎80%的MRO项目都可以而且应当独立于当地业务部门。实践中收获的一些经验表明，MRO完全可以进行联合、标准化或者是外包，而且比当地化的成本更低，服务质量更高。事实上，一些将MRO项目进行联合、标准化或者是外包的企业实现了将材料、存货和人力成本节约10%~35%（材料成本的百分比）的目标。为什么MRO的采购和后勤服务外包日益受到关注呢？

原因主要有以下几点：

（1）许多公司的高级管理层已经开始接受这种观点：在许多情况下，第三方可以更加有效地提供采购和后勤服务；

（2）一些公司曾利用第三方提供采购和后勤服务作为降低人力成本的一个途径，良好的实践结果鼓舞它们将这一决策推行到底；

（3）新技术的飞速发展，尤其是采购和后勤信息系统的迅速发展使得采购和后勤管理分工更细，为第三方提供了一些机会；

（4）MRO供应商有能力进行广泛的联合行动，并在大客户中分散其采购和后勤成本，使这些公司能更有效地集中于核心业务。

互动课堂

震坤行工业超市：一站式MRO采购与管理

过去20年中，震坤行工业超市的运营模式从早期的自营超市模式走向协同网络平台模式，从商品交易型走向专业服务型，从互联网化到物联网化，运用“互联网+智能仓储”的方式，帮助客户实现透明化、零仓储、智能化的一站式MRO采购与管理。震坤行工业超市B2B线上平台拥有来自5 000多家供应商的超过30万种的MRO产品，与超过10 000家先进制造企业客户保持长期合作，运用互联网技术帮助工厂统计物料消耗量，简化企业采购环节，帮助制造业客户实现综合成本降低约30%。2018年8月，震坤行工业超市获得由老虎环球基金、君联资本领投，壳牌中国、元禾母基金跟投，老股东钟鼎创投等追投的1.29亿美元的C轮融资，这也是迄今MRO领域最大的一笔融资。

资料来源：工业和信息化部赛迪研究院，中国国际电子商务中心研究院. 中国企业电商化采购发展报告（2018）[EB/OL]. [2019-06-09]. http://www.cena.com.cn/special/2018qycg.html.

请思考：一站式MRO采购具有哪些积极意义？

11.3 电子商务采购

据不完全统计，2018年，我国企业电商化采购市场规模约为3 600亿元，同比增速高达80%。其中企业对消费通用型产品和服务的电商化采购交易额超过1 500亿元，增长率达到62%，远远高于传统B2B交易20%左右的增长率，也远超网络零售的增长速度。预计未来几年，我国企业电商化采购交易规模还将进一步扩大，到“十三五”时期末有望超过万亿元人民币。

11.3.1 电子商务采购的概念

电子商务采购是在电子商务环境下的采购模式，也就是网上采购。通过建立电子商务交易平台，发布采购信息，或主动在网上寻找供应商、寻找产品，然后通过网上洽谈、比价、网上竞价实现网上订货，甚至网上支付货款，最后通过线下的物流过程进行货物的配送，完成整个交易过程。

采购作为满足社会需求的一种重要手段，对整个社会的生产与生活产生了极其重要的影响。对企业来说，采购直接影响生产经营过程、企业效益，是构成企业竞争力的重要方面。采购也会带来很大的经济风险，存在着所谓的采购黑洞，如何控制这些漏洞，成了摆在现代企业面前的一项重要任务。电子商务采购作为一种新的采购模式，充分利用了现代网络的开放性，信息的多样性，交易的快捷性和低成本等特点，可以有效地解决企业和政府所面临的这些问题。

11.3.2 电子商务采购的必要性

传统的采购模式存在下列问题：采购、供应双方为了各自利益互相封锁消息，进行非对称信息博弈，采购很容易发展成为一种盲目行为；供需关系一般为临时或短期行为，竞争多于合作，容易造成双输后果；信息交流不畅，无法对供应商的产品质量、交货期进行跟踪；响应用户需求的能力不足，无法面对快速变化的市场；利益驱动造成暗箱操作，舍好求次、舍近求远，产生腐败温床；设计部门、生产部门与采购部门脱节，造成库存积压，占用大量流动资金。

电子商务采购为采购提供了一个全天候、全透明、超时空的采购环境。该方式实现了采购信息的公开化，扩大了采购市场的范围，缩短了供需距离，避免了人为因素的干扰，简化了采购流程，减少了采购时间，降低了采购成本，提高了采购效率，大大降低了库存，使采购交易双方易于形成战略伙伴关系。从某种角度来说，电子商务采购是企业的战略管理创新，是政府遏制腐败的“一剂良药”。

11.3.3 电子商务采购的优势

1.降低采购成本，减少采购环节，提高采购效率

电子商务面对的是全球市场，可以突破传统采购模式的局限，货比多家，在比质量、比价格的基础上找到满意的供应商，大幅度地降低采购成本；采购人员利用互联网平台进行供应商选择、产品询价、订货等活动，可以大大降低采购费用。通过网站信息的共享，可以实现无纸化办公，大大提高采购效率。

2.采购信息准确、全面，方便领导人决策

利用互联网平台的物资采购模式，必然有全面的数据库作为支持。企业领导可以方便地了解每一种产品的价格、数量、库存情况，订单的执行情况，资金的使用情况以及供应商情况等各种信息，针对采购过程中出现的问题，快速反应。计算机强大的分析、统计能力也大大降低了采购人员的工作强度，提高了采购效率。

3.采购过程公开、公平、公正，提高采购的透明度

通过将采购信息和采购流程在网络公开，可避免交易双方有关人员的私下接触。基于电子商务的采购平台，由计算机根据设定的采购流程自动进行价格、交货期、服务等信息的确定，完成供应商的选择工作，整个采购活动都公开于网络之上，方便监督，能避免采购中的黑洞，使采购更透明、更规范。

4.可以实现采购业务程序的标准化

电子商务采购是在对业务流程进行优化的基础上进行的，在此之前，企业必然要对传统的采购流程进行重组，以发挥基于电子商务的采购过程中各个环节的作用。按照设定好的标准化软件流程进行，可以规范采购行为，规范采购环节，大大减少采购过程的随意性。

5.能够缩短采购周期，降低库存，提高物流速度和库存周转率

通过电子商务进行采购，企业与供应商的信息沟通更加方便、准确、及时。交易双方可以随时了解对方的需求，也可以在第一时间与对方分享采购信息。所以，供应商便可快速响应企业需求，企业也可以实现准时化采购，实现由“为库存而采购”转变为“为订单而采购”。

6.可以实现采购管理向供应链管理的转变

现代企业的竞争不再是单个企业之间的竞争，而是供应链与供应链之间的竞争，因此要求供需双方建立起长期的、互利的、信息共享的合作关系，而电子商务采购模式可以使参与采购的供需双方进入供应链，从以往的“输赢关系”变为“双赢关系”。采购方可以及时将数量、质量、服务、交货期等信息通过商务网站或EDI方式传送给供应方，并根据生产需求及时调整采购计划，使供方严格按要求提供产品与服务，实现准时化采购和生产，降低整个供应链的总成本。

英美联合石油、埃克森美孚等14家国际石油公司联合组建了一个全球性的电子商务采购平台，以消除在物资采购、供应链管理方面低效率的影响。通用、福特、戴姆勒-克莱斯勒三家汽车公司建立了全球最大的汽车专用采购平台，其每年的采购金额高达2 500亿美元。国内石油化工行业的中石油、中石化、中海油，钢铁行业中的宝钢等企业都在实施网上采购，并取得了明显的经济效益。目前，通过电子商务建立全球采购系统，联结国内外两个资源市场，已成为标准化的商业行为。

11.3.4 电子商务采购的实施步骤

第一步，要进行采购分析与策划，对现有采购流程进行优化，制定出适宜网上交易的标准采购流程。

第二步，建立网站。这是进行电子商务采购的基础平台，要按照采购标准流程来组织页面，可以通过虚拟主机、主机托管、自建主机等方式来建立网站，特别是加入一些有实力的采购网站，通过它们的专业服务，可以享受到非常丰富的供求信息，起到事半功倍的作用。

第三步，采购单位通过互联网发布招标采购信息（即发布招标书或招标公告），详细说明对物料的要求，包括质量、数量、时间、地点等，对供应商的资质要求等；也可以通过搜索引擎寻找供应商，主动向其发送电子邮件，对所购物料进行询价，广泛搜集报价信息。

第四步，供应商登录采购单位网站，进行网上资料填写和报价。

第五步，对供应商进行初步筛选，搜集投标书或进行贸易洽谈。

第六步，网上评标，由程序按设定的标准进行自动选择或由评标小组进行分析评比选择。

第七步，在网上公布中标单位和价格，如有必要，应对供应商进行实地考察后签订采购合同。

第八步，采购实施。中标单位按采购订单通过运输交付货物，采购单位支付货款，处理有关善后事宜。按照供应链管理思想，供需双方需要进行战略合作，实现信息的共享。采购单位可以通过网络了解供应单位的物料质量及供应情况，供应单位可以随时掌握所供物料在采购单位中的库存情况及采购单位的生产变化需求，以便及时补货，实现准时化生产和采购。

电子商务采购是一种非常有前途的采购模式，它主要依赖于电子商务技术的发展和物流技术的提高，依赖于人们思想观念和管理理念的改变。目前，我国已经有不少企业采用了网上采购的方式，对降低采购成本，提高采购效率，杜绝采购腐败起到了十分积极的作用，因此应该大力提倡这一新的采购方式。

互动课堂

让采购成本降低30%不是梦！

茶里是一个中小型的创业公司，其主打茶包产品，对标的是立顿等国际巨头，靠着勤奋和精细运营，其在业内小有名气。

今年“双11”，茶里的订单超过了10万单，为了保证第一时间将产品送至客户手中，老板要求6天内发送完所有的订单，公司上下总动员人手还不够，又招来很多兼职人员。但仓库这边问题频出，“封箱器坏了！”“扫描枪不能用了！”“打印机出问题了！”这些细节导致整个仓库陷入慌乱，6天完成发货的目标似乎不可能完成。

原来是仓库的同事出了纰漏，采购了一批质量不合格的设备，巨大的发货量直接使这些设备罢了工。“立刻去京东企业购重新采购一批，今晚就送过来！”危机之中，老板当机立断，指挥采购重新下单了一批设备。

京东也不负众望，准时送货到仓库，最终10万多单货如期发出去了。

从此，公司创始人谭琼对京东变得非常信赖，把自己的企业采购基本都放在了京东，后来一算，基本上能让自己的采购成本节约30%！

而且，这样一来不只是能省钱，还能挣钱。

茶里的茶包消费群体大多是办公室人员，所以，企业的茶水间是茶里的最好消费场景，但是，作为创业团队，要是一个一个企业去跑业务，恐怕成本太高了。

京东企业购其实就有茶水间消费场景的业务，借助企业购的消费场景活动，茶里的业务实现了飞速发展。一个创业公司，从0到1，需要自己摸爬滚打加班加点；但从1到10，就需要借势腾飞，茶里就是借了京东的势头实现了跨越式发展。

资料来源：佚名. 让采购成本降低30%不是梦！京东采购节有什么神秘玩法？[EB/OL]. [2018-03-21]. https：//baijiahao.baidu.com/s？id=1595544902731413132&wfr=spider&for=pc.

请思考：

1.如果不通过京东进行采购，茶里公司会增加什么成本？

2.通过电子商务平台进行采购有何优势？

11.4 供应链采购模式与优化

11.4.1 供应链采购与传统采购

在传统的采购模式下，需方同供方经过洽谈后，要下达采购订单，供方要把需方的采购订单转变为用户订单，然后安排和协调计划并进行加工制造。在这个过程中，需方要不断地跟踪，甚至要派出专人常驻供方监督生产。供方在产品生产完工后要进行质量检验，先储存在自己的成品库，然后发货到需方。需方在接到货物后，还要进行一次检验，然后入原材料库或配套件库，等生产有需要时，再发料到生产部门。

供应链采购是指供应链内部企业之间的采购。供应链内部的需求企业向供应商企业采购订货，供应商企业将货物供应给需求企业。在供应链采购模式下，需方和供方是合作伙伴，供应商是经过资格认证的，质量和信用是可信的。采购作业通过电子商务，一次把需方的采购订单自动转换为供方的销售订单；质量标准经过双方商议，由供方完全负责，不需要两次检验。由于信息畅通和集成，采用设在需方的供方管理仓库的VMI方式，把供方的产品库和需方的材料库合二为一，仅在需方生产需要时，才把供方的产品直接发货到需方的生产线，减少了供需双方各自入库的流程。新的流程与传统流程相比，减少了许多不增值的作业，如订单的下达和接受转换、生产跟踪、质量检验、入库出库和库存积压。依靠信息技术和互联网的支持，使采购管理发生了本质的变化。在这种采购模式下，信息沟通、采购成本、库存都有明显的改善，提高了供应链的竞争力。

综上所述，供应链采购与传统采购在采购业务流程等方面完全不同。供应链采购简化了采购业务流程，大幅度提高了采购的效率，降低了采购的成本。

11.4.2 供应链采购的特点

在供应链管理模式下，采购工作必须做到准时制，供应商要按照买方所需物料的时间与数量进行供货，从而在适当的时间、地点，以适当的数量和质量提供买方所需的物料。其中，对供应商的选择和质量控制是关键。采购方式是订单驱动，用户需求订单驱动制造订单，制造订单驱动采购订单，采购订单再驱动供应商。这就使供产销过程一体化，采购管理由被动（库存驱动）变为主动（订单驱动），真正做到了对用户需求的准时响应，从而使采购、库存成本得到大幅度降低，加快了流动资金周转的速度。

1.从采购性质看

（1）供应链采购是一种基于需求的采购。

（2）供应链采购是一种供应商主动型采购。

（3）供应链采购是一种合作型采购。

2.从采购环境看

供应链采购具有一种友好合作的环境，而传统采购则具有一种利益互斥、对抗性竞争环境。

3.从信息情况看

供应链采购一个重要的特点就是供应链企业之间实现了信息连通、信息共享。

4.从库存情况看

（1）用户零库存，可以大大节省费用、降低成本、专心致志地搞好工作，发挥核心竞争力，可以提高效率。

（2）供应商掌握库存自主权，可以根据需求变动情况，适时地调整生产计划和送货计划，既避免盲目生产造成的浪费，又可以避免库存积压、库存过高所造成的浪费以及风险。

5.从送货情况看

供应链采购是由供应商负责送货，而且是连续小批量多频次地送货。

6.从双方关系看

供应链采购活动中，买方企业和卖方企业是一种友好合作的战略伙伴关系，互相协调、互相配合、互相支持，所以有利于各个方面工作的顺利开展，能提高工作效率、实现双赢。

7.从货检情况看

传统采购由于是一种对抗关系，所以货物常常会以次充好甚至伪劣假冒、缺斤少两，所以买方进行货检的力度大，工作量大，成本高。而供应链采购由于供应商自己的责任与利润相关，所以自我约束能保证质量，可以免检，这样就大大节约了费用，降低了成本，保证了质量。

11.4.3 供应链下采购模式的优化与创新

随着大数据、云计算、人工智能等数字化技术不断投入使用，采购电商化平台通过数字化技术将传统采购企业面对众多供应商的寻源、询价报价、招投标、商业谈判、采购执行、产品质量检查等一系列复杂的采购程序集成化，最终简化为网络寻源、网上比价、网络下单等简单的操作流程，进而高效率地完成采购工作。企业调查显示，企业电商化采购能够使大型企业的分散采购集中化，复杂的流程集成化，采购过程具有高效透明、随时可查、可追溯的突出优势，最终使企业采购综合成本降低15%~20%，采购业务效率提高60%以上（如图11-2所示）。企业的采购应该着眼于供应链的整体框架，考虑供应的速度、柔性、风险，优化采购模式，从单一的竞争性采购模式变为集中采购、全球采购、准时采购等多种模式及其优化组合以增强供应链竞争力。

1.采购模式优化

（1）集中采购模式。集中采购是相对于分散采购而言的，即采购组织同时为多个企业

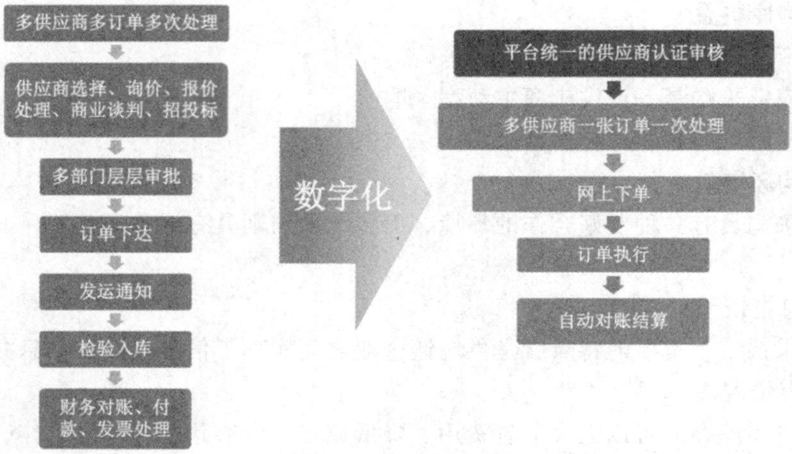

图 11-2　数字化改造驱动采购供应链体系高度集成

实施采购，通过全面掌握多个企业的需求情况，与供应商签订统一合同，实现大批量订购，利用规模优势，提高议价能力，从而大大降低采购成本。

（2）全球采购模式。利用全球的资源，基于电子商务交易平台，整合互联网技术与传统工业资源，在全世界范围内寻找供应商和质量好、价格合理的产品。全球采购在地理位置上更加拓展了采购的范围，也是大型企业全球化战略的必然要求。

（3）准时采购模式。准时生产的基本思想是只在需要的时候，按需要的量生产所需的产品，是在多品种、小批量混合生产条件下高质量、低消耗的生产方式，其核心是追求无库存的生产系统或使库存最小化。所以，准时采购模式建立在供需双方互利合作的战略伙伴关系的基础上，当需求商对原材料或半成品的需求产生时，能适时地从供应商处得到质量可靠的所需物料。

准时采购模式在降低原材料和外购件的采购价格、大幅度减少原材料和外购件的库存、提高生产率等方面作用明显。

通过采购模式的优化，可以提高采购效率、降低采购成本，使采购的过程公开化，促进采购管理定量化、科学化，实现生产企业从为库存而采购到为订单而采购的转变，实现采购管理从内部资源管理向外部资源管理的转变。在采购模式的优化过程中应注意与企业内外部的协同、加强与供应商关系的管理、实行合理的采购流程管理和健全采购评估体系等方面的问题。

①注意与企业内外部的协同。企业的采购要实现高效，就需要企业各业务部门的协同配合，包括设计开发部门、生产部门、财务部门等。采购模式的优化过程中要注重采购部门与其他相关部门（尤其是生产部门）的流程重组，逐渐从注重功能集合向注重流程重组上转移，加强采购流程在企业内部的沟通和协调，充分发挥采购的作用。

采购作业不仅需要与企业内部协同，更重要的是与外部供应商协同。这种协同不仅包括与供应商在库存、需求等方面通过信息的共享及时调整采购计划及执行过程，更为重要的是与供应商的全程协同，即在产品研发过程当中和供应商进行同步开发。此外，还要注重对采购价格的协同以保持最佳的价格竞争优势。

②加强与供应商合作关系的管理。集中采购、全球采购等现代采购模式，一方面促使供应商向专业化的方向发展，另一方面使生产商在更广的范围内挑选更为合适的供应商成

为可能和必需。在全球供应链的环境下，采购方和供应方协同合作的难度不断增加，任何一方的失误都会造成供应链效率和利润的低下。可见，切实加强与供应商合作关系的管理在采购模式的优化过程中尤为重要。要加强对供应商的选择与评估，建立并协调与供应商战略合作关系，拟订产品共同开发计划，将采购作业与供应商的工作流程衔接，直接处理跨越双方的综合业务等。

③实行合理的采购流程管理。在流程管理方面，应注重企业采购流程管理，加强生产计划、物料需求计划和采购之间的协调运作。加强核心采购流程的设计，降低采购工作的随意性。以年度采购计划预算编制流程为例，如果没有明确的采购计划，缺乏对采购需求的分析和对供应商的培养，就会导致大量的常规采购变成突发性的临时采购，使生产成本大幅上升。

④健全采购绩效评估体系。企业通过健全采购绩效评估体系并持续进行评估，可以及时有效地发现采购作业中的问题，制订改善措施和解决方案，确保采购目标的实现和绩效的提升。可建立采购（计划完成及时率）、物料质量（来料合格率）、采购成本（价格差额比率）、采购周期、供应（供应准确率）、库存（库存周转率）、服务满意度等指标体系来评估绩效评估体系的健全与否。

互动课堂

供应链采购模式成功实例

联想集团基于供应链的采购管理优化是企业采购模式优化的成功案例。作为IT行业的龙头企业，该集团每年的采购金额在110亿美元左右。联想集团在采购流程中面临的主要问题是原材料价格波动性较大、客户需求个性化日益强烈、供应商寡头垄断等。

针对这些主要问题，联想在供应链和采购方面采取了一体化的运作体系以加强企业内部的协同。首先，在协同作业上，将采购、生产、分销以及物流整合成统一的系统，整个集团形成统一的采购策略。其次，科学地推进与供应商的协同管理。集团有约300家供应商，物料的采购面向国际和国内，拥有非常复杂的供应链体系，采取全程紧跟的策略，在供应商端设立了相应的采购平台，加强日常管理。

在与供应商合作关系管理上，确定供应商的总体策略。例如，价格成本以及采购比例的控制等；引入淘汰机制，签署框架协议；对于重要零部件的上游供应商进行管控，定期对供应商工厂生产线进行审核；对供应商财务状况进行分析等。

在采购绩效评价方面，联想坚持对采购管理和绩效进行定期评估。评估主要是从质量、服务、成本等方面来进行，然后根据评估的结果对日常采购进行管理。

通过采购模式的优化，联想集团逐渐由传统的采购管理转变为供应链采购管理，降低了供应链运行成本。

资料来源　佚名. 供应链采购模式成功实例［EB/OL］.［2018-12-27］. http://articles.e-works.net.cn.

请思考：联想集团供应链采购模式的成功体现在哪些方面？

2.采购模式创新——电商化采购平台

企业电商化采购平台从类型上大致可以分为综合型平台和垂直型平台。综合型平台可一站式地覆盖企业办公、企业福利、营销礼品、差旅服务、工业辅料、生产物资等多个场景的业务需求；而垂直型平台主要立足于对企业所在行业的深刻了解，为行业内的企业提供更加专业而深入的采购服务。经过几年的发展，国内企业电商化采购综合型平台的业务模式已经基本成熟，进入一个规模增长、技术进步、商业模式加快创新的全方位高速发展新阶段，主要表现为：交易额迅速扩大，2018年已经接近2 000亿元，年复合增长率超过80%，达83%；服务领域不断扩展，由最初的面向以企业消费通用型产品及服务为主的采购服务，逐步向工业辅料、生产设备、工业原材料等生产物资领域加快布局。

网络平台对1 000家随机抽取的企业用户开展的分层抽样调查显示，2018年1—10月采购企业选择使用的企业电商化采购综合型平台中，市场占有率最高的是京东企业购，占整体采购样本的51.2%；其次是阿里巴巴（拥有1688大企业采购、企业汇采、淘宝企业服务、阿里钉钉四个平台级入口），占比29.8%；然后是苏宁企业购，占比13.9%；慧聪名企采购占比1.7%，SAP-Zber占比0.9%，亚马逊企业购占比0.5%，其他平台占比2.0%（如图11-3所示）。

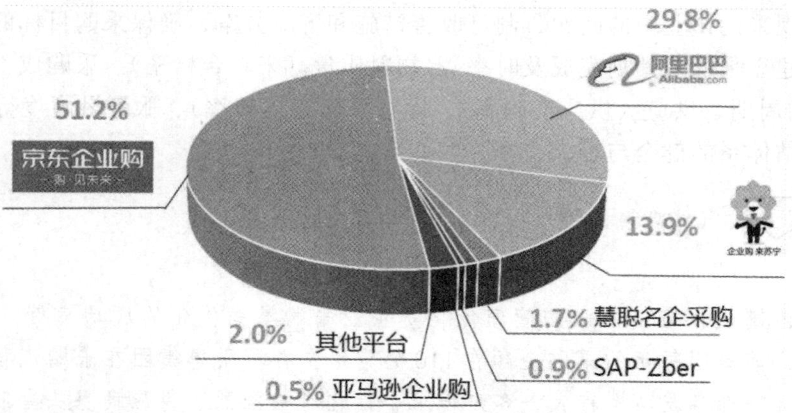

图11-3 企业电商化采购综合型平台使用情况在线调查结果

随着企业电商化采购发展的加快，企业级采购出现了效率提升、成本降低、采购业务公开化和透明化等局面，吸引了政府机构、国有企业、行业领域等纷纷试水电商化采购，在推动采购业务管理模式创新的同时，产生了一批具有代表性的企业电商化采购垂直型平台。其中，由行业巨头引领搭建的企业电商化采购平台占大多数，如石油化工领域中石化集团易派客、矿业领域五矿集团采购平台、电力领域国家电网电商平台、家电领域海尔企业购、办公用品领域得力办公商城等。这种类型的平台经常以运营企业在行业中的巨大影响力，以及对本行业采购需求的深入了解为基础，带动整个行业采购实现快速转型，在产业互联网背景下取得了较快发展。

国际上的类似平台以Amazon Business和SAP Ariba为代表。

Amazon Business于2015年正式上线，在全球服务数百万个来自不同行业的企业和机构买家，覆盖医院、大学、世界500强企业、政府机构、日托、餐厅和实验室等多个领域。目前，亚马逊B2B业务Amazon Business各类用户数量达100万个，而且该平台上的卖家数量已经达85 000多名，成为全球B2B电商平台的标杆。近两年来，Amazon Business发布了多项创新举措，包括企业Prime配送（Business Prime Shipping）、采购指导（Guided Buying）、采购审批（Workflow Approval）以及优质供应商筛选（Credentialed Supplier Filtering）等，进一步帮助企业简化采购流程，增加透明度，并且协助机构节约采购成本。

全球约有290万家企业通过Ariba Network实现资源互联，每年完成的商业交易的总值更是高达1.3万亿美元。作为全球排名第一的企业级采购平台和云采购解决方案提供商，云+平台的模式使Ariba能够完成整个B2B的采购流程，包括搜索分析新的供货商、供货关系优化、合同管理、风险管控、订单管理、供应链关系等多个方面，所有采购环节的需求都可以在单一平台实现，任何ERP都可以通过开放API接入。

3. 科技赋能企业构建智能化供应链

随着科技赋能企业成为主流的商业模式，智能决策能力成为企业新的核心竞争力，采购部门成为企业新的价值创造中心。企业采购全面数字化、智能化已成为发展的必然趋势。2017年年底，全球五大咨询公司之首德勤咨询公司发布了名为《采购的未来：数字化颠覆传统采购模式》的研究报告指出，数字化技术正在改变传统的采购模式。数字化采购通过应用人工智能、物联网、机器人流程自动化和协作网络等技术，打造可预测战略寻源、自动化采购执行与前瞻性供应商管理，助力企业降低成本和管控风险，并发掘新价值来源（如图11-4所示）。

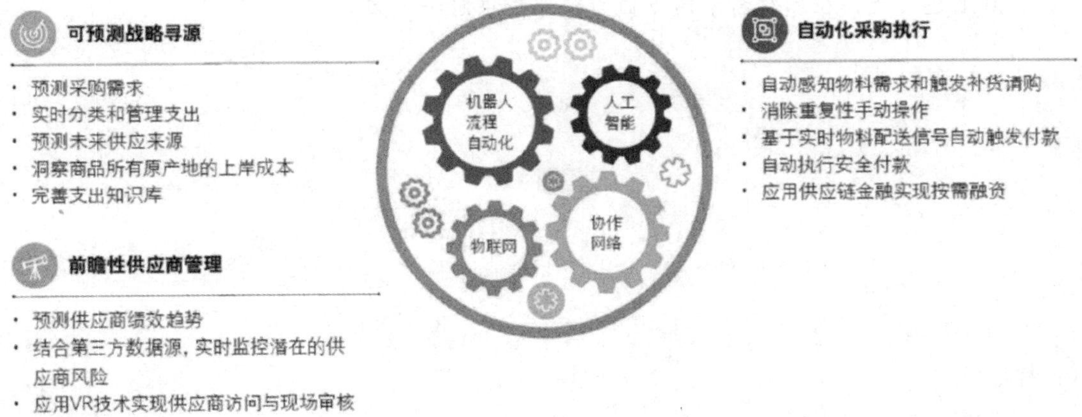

图11-4　《采购的未来：数字化颠覆传统采购模式》中对于企业智能化采购系统的分析

本章实训

实训项目：实施供应链采购

◆实训目标

1. 掌握商品采购的新技术。

2. 顺利实施供应链采购。

◆实训重点

熟悉供应链采购的关键环节。

◆实训资料

某纸业集团是典型的流程型制造企业，主要产品包括铜版纸、轻涂纸、双胶纸、包装纸等。集团下属4家企业，拥有25家分公司、办事处，职工总数逾10 000人，年销售额超过50亿元，并且企业规模每年以20%左右的速度增加。集团各下属企业都开展过不同程度的信息化尝试，在不同的时期均取得了积极的效果。随着集团所属企业的不断扩充及销售组织的不断扩张，在激烈的竞争形式下，迫切需要一套完整的供应链解决方案来理顺集团内外部供应链中相关的资源，实现企业内外部供应链整体的优化。

企业各方面的问题如下：

（1）采购、销售等部分业务依然采用手工作业，效率低下，运营成本较高；

（2）库存物资种类繁多、信息分散，不利于整体分析及库存控制；

（3）信息单向流动，计划、物控、采购、供应商之间信息共享不足；

（4）管理信息相互独立，市场预测手段、方法落后；

（5）应收账款居高不下，无法实现对销售工作的合理控制；

（6）采购成本较高，产品的成本与品质在很大程度上依赖其物料供应网络的快速反应；

（7）无法实时、准确掌握生产销售环节的产品质量信息，分公司或办事处的库存、业务等信息。

资料来源：佚名. 制造业采购经典案例［EB/OL］.［2018-08-20］. http：//www.tobestinfo.com/Case.asp.

◆实训任务

针对上述问题，在原材料采购方面为企业提供解决方案。

参考文献

［1］辛童．采购与供应链管理：苹果、华为等供应链实践者［M］．北京：化学工业出版社，2018.

［2］滕宝红．采购管理实操 从入门到精通［M］．北京：人民邮电出版社，2019.

［3］贝利．采购原理与管理［M］．王增东，王碧琼，译．11版．北京：电子工业出版社，2016.

［4］杨军，赵继新．采购管理实务［M］．北京：北京师范大学出版社，2018.

［5］胡明，刘萍．商品采购核算与管理［M］．北京：高等教育出版社，2016.

［6］谭明新．物流采购管理［M］．武汉：武汉大学出版社，2012.

［7］王志文．物流采购管理［M］．上海：上海交通大学出版社，2011.

［8］李恒兴，鲍钰．采购管理［M］．北京：北京理工大学出版社，2011.

［9］崔国成．采购与供应链管理［M］．北京：北京师范大学出版社，2010.

［10］龚国华．采购与供应链［M］．上海：复旦大学出版社，2011.

［11］吴春尚，黄慧．物流采购管理实务［M］．武汉：华中科技大学出版社，2014.

［12］周红芳．物流采购管理［M］．北京：化学工业出版社，2013.

［13］朱新民，林敏晖．物资采购管理［M］．北京：机械工业出版社，2009.

［14］范珍．物流管理案例与实训［M］．武汉：武汉理工大学出版社，2008.